ABI-GRAMMATIK FRANZÖSISCH

OPERATOREN | AUSDRUCK UND STIL | PRÜFUNGSTRAINING

Caspar Thielmann

ABI-GRAMMATIK FRANZÖSISCH

OPERATOREN | AUSDRUCK UND STIL | PRÜFUNGSTRAINING

von
Martina Angele
Elisabeth Görg
Gabriele Lämmle
Steffen Obeling
Inge Rein-Sparenberg

unter Mitarbeit von
Eva Frech
Silvia Vega Ordóñez
Helga Zoch

Ernst Klett Sprachen
Stuttgart

VORWORT

// DIE ABI-GRAMMATIK FRANZÖSISCH //

Mehr Erfolg im Abitur!
Die Abi-Grammatik Französisch ist ein **Trainings- und Nachschlagewerk**, das Ihnen hilft, sich optimal auf das Abitur vorzubereiten. Sie können das Buch im Unterricht oder für Ihre Klausur- und Abitur-Vorbereitung zu Hause nutzen.
Das Werk besteht aus zwei Teilen:
Teil I bereitet auf die Abituraufgaben vor, orientiert sich dabei an den abiturrelevanten text- und sprechaktspezifischen Operatoren und hilft bei der Vorbereitung auf die Zieltexte, die Sie in Prüfungen produzieren müssen;
Teil II ist fokussiert auf die sprachlichen Regeln und liefert eine übersichtliche Zusammenfassung zum individuellen Nachschlagen. Beide Teile ergänzen sich durch Querverweise zu einem innovativen, ganzheitlichen Konzept: der Abi-Grammatik Französisch.

Teil I: Intensivtraining für Klausuren und mündliche Prüfungen

In Teil I bereiten Sie sich strukturiert und kleinschrittig auf die Bearbeitung der schriftlichen (und z.T. mündlichen) **Abitur-Aufgabenformate** vor, indem Sie zu zentralen Operatoren wie *analyser, caractériser, commenter, comparer, justifier, résumer* etc. Beispieltexte, Aufgaben, Strategien und sprachliche Mittel (Grammatik und Wortschatz) bearbeiten.

Sie lernen in Teil I nicht nur, wie Sie Ihre Aufgabenbearbeitung **strategisch** anlegen, sondern auch, wie Sie Ihren **Stil** und Ihre **Sprachrichtigkeit** verbessern können. Die Inhalte der Textbeispiele richten sich dabei nach aktuellen Abiturthemen.

Dazu werden in allen Kapiteln in Teil I ausgewählte sprachliche Mittel (**Grammatik und Wortschatz**) wiederholt und vertieft, die Ihnen bezogen auf den jeweiligen Operator nützlich sind. Vielfältige Hinweise und **Tipps** helfen Ihnen, Ihre eigenen Texte sicherer, präziser und flüssiger zu schreiben.

Zu einigen Operatoren werden am Ende des jeweiligen Kapitels auch Übungen zur Vorbereitung auf **mündliche Prüfungsformate** angeboten, die Sie im Unterricht oder mit einem Lernpartner bearbeiten können.

Teil II: Abi-Grammatik auf einen Blick

In **Teil II** der Abi-Grammatik Französisch finden Sie die für Ihre Aufgabenbearbeitung relevanten **Grammatikthemen** kompakt und übersichtlich angeordnet. Teil II lädt Sie ein, sich einen Überblick über Zusammenhänge und Regeln zu machen, die bereits gelernte Grammatik zu **wiederholen** und bei Bedarf zu **vertiefen** und zu **erweitern**.

Das Trainieren und Nachschlagen wird durch leicht verständliche **Verweise** zwischen Teil I und Teil II sinnvoll unterstützt. Beim Trainieren der Aufgabenformate erfahren Sie schnell, wo Sie die entsprechenden Grammatikthemen noch einmal nachschlagen können. Die Grammatikthemen wiederum verweisen auf die Kapitel von Teil I, in denen Sie die Grammatik anwenden können.

// TEIL I : INTENSIVTRAINING //

Alle Kapitel in Teil I starten nach einer kurzen **Definition des Operators** mit inhaltlich auf den Abiturthemen basierenden **Textbeispielen** im Bereich **// EXEMPLE //**.

In dem Textbeispiel finden Sie bereits wichtige **Ausdrücke** und **grammatische Merkmale** der jeweiligen Textsorte. Die optische Hervorhebung hilft Ihnen, diese sprachlichen Elemente schnell zu erkennen.

// EXEMPLE //

1 **a. Lisez le texte suivant. Complétez la liste des expressions ci-dessus.**

Hollande appelle à soutenir l'Allemagne

Alors que la France n'est que faiblement concernée, l'Allemagne est proche de la saturation, **a estimé** hier le président français. **D'accord pour** aider financièrement la Turquie à contrôler les frontières extérieures de l'Europe, il **se montre** prudent sur la question des visas. **Comment** gérer l'afflux de migrants

(…) Dans la nuit, un « plan d'action commun » a **finalement** été conclu, à l'arraché, entre Bruxelles et Ankara.
Jeudi, à son arrivée à Bruxelles, François Hollande **l'avait admis** sans peine : sa démarche consiste à apporter un soutien à Angela Merkel (…). « **Il ne s'agit pas de** répartir ces réfugiés, cela a déjà été décidé, a-t-il lancé. **Mais de faire en sorte que** l'Allemagne puisse, comme d'autres pays, **être sûre que** nous pourrons contrôler les frontières extérieures et que nous pourrons aider les pays qui sont près de la Syrie – **pour éviter qu'il** y ait de nouveaux accueils de population, **parce que** l'Allemagne ne pourra pas accueillir tout le monde. »

// TEXTES ARGUMENTATIFS //

2 **Quelles sont les caractéristiques d'un texte argumentatif ?**

Solutions : tapez 7yune33 sur www.klett-sprachen.de

Complétez l'explication avec les mots suivants :

exemples • implicites • conclusions • objet • arguments • thèse (2x)

- Dans une prise de position, on avance d'abord une ________ – une opinion concrète ou une affirmation – qui fera l' ________ de la discussion.
- Pour justifier ou contredire une ________, il faut donner ses ________ et les illustrer par des ________ et des preuves.
- L'objet de la discussion, les thèses et les arguments restent parfois ________, il faut les comprendre et en tirer des ________.

CHARAKTERISTIKA ARGUMENTATIVER TEXTE

In argumentativen Texten **nehmen** die Autoren **Stellung** zu Ereignissen, Sachverhalten, Ansichten, strittigen Fragen. Sie wollen die Leser von Ihrem Standpunkt **überzeugen**.

1. Einstieg: **Beschreibung der Ausgangssituation** bzw. Darstellung der eigenen Meinung.
2. Hauptteil: **Informieren** über das Thema, wobei eindeutige Wertungen vorgenommen werden können.

Aus dem Textbeispiel werden anschließend die **Charakteristika** der jeweiligen Textsorte herausgearbeitet und genauer betrachtet.

Sie finden neben französischen Erklärungen an diesen Stellen immer auch **deutsche Informationskästen**. Hier lernen Sie, wie verschiedene **Operatoren** in den Textbeispielen sprachlich umgesetzt worden sind.

Im Bereich **// STRUCTURES GRAMMATICALES ET EXPRESSIONS //** wird der Blick auf die **Grammatik** und den **Wortschatz** geworfen, die Sie selbst für die Produktion eigener Texte zu dem jeweiligen Operator benötigen.

// STRUCTURES GRAMMATICALES ET EXPRESSIONS //

4 **L'opinion personnelle et l'usage correct du subjonctif et l'indicatif après les conjonctions**

Alors que la France n'est que faiblement concernée, …
Mais **de faire en sorte que** l'Allemagne puisse, comme d'autres pays …
… **parce que** l'Allemagne ne pourra pas accueillir tout le monde.

S. 186 Plus de conjonctions avec le subjonctif

à condition que	jusqu'à ce que
à supposer que	pour que
afin que	pourvu que
avant que	quoique
bien que	sans que

Solutions : **Choisissez la forme correcte : indicatif ou subjonctif ?**

// APPLICATION POUR LES ÉPREUVES ORALES //

CONSEILS

- ☑ Avant de commencer à parler, notez les arguments les plus importants.
- ☐ Classez-les en « pour » et « contre ».
- ☐ N'écrivez pas de phrases entières, mais seulement des mots-clés.
- ☐ Utilisez des expressions pour exprimer votre opinion.
- ☐ Expliquez chaque idée avec des mots simples sans faire de longues phrases. Il est important que votre interlocuteur comprenne le sujet en général et ensuite votre position sur le sujet.

9 **Les réfugiés en Europe**

Solutions : tapez 7yune33 sur www.klett-sprachen.de

(Partenaire A)

(Partenaire B)

Abschließend werden diese sprachlichen Mittel im Bereich **// APPLICATION POUR LES ÉPREUVES… //** in vorbereitenden **Übungen** und abiturähnlichen **Aufgabenbeispielen** angewandt, sowohl schriftlich als auch mündlich.

// TEIL II : AUF EINEN BLICK //

Zu Beginn jedes Kapitels von Teil II wird das behandelte **Grammatikthema** in einer Übersicht dargestellt.

Die **Kurz-Beispiele** auf dieser Seite reichen ggf. bereits aus, einfache Fragen zügig zu klären.

Die **Verweise** helfen dabei, schnell auf die gesuchten Inhalte des Grammatikthemas zuzugreifen und die Unterbrechung des Schreibprozesses und der mündlichen Äußerung so kurz wie möglich zu halten.

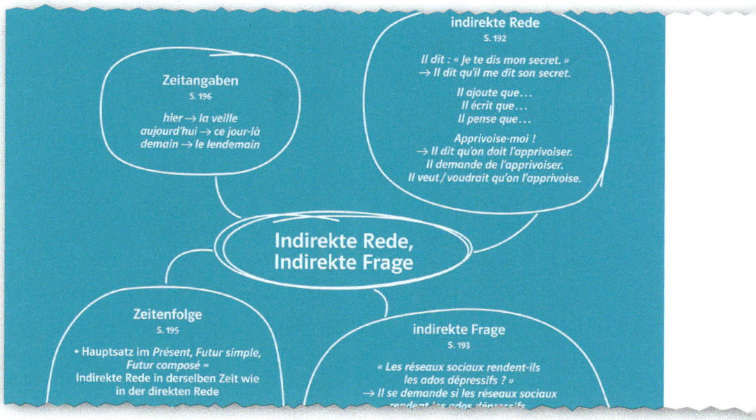

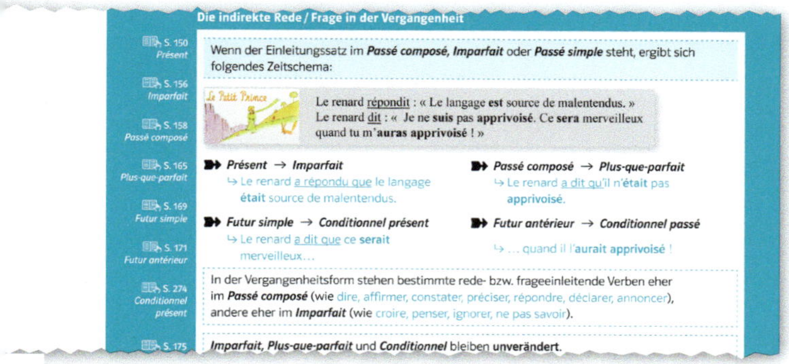

Die **Grammatikthemen** werden knapp und übersichtlich vorgestellt und an **Beispielen** erklärt. Diese lehnen sich an den Themen und Inhalten von Teil I an und können daher die eigene **Textproduktion** sinnvoll ergänzen und bereichern.

Die **Randverweise** zeigen auf einen Blick, für welche Kapitel und **Operatoren** das jeweilige Grammatikthema relevant und hilfreich sein kann.

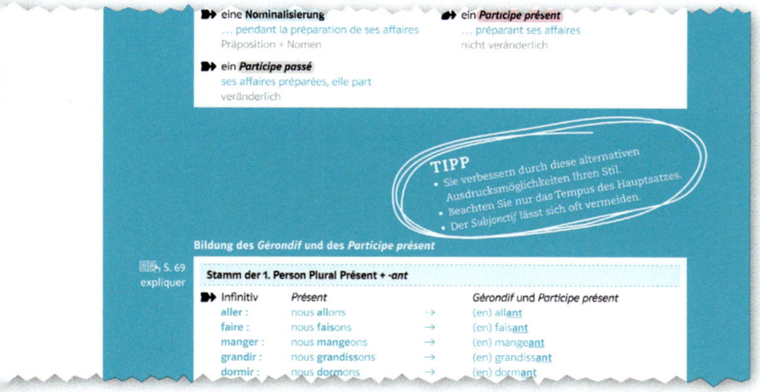

Nützliche **Tipps** runden die Grammatikpensen ab. Sie erhalten z. B. **Hinweise**, die Ihnen dabei helfen, die Grammatik in eigenen Texten sinnvoll anzuwenden und ihren eigenen Stil zu verbessern.

TEIL I

Intensivtraining für Klausuren und mündliche Prüfungen

I

INHALTSVERZEICHNIS

1

DÉGAGER / EXPOSER / PRÉSENTER / PRÉCISER

Wenn es in der Aufgabenstellung heißt, dass Sie etwas **zeigen** oder **darstellen** sollen, bedeutet das, dass Sie **bestimmte Aspekte eines** kontinuierlichen **Textes** (Auszug aus einem Roman, Kurzgeschichte, Zeitungsartikel…) oder diskontinuierlichen Textes (**BD, Statistik**…) oder eines **Fotos** aufzeigen sollen.
ACHTUNG! Ihre eigene Meinung ist bei dieser Aufgabenstellung nicht gefragt. Allerdings können Sie die **Wirkung** beschreiben, die **der Text** oder **das Bild auf Sie hat** (Überraschung, Bestätigung, Neugier…).
Zur Umsetzung dieser Aufgaben brauchen Sie häufig *les adverbes et les prépositions* und *des expressions pour présenter.*

Donc,… • Premièrement,… • Heureusement,… • D'après l'article,… • Sur le site Internet,…

// EXEMPLES //

1 Les jeunes français et l'alcool

a. Lisez le texte et soulignez les idées principales.

11 % des jeunes âgés de 17 ans déclarent boire régulièrement de l'alcool, le week-end avec des amis plutôt que la semaine en solitaire. Les lieux privilégiés sont le domicile, les bars, les discothèques. Viennent ensuite les lieux publics et l'école.

La consommation régulière et croissante est plus importante dans les milieux socio-économiques plus élevés et dans les familles où les deux parents ne vivent pas ensembles, ou dans lesquelles les enfants vivent séparément des parents (internats).

Les ivresses répétées concernaient 19,2 % des jeunes en 2003 contre 26 % en 2005. Un jeune de 17 ans sur dix a été ivre au moins une fois au cours des douze derniers mois. Mais ces ivresses répétées sont moins importantes que chez nos voisins européens. Les garçons sont presque trois fois plus nombreux que les filles à avoir connu au moins 10 ivresses dans l'année.

L'adolescence est souvent le temps d'une initiation où la recherche d'identité passe par diverses expériences.

Chez les jeunes, la consommation relève avant tout d'un souci d'intégration. Les jeunes boivent pour s'identifier à d'autres jeunes. Faire comme les autres, « le verre à la main » étant un signe de reconnaissance du groupe mais aussi d'entrée dans la vie adulte. L'alcool traduit chez eux, en quête d'identité et du sens qu'ils donnent à leur vie, peu sûrs d'eux-mêmes, un début d'affirmation de soi.

Cela leur permet aussi de trouver leurs propres limites. L'ivresse est recherchée, moins pour le plaisir qu'elle procure, que comme moyen de fuite du quotidien et d'opposition aux adultes.

Les jeunes sont à la recherche des sensations fortes, par exemple pour lutter contre l'ennui, ce qui est souvent associé à des accès de violences.

De mauvaises relations avec leurs parents, un échec scolaire, des fugues ou des tentatives de suicide sont souvent associés à des consommations abusives d'alcool.

La consommation régulière et massive avant l'âge de vingt ans pourrait être un facteur de risque d'alcoolodépendance.

D'après http://www.alcoolassistance.net/les-jeunes-et-alcool

b. Choisissez la réponse correcte.

L'alcool…

- ☐ crée une grande dépendance chez les jeunes entre 14 et 18 ans.
- ☐ est dangereux car on ne connaît pas les risques qui y sont liés.
- ☐ est particulièrement consommé le week-end.
- ☐ détruit les relations entre les parents et les jeunes.

Solutions : tapez 7yune33 sur *www.klett-sprachen.de*

c. Travaillez en groupe. Chaque groupe relève une catégorie d'adverbes et de prépositions : de lieu, de liaison, de manière, de quantité, de temps, d'affirmation, de référence, d'accompagnement et de but (voir aussi p. 20 et 22).

L'article **présenté** a été publié **sur** le site de Alcool Assistance. Il s'adresse à l'entourage des jeunes (famille, amis,…) pour les informer.

L'auteur **expose** les problèmes liés la consommation de l'alcool **chez** les jeunes. **D'après** l'article, ces problèmes dépendent de la vie sociale des jeunes.

Premièrement, l'alcool est la substance psychoactive la plus consommée dès que les jeunes sortent **avec** leurs copains, **en** boîte ou **dans** des bars, ou font la fête **chez** eux.

Deuxièmement, l'article **montre** que les jeunes boivent car dans beaucoup de cas, ils n'ont pas de domicile régulier ou les parents sont divorcés. **Donc**, ils compensent leur inquiétude avec l'alcool.

Ensuite, l'auteur **précise** que l'augmentation des ivresses répétées concerne **plutôt** les garçons que les filles et que les jeunes Français consomment **moins** que les autres jeunes Européens.

L'auteur **dégage** **alors** les causes individuelles et favorisantes de l'alcoolisation. Les jeunes éprouvent **quelquefois** un grand souci d'intégration **dans** un groupe. Les jeunes consomment **volontiers** de l'alcool **pour** rechercher leurs propres limites et **pour** avoir des sensations fortes.

Ils veulent **ainsi** combattre **parfois** un certain mal-être.

// EXPOSITIONS, PRÉSENTATIONS ET PRÉCISIONS //

2 **Quelles sont les premières étapes d'une présentation ?**

Solutions : tapez 7yune33 sur *www.klett-sprachen.de*

Complétez les explications qui vous aideront à présenter les éléments d'un texte avec les mots ci-dessous.

les attentes • le but / l'objectif • la structure

1. Avant de commencer à structurer votre présentation, il est important de savoir ce que vous attendez de votre présentation, cela veut dire .... selon la consigne.
2. Après, pour définir .... de la présentation, il est important de savoir – selon le type du document (texte, statistique, BD, photo) – ce que vous allez exposer et sur quels aspects vous voulez vous concentrer. Vous pouvez surligner les aspects les plus importants du texte, de la statistique ou noter les messages principaux de la BD ou de la photo.
3. Après, il faut établir .... de la présentation.

! **VORBEREITENDE SCHRITTE**

- Bevor Sie mit dem Schreiben beginnen, lesen Sie die **Aufgabenstellung** genau durch.
- Formulieren Sie dann das **primäre Ziel** des Textes / die **Hauptaussage** der Statistik / die **zentrale Botschaft** der BD und markieren Sie dazu die **wichtigsten Aussagen**.
- Erarbeiten Sie abschließend eine **klare Struktur** für Ihre schriftliche oder mündliche Darstellung.

3 **Comment construire une présentation ?**

Solutions : tapez 7yune33 sur *www.klett-sprachen.de*

Mettez les explications qui vous aideront à construire une présentation dans le bon ordre.

☐ On dégage enfin les conclusions d'une manière neutre.

☐ On développe chaque partie de la présentation à partir de la réflexion antérieure.

☐ On expose ensuite le sujet principal du texte dans une ou deux phrases et on précise l'objectif du texte et le public visé.

☐ On présente d'abord l'auteur et la source utilisée.

☐ On expose ensuite le sujet principal du texte dans une ou deux phrases, on précise l'objectif du texte et le public visé.

☐ On précise alors les aspects principaux de la présentation.

! **MÖGLICHER AUFBAU EINER PRÄSENTATION / DARSTELLUNG**

- Machen Sie in der Einleitung zuerst Angaben zu **Textsorte, Autor** und **Quelle**.
- Beschreiben Sie das **Thema** und das **vorrangige Ziel** des Textes / Diagramms / Fotos etc. und legen Sie dar, **an wen** sich der Text richtet.
- Skizzieren Sie anschließend die **wichtigsten Punkte**.
- Gehen Sie im Hauptteil **näher** auf diese **Aspekte** ein.
- Fassen Sie abschließend die **Hauptaussage des Textes** in eigenen Worten zusammen.

4 Comment faire une présentation ?

Solutions : tapez 7yune33 sur *www.klett-sprachen.de*

Complétez les critères qui vous aideront à faire une bonne présentation avec les mots donnés.

arguments • chronologie • comprendre • nécessaires • répétitions • simple • sujet

- la clarté : se faire ....
- l'élégance : il faut utiliser un style clair et ....
- la cohérence : il faut exposer les idées dans une .... logique.
- la concision : il faut juste mentionner l'essentiel et éviter les ....
- la consistance : il faut exposer des .... qui s'enchaînent logiquement les uns aux autres.
- l'appartenance : le contenu doit toujours être en relation avec le .... donné.
- la profondeur : il faut présenter tous les aspects .... On ne doit rien sous-entendre.

! **KRITERIEN EINER GUTEN DARSTELLUNG**
- In einer Darstellung sind Sie aufgefordert, **präzise, klar und objektiv** zu sein.
- Ihre schriftliche oder mündliche Ausführung soll darüber hinaus **sprachlich elegant** und **inhaltlich kohärent** sein, dicht am Thema bleiben und alle **wichtigen Punkte** aufgreifen.

5 Comment présenter une photo ou un tableau ?

Solutions : tapez 7yune33 sur *www.klett-sprachen.de*

Voici quelques questions pour vous aider à analyser une photo ou un tableau.
Donnez un nom aux 3 étapes :

1. .... :
- Quel type d'image allez-vous présenter (photo, dessin, caricature, BD, tableau) ?
- Quel est l'artiste / le photographe (son prénom, son nom, ses dates biographiques) ?
- Quel est le titre de l'œuvre ?
- De quel genre de peinture s'agit-il (historique, (auto)portrait, paysage, art abstrait, …) ?

2. .... :
- Ce qui est représenté : Qui ? Où ? Quoi ? Comment ? (personnages, objets, décors, …)
- La composition : Éléments au premier / dernier plan ? À gauche / droite ? Angle de vue (plongée, contre-plongée, …) ? Perspective ?
- Les couleurs : chaudes (jaune, orange, rouge) ou froides (violet, bleu), claires ou foncées ?

3. .... :
- La composition : Qu'est-ce qui est mis en valeur ?
- Les couleurs : Qu'inspirent-elles ? Mouvement, violence, passion ? Calme, réflexion ?
- Quel est le message de l'auteur ?
- Quel(s) sentiment(s) / Quelle(s) réaction(s) a-t-il voulu susciter chez le spectateur / lecteur / auditeur ?

! **FOTOS PRÄSENTIEREN**
- Verschaffen Sie sich zuerst einen Überblick: Um welche **Art Bild** geht es? **Woher** stammt es?
- **Beschreiben** Sie dann das Bild: Wo und wann spielt es? Wie ist das Bild aufgebaut? Welche Aussage will der Autor des Bildes machen?
- Schreiben Sie abschließend ein Fazit: **Welche Wirkung** hat es auf Sie?

// STRUCTURES GRAMMATICALES ET EXPRESSIONS //

6 Les adverbes

a. L'utilisation des adverbes dans les présentations

Deuxièmement, l'article montre que les jeunes boivent **car** ils n'ont pas de domicile régulier.
L'auteur dégage **alors** les causes individuelles et favorisantes de l'alcoolisation.
Les jeunes éprouvent **quelquefois** un grand souci d'intégration dans un groupe.

!

S. 246

Adverbien des Ortes → wo?
à côté, à droite, à gauche, ailleurs, à l'intérieur, autour, dedans, dehors, derrière, devant, dessous, dessus, en bas, en face, en haut, ici, là, là-bas, loin, nulle part, partout, près, quelque part, tout droit, vis-à-vis,…

S. 236

Adverbien der Zeit → wann?
aujourd'hui, après, aussitôt, autrefois, avant, bientôt, d'abord, déjà, demain, encore, enfin, en même temps, ensuite, hier, jadis, jamais, maintenant, quelquefois, parfois, puis, rarement, soudain, souvent, tard, toujours, tôt, tout à coup, tout de suite,…

S. 224

Adverbien der Art und Weise → wie?
aussi, bien, calmement, debout, d'habitude, doucement, ensemble, exprès, fort, gentiment, mal, mieux, plutôt, seulement, tellement, tout, vite,…

Adverbien der Quantität, Intensität → wie (viel)?
assez, autant, beaucoup, davantage, environ, moins, peu, plus, presque, tant, très, trop, un peu,…

Modaladverbien → subjektive Einstellungen und Meinungen des Sprechers
hélas, heureusement, malheureusement, par bonheur, certainement,…

Adverbien der Zustimmung oder des Zweifels
apparemment, assurément, certainement, certes, oui, peut-être, précisément, probablement, sans doute, volontiers, vraiment,…

S. 204

Verneinungsadverbien
ne… jamais, ne… pas, ne… plus, ne… rien, non, pas du tout,…

S. 37, 46, 71, 91, 112–113

Adverbien der Satzverknüpfung → Grund, Folge, Einschränkung, Gegensatz → warum / wie?
ainsi, alors, cependant, certes, donc, encore, en effet, en revanche, ensuite, enfin, néanmoins, par contre, pourtant, puis, seulement, toutefois,…

Solutions : tapez 7yune33 sur *www.klett-sprachen.de*

b. Lisez ce texte et complétez-le avec les adverbes donnés.

cependant • davantage • facilement • fortement • grandement • moins • parfois • probablement • souvent • vraiment

Les jeunes qui réussissent moins bien à l'école

De nombreux facteurs influencent la réussite scolaire des élèves : des facteurs sociaux, scolaires, économiques, etc. Une recherche auprès des élèves du secondaire nous a …………………… révélé qu'un des facteurs les plus …………………… associés à la réussite scolaire est l'opinion que l'élève a sur sa capacité d'apprendre.

« Te penses-tu capable d'apprendre ? »

Les élèves qui ont des résultats plus faibles sont …………………… des jeunes qui pensent qu'ils apprennent moins …………………… que les autres… jusqu'à se persuader, ……………………, qu'ils sont …………………… intelligents que les autres. Cette perception négative d'eux-mêmes se construit au fil des années. Les échecs scolaires répétés ou même les déceptions quant à leurs résultats les ont …………………… amenés à avoir une image déformée de leur capacité d'apprendre. Et ils ont …………………… besoin d'aide pour changer d'idée sur eux-mêmes.

Les jeunes les plus à risque et qu'il faut accompagner …………………… ont vécu plusieurs échecs ou pris du retard scolaire. Plus les adolescents « vieillissent », plus leurs résultats et leurs aspirations scolaires ont tendance à diminuer. Les étudiants ont encore …………………… besoin d'être encouragés au secondaire, au collégial et même à l'université… qu'ils aient 15, 20 ou 25 ans !

http://www.tableeducationoutaouais.com/caps/zone-enseignants-et-intervenants/roles/les-jeunes-qui-reussissent-moins-bien-a-l-ecole/

7 Les prépositions

a. L'usage des prépositions dans les présentations

D'après l'article, ces problèmes dépendent de la vie sociale des jeunes.
L'alcool est consommé dès que les jeunes sortent **avec** leurs copains, **en** boîte ou **dans** des bars…

S. 235 **PRÄPOSITIONEN:** *Die Präpositionen des Ortes und Zeit sind in den Kapiteln „Räumliche Beziehungen" und „Zeitliche Beziehungen" ausführlich erklärt.*

S. 245 **Begleitung (accompagnement)** avec : *l'auteur mélange le tragique avec le comique.*

Passiv (agent) de : *la rue est bordée d'arbres* (objet)
par : *les mots employés par l'auteur* (personne)

Zugehörigkeit (appartenance, possession) à : *ce livre est à moi* (pronoms personnels)
de : *le livre de l'élève*
parmi : *le sport est important parmi les jeunes*

Verteilung (attribution) à : *je l'ai donné à Pierre*
envers : *montrer de la sympathie envers le personnage principal*
par : *distribuer une feuille par élève*
pour : *c'est important pour moi*

S. 179 **Ziel (but)** à: *la dame porte du rouge à lèvres*
afin de : *il faut étudier afin de réussir* (verbe)
dans le but / l'intention / l'espoir de : *dans le but de/dans l'intention de/dans l'espoir de convaincre le lecteur*
en vue de : *en vue des prochaines élections*
pour : *c'est important pour le travail/pour réussir*

Grund (cause) à cause / en raison de : *les prix augmentent à cause de/en raison de la crise*
à force de : *à force de relire le texte, je l'ai compris* (verbe)
avec : *avec le réchauffement de la terre, …*
de : *pleurer de joie*
de peur / crainte de: *il relit le texte de peur d'/de crainte d'avoir mal compris*
étant donné / du fait de : *étant donné de/du fait de la situation actuelle, …*
par : *faire quelque chose par erreur*
par manque de : *par manque de concentration, je n'ai pas entendu*
pour : *fermé pour congés annuels*
sans : *sans réviser, elle n'aura pas son examen*
suite à / à la suite de / par suite de : *suite à/à la suite d'une/par suite de maladie, il ne peut plus travailler*

konzessiv (concession) au mépris de : *l'acteur sauve un enfant au mépris de sa vie*
en dépit de : *en dépit des difficultés, le projet finira bien*
malgré : *malgré la hausse du chômage, les jeunes sont optimistes*

konditional (condition) à condition de : *tu réussiras à condition de travailler tous les jours*
avec (≠ sans) : *avec ou sans toi, je partirai demain*
en cas de : *en cas d'absence, adressez-vous à…*

Folge (conséquence) au point de : *elle est nerveuse au point de ne plus manger*
assez… pour : *elle a assez révisé pour réussir à son examen*
trop… pour : *il est trop petit pour jouer au basket*

Art und Weise (manière) **à :** *partir à toute vitesse, lire à haute voix*
à la manière de : *peindre à la manière de Picasso*
avec (≠ sans) : *apprendre avec facilité, sans la moindre difficulté*
de : *regarder d'un air bizarre ; faire quelque chose de bon cœur*
en : *réviser en écrivant les mots nouveaux* (gérondif)
par : *apprendre par cœur*
selon / suivant : *le personnage répond selon / suivant son humeur*

Material (matière) **de :** *dans le sud, il y a beaucoup de murs de pierres sèches*
en : *un sac en plastique*

Mittel (moyen) **à ⟷ en :** *à pied, à cheval, à vélo ⟷ en voiture, en train, en avion*
à l'aide / au moyen de : *la fin est simulée à l'aide de / au moyen d'effets spéciaux*
avec / grâce à : *convaincre quelqu'un avec / grâce à d'excellents arguments*
par : *répondre par e-mail, envoyer une lettre par avion*

Opposition (opposition) **au lieu de :** *au lieu d'embaucher, les patrons ont rationalisé*
contrairement à : *contrairement à l'auteur, je pense que…*
contre (≠ pour) : *être contre (≠ pour) la nouvelle loi*

Referenz (point de vue, référence) **selon / d'après :** *selon l'article, … ; d'après cet auteur, …*

Verhältnis (relation) **de … à :** *la relation de cause à effet*
entre : *la relation entre les personnages est bonne*
envers : *montrer de la sympathie envers le personnage principal*

Ausnahme (restriction, séparation) **à l'exception de / excepté / hormis :** *ils ont tous réussi, à l'exception d' / excepté / hormis un*
sans: *laisser beaucoup de questions sans réponse*
sauf : *sauf erreur de ma part, …*

Solutions : tapez 7yune33 sur *www.klett-sprachen.de*

b. Choisissez la préposition correcte.

à (5x) • à la fin du (2x) • au début de • avec • dans • de • en (2x) • jusqu'à • lors d' • pour (4x) • sans • selon • vers

École et premier amour : .... quel âge ça commence ? (…)

.... maternelle, les jeunes enfants jouent tous ensemble, ... distinction de sexe .... le bac .... sable, mais ce n'est plus le cas .... l'école primaire. Tout à coup, les garçons deviennent « stupides » et les filles « ennuyeuses » et seuls quelques petits contacts .... le sexe opposé, comme une bousculade .... un jeu à la récré, sont tolérés. (…)

Le premier amour : 13,73 ans, c'est l'âge moyen des femmes lorsqu'elles ont rencontré leur premier amour, ... le sondage *Elitedating*. En effet, ce n'est qu'.................... l'adolescence, quand les corps commencent à évoluer, que les rapports changent. C'est généralement .... cette époque, ... 14–15 ans, qu'a lieu le premier baiser : 15,05 ans pour les hommes et 14,36 ans .... les femmes. SMS et autres petits mots à faire passer .... classe sont les signes avant-coureurs de ces premiers amours .... l'école. (…)

La relation mature ou l'acceptation de l'autre : Ce n'est qu'.................... cycle secondaire que les jeunes adultes commencent à avoir une vision plus réaliste du couple. Ils prennent enfin conscience des défauts .... leur partenaire mais l'aiment .... sa personnalité et non pas .... l'image qu'il renvoie. (…) Les hommes (…) tombent amoureux .... la première fois à 25,25 ans. (…) Certains couples ont une relation que l'on peut qualifier d'adulte .... lycée, mais dont la phase d'apprentissage dure .... la trentaine.

http://www.gojimag.be/article/ecole-et-premier-amour-a-quel-age-ca-commence--233895.aspx

8 Des expressions pour présenter

Pour commencer une présentation	Le but de cette présentation est… Pour commencer,… Au début, il faut dire…
Pour introduire des exemples	Par exemple,… Comme c'est le cas de… Dans ce contexte,… Dans ce sens,…
Pour structurer une présentation	Premièrement,… Deuxièment,… D'un côté,… de l'autre côté,…
Pour reprendre un sujet dans une présentation	Pour reprendre ce qu'on a déjà mentionné,… Comme je l'ai déjà dit,… Il faut souligner que…
Pour établir des relations logiques	En conséquence,… Cela nous montre que…
Pour terminer une présentation / exposition	Finalement,… Le dernier aspect… Pour conclure,… Pour terminer,… Comme conclusion,…

TIPP

- Vor und während des Schreibens:
  Legen Sie die Liste mit den Ausdrücken für Präsentationen am besten direkt neben den Text.
- Nach dem Schreiben:
  Lesen Sie Ihren Text nochmals durch und überarbeiten Sie ihn im Hinblick auf die von Ihnen benutzten grammatischen Strukturen und Redemittel. Dadurch wird Ihr Text eleganter und klarer.

// APPLICATION POUR LES ÉPREUVES ÉCRITES //

CONSEILS

- ☑ Avez-vous intégré la source, l'auteur et le destinataire ?
- ☐ Avez-vous écrit une phrase pour introduire le sujet ?
- ☐ Les informations importantes ont-elles bien été exposées dans la partie principale ?
- ☐ Avez-vous bien structuré les idées et ont-elles un fil conducteur ?
- ☐ Pour terminer la présentation, avez-vous bien dégagé les conclusions d'une manière neutre ?

9 **a. Exposez la situation actuelle des jeunes au Canada.**

À quoi s'occupent les jeunes en dehors de l'école ?

Cette semaine, beaucoup de jeunes de la région seront en relâche scolaire. Comment occuperont-ils cette période qui les sortira de leurs activités scolaires ? Pour les étudiants de l'université, cette semaine devrait en être une où l'étude occupera une place importante. Certains élèves du secondaire auront aussi des travaux scolaires à faire. Cependant, chacun devrait avoir un peu de temps pour « s'aérer le cerveau » !

Une enquête réalisée auprès des élèves du secondaire de notre région nous permet de savoir à quoi les ados consacrent leur temps libre. Ainsi on constate qu'au Saguenay-Lac-Saint-Jean, un ado sur dix ne pratique aucune activité physique en dehors des cours d'éducation physique. En fait, seulement 70 % des 12 – 18 ans font de l'activité physique au moins une fois par semaine en plus de leurs cours. En contrepartie, certaines activités sédentaires parmi les jeunes les mobilisent plusieurs heures par semaine. On pense bien sûr à la télévision, à l'ordinateur et aux jeux vidéo.

Si ces activités peuvent être enrichissantes pour les jeunes, cela ne devrait pas les empêcher de bouger. Un récent portrait de la santé des jeunes québécois révélait que l'obésité est en hausse et ce, dès l'âge de 9 ans. Est-ce à cause de ce qu'ils mangent ou parce qu'ils ne s'activent pas assez ? Chose certaine, cette tendance est préoccupante, autant parce que l'activité physique contribue à la santé que parce qu'un surplus de poids est souvent nuisible. De plus, l'embonpoint peut influencer la perception que les jeunes ont de leur apparence physique. L'image que les ados ont de leur allure influence beaucoup leur opinion d'eux-mêmes. Les jeunes insatisfaits de leur apparence sont beaucoup plus nombreux à avoir une mauvaise opinion d'eux-mêmes et à penser qu'ils sont parfois des « bons à rien ».

Les loisirs des jeunes constituent pour eux un bon moyen de découvrir leurs intérêts et leurs talents. Souvent, ils leur permettent de vivre des réussites et de rencontrer des amis qui partagent les mêmes goûts. Il est important dès le plus jeune âge d'explorer différentes activités : sports, activités d'expression, activités sociales et autres. Beaucoup de possibilités sont offertes dans notre région, tant dans les écoles que dans nos municipalités. Voici d'ailleurs une nouvelle réjouissante : les ados sont plus nombreux qu'avant à participer à des activités parascolaires. Continuons à les encourager !

http://www.crepas.qc.ca/chroniques/page/3/d-70-comment_les_jeunes_o

b. En tapant le code 7yune33 sur *www.klett-sprachen.de*, vous trouvez un exemple de solution. Lisez-le et comparez-le avec votre texte. Choisissez les expressions qui vous semblent utiles pour améliorer votre propre texte. Retravaillez votre texte en les intégrant.

// APPLICATION POUR LES ÉPREUVES DE MÉDIATION //

CONSEILS

- ☑ Analysez la situation communicative : À qui vous adressez-vous ? Quels sont le style et le registre appropriés ?
- ☐ Quel type de texte êtes-vous censé produire (une lettre informelle, un e-mail, un article de blog, un article pour un journal scolaire…) ?
- ☐ Dégagez du texte les informations demandées par la personne avec qui vous êtes en contact. Soulignez ou surlignez-les.
- ☐ Notez en français les mots / les expressions dont vous avez besoin. Si vous ne connaissez pas certains mots, utilisez des stratégies de compensation (par exemple la paraphrase) ou consultez le dictionnaire. **N'essayez pas de traduire littéralement le texte.**
- ☐ Utilisez des expressions comme *Le but de cette présentation est…, il faut souligner que…*
- ☐ Structurez les informations importantes.
- ☐ Écrivez votre texte. N'oubliez pas que votre nouveau texte est forcément plus court que le texte d'origine.
- ☐ Faites attention aux aspects culturels et interculturels qui demandent des explications supplémentaires (détaillées).

10

S. 108 rédiger

a. Dans le cadre d'un échange international, vous devez écrire un article de blog sur le problème des jeunes face au mobbing.
Présentez **la situation en Allemagne en vous référant à cet article.**

Mobbing im Internet wird zur bedrohlichen Seuche

Jeder sechste Schüler in Deutschland ist schon einmal Opfer von Mobbing im Internet geworden. Schikane, Hetze und Beleidigung vor allem über soziale Netzwerke werden zunehmend zum Problem.
Das geht aus einer umfangreichen Studie mit Angaben von bundesweit 9350 Schülern, Eltern und Lehrern aller Schulformen hervor, die das Bündnis gegen Cybermobbing in Köln vorstellte.
Viele Schüler gaben auch zu, selbst schon einmal gemobbt zu haben. Knapp 60 Prozent der befragten Pädagogen kennen demnach Fälle von Cybermobbing unter ihren Schülern. An etwa einem Drittel der Schulen tritt mindestens einmal pro Woche ein solcher Fall auf.
In der repräsentativen Erhebung gaben 17 Prozent der Schüler an, Opfer geworden zu sein. In der besonders betroffenen Gruppe der 14- bis 16-Jährigen seien es 20 Prozent gewesen und damit jeder Fünfte.
Und 19 Prozent der Schüler räumen ein, dass sie selbst einmal Mobbing-Täter waren.
Häufig angegebene Motive sind „Langeweile" oder „Spaß", aber auch das Ziel, jemanden „fertig zu machen". Die Tatorte sind zu 80 Prozent soziale Netzwerke wie Facebook.

Anbieter dieser Plattformen müssten ihre Verantwortung stärker wahrnehmen, verlangte Uwe Leest, Vorstandsvorsitzender des Bündnisses – einem Zusammenschluss aus Forschern, Medizinern, Pädagogen, Juristen und Eltern. Sie sollten Hinweise auf Gefahren und Risiken geben und bei Mobbing-Meldungen sofort handeln.

Am stärksten betroffen sind laut der Studie Jugendliche von 14 bis 16 Jahren. Aber schon mit elf und zwölf Jahren zeigt sich eine deutliche Zunahme. „Die Ergebnisse zeigen, dass Cybermobbing ein deutliches Problem an allen deutschen Schulen ist", lautet ein Ergebnis.

In Haupt- und Realschulen wurden dabei vergleichsweise viele Fälle beobachtet.

Es geht aber schon in der Grundschule los. Als Präventionsexpertin des Bündnisses warnte Catarina Katzer: „Die Grundschulen sind immer weiter auf dem Vormarsch." Idealerweise müsse die Aufklärung schon in der Kita einsetzen. Das Phänomen tritt insgesamt in den ostdeutschen Bundesländern seltener auf als in den westdeutschen.

Zu Cybermobbing gehören Beschimpfungen, üble Gerüchte und Verleumdungen, die überwiegend Täter aus dem eigenen Schulumfeld im Internet verbreiten.

Zunehmend würden peinliche Fotos und Filme gestreut.

Die beobachteten Folgen bei den Opfern: Bedrückte Stimmung, Konzentrationsprobleme, Leistungsabfall, plötzliche Verschlossenheit, Rückzug, Angstzustände, Kopf- und Magenschmerzen, Wut. Gut ein Fünftel fühlt sich durch die Attacken dauerhaft belastet.

„Cybermobbing tut weh", betonte Katzer.

Immer häufiger werden zum Mobben internetfähige Handys benutzt, die laut Untersuchung zwei Drittel aller Schüler besitzen. Die hohe Anonymität mache das Internet „zu einem idealen Tatort". Die Hemmschwelle im Netz sei geringer.

Leest sagte, das Problem werde von den Schulen ernst genommen und es gebe vielerorts Aktivitäten, allerdings oft unstrukturiert. Noch recht selten seien feste Institutionen wie Anti-Mobbing-Beauftragte.

Der Bündnisvorsitzende forderte die Einführung einer deutschlandweit zentralen Hotline-Nummer, an die sich Opfer wenden könnten. An den Schulen solle ein spezielles Unterrichtsfach eingeführt werden.

Lehrer bräuchten mehr Schulung und Unterstützung. In der Befragung gibt die Mehrheit der Pädagogen an, dass ihnen das Fachwissen fehlt.

Auch Eltern müssten gezielter informiert und eingebunden werden. Denn: „Bei Eltern, die ihre Kinder intensiver in ihrem Internetkonsum begleiten, sind weniger Cybermobbingfälle zu beobachten."

Nur eine Minderheit der Väter und Mütter kontrolliere aber die Internetnutzung ihrer Kinder und fühle sich hier kompetent, sagte Katzer. Freunde und Eltern sind für Schüler die wichtigsten Helfer nach Attacken im Netz. Nur wenige melden Vorfälle an die Betreiber der Plattformen.

http://www.welt.de/gesundheit/psychologie/article116297074/Mobbing-im-Internet-wird-zur-bedrohlichen-Seuche.html

b. En tapant le code 7yune33 sur *www.klett-sprachen.de*, vous trouvez un exemple de solution. Lisez-le et comparez-le avec votre texte. Choisissez les expressions qui vous semblent utiles pour améliorer votre propre texte. Retravaillez votre texte en les intégrant.

2

RÉSUMER

Bei einer **Zusammenfassung** sollen Sie **die wesentlichen Inhalte** eines Textes wiedergeben. Eine Zusammenfassung schreiben Sie immer im **Präsens**, in **eigenen Worten** und in einem **neutralen Stil**. Sie informieren die Leser ohne Spannung zu erzeugen, **ohne eigene Interpretation**. Für diese Aufgabe brauchen Sie häufig *les pronoms en et y, les phrases relatives (qui, que, dont, où), les propositions infinitives (avant de, après, pour, sans, en vue de)* und *des expressions pour commencer un résumé, pour relier des idées et des arguments et pour faire un résumé*.

Le texte parle de… • L'auteur nous décrit… • Premièrement,…
Pas seulement… mais aussi… • Pour finir,…

// EXEMPLE //

1 ***Qu'est-ce qu'on a fait au Bon Dieu ?***

a. Lisez le texte suivant en faisant attention aux structures, mots et phrases qui sont utiles dans un résumé. Quelles sont pour vous les informations les plus importantes du texte ?

Qu'est-ce qu'on a fait au Bon Dieu ? **est un film français réalisé par** Philippe de Chauveron. Il est **sorti le** 16 avril 2014.

Lors de sa sortie en salles, ce film **dont** tout le monde parle obtient un bon accueil de la part des critiques. Il reste quatre semaines consécutives en tête du box-office français. **Sans** beaucoup réfléchir, on peut dire qu'il **y** est le plus grand succès de l'année 2014.

Traitant du racisme et du mariage mixte sur le ton de la comédie, le long-métrage **raconte l'histoire d'**un couple de bourgeois **qui** habitent à Chinon, un village **où** on est surtout catholique. Les parents, **qui** sont incarnés par Christian Clavier et Chantal Lauby, voient leurs convictions mises à mal lorsque trois de leurs quatre filles se marient l'une après l'autre avec des hommes d'origines et de confessions diverses et que la quatrième, **en qui** ses parents fondent leurs espoirs, tombe amoureuse d'un catholique d'origine ivoirienne.

Les Verneuil font des sourires de façades à leurs gendres mais ont du mal à cacher leur racisme **qu'**on trouve surtout chez Claude.

En vue de marier leur quatrième fille comme ils l'espèrent, ils arrangent une rencontre, **sans** lui dire, avec un jeune homme blanc issu d'une grande famille bourgeoise de la région. **Mais** ce qu'ils ignorent, c'est que Laure est en réalité déjà en couple et a l'intention de se marier. **Après** avoir appris que l'heureux élu est un catholique prénommé Charles comme l'ancien Président de Gaulle, les parents sont enchantés et son métier de comédien est vite pardonné. **Mais** lors de la première rencontre, ils découvrent stupéfaits que Charles Koffi est d'origine ivoirienne. **Par la suite**, les Verneuil rencontrent le père de Charles, un ancien militaire rigide, intolérant et rancunier de la colonisation européenne de l'Afrique.

Avant d'accepter toute la situation, c'**en** est trop pour les Verneuil **qui** commencent à sombrer dans la dépression. La situation est trop compliquée **pour** être acceptée par les parents.

Toutes ces tensions raciales auront-elles raison du projet de mariage ? Les relations au sein de la famille Verneuil vont-elles **en** souffrir ?

D'après wikipedia.fr

b. De quoi s'agit-il dans le texte ? Choisissez la réponse correcte.

☐ Il s'agit du résumé d'un film au cinéma.

☐ Il s'agit de la critique d'un film au cinéma.

☐ Il s'agit de la promotion pour un film au cinéma.

☐ Il s'agit d'une lettre de lecteur au sujet d'un film au cinéma.

Solutions : tapez 7yune33 sur *www.klett-sprachen.de*

c. En regardant les photos ci-dessous et en utilisant les informations importantes que vous avez notées en lisant le texte, résumez le film *Qu'est-ce qu'on a fait au Bon Dieu ?* avec vos propres mots.

// RÉSUMÉS //

2 **Quelles sont les caractéristiques d'un résumé de texte / film ? Complétez le texte avec les mots ci-dessous.**

Solutions : tapez 7yune33 sur *www.klett-sprachen.de*

détails • mots-clés • importants • génériques • titre • contenu • principal • secondaires

Dans un résumé, vous devez reproduire le .... d'un texte / film.
Comment doit-on procéder pour savoir ce qui est essentiel ?

- Concentrez-vous sur le contenu .... du texte / film et oubliez les informations ....
- Marquez les .... dans le texte et les parties importantes du texte / film.
- Prenez des notes sur les éléments .... du texte / film en utilisant les questions suivantes : Où ? Quand ? Qui ? Quoi ?
- Trouvez les différentes parties du texte / film et donnez à chacune un ....
- Ne mentionnez pas les .... et les exemples secondaires.
- En raccourcissant un texte, le principe suivant peut vous aider : trouvez des termes .... pour résumer les mots d'un même sujet.

! **TEXTE / FILME ZUSAMMENFASSEN**

- Beim **Zusammenfassen** ist es entscheidend, die **wichtigsten Inhalte** des Ausgangstextes zu erfassen und diese klar wiederzugeben. Sie sollten daher den Ausgangstext ein paar Mal lesen.
- Achten Sie darauf, in der **Einleitung** immer den **Grundgedanken** des Textes in ein oder zwei Sätzen wiederzugeben. Sie sollten den **Autor**, den **Titel** des Buches oder der Zeitung sowie das **Erscheinungsdatum** erwähnen.
- Unterteilen Sie den Originaltext in **Abschnitte** und geben Sie diesen Überschriften.
- Achten Sie außerdem auf die Zeit (**Präsens**), kopieren Sie keine Aussagen 1:1, denn es sollen generell **keine Zitate** „…" in einer Zusammenfassung vorkommen.
- Halten Sie Ihren eigenen Text in einem **neutralen**, distanzierten **Stil**.

3 **Quelle est la structure d'un résumé ?**

Solutions : tapez 7yune33 sur *www.klett-sprachen.de*

a. Relisez le texte de l'exercice 1 et identifiez les informations principales du texte. Copiez le tableau dans votre cahier et complétez-le.

Où ?	
Quand ?	
Qui ?	
Quoi ?	

b. Relisez l'article, divisez-le en plusieurs parties et trouvez des titres possibles pour ces parties.

// STRUCTURES GRAMMATICALES ET EXPRESSIONS //

4 L'usage des pronoms *y* et *en* dans les résumés

il **y** est le plus grand succès de l'année 2014
Les relations au sein de la famille Verneuil vont-elles **en** souffrir ?

! *EN* UND *Y*

S. 200

En vertritt im Satz Präpositionalgruppen mit ***de*** (*parler de qc*).
Y vertritt im Satz Präpositionalgruppen mit ***à*** (*s'intéresser à qc*)**, *sur*, *en*** oder ***dans***.
Die von *en* und *y* vertretenen Präpositionalgruppen haben im Satz die Funktion von adverbialen Bestimmungen des Ortes oder von indirekten Objekten.

Solutions : tapez 7yune33 sur *www.klett-sprachen.de*

Trouvez les pronoms corrects : *y* ou *en* ?

en (5x) • y (4x)

Festival de Cannes : « Je trouve ce festival inintéressant et pourtant je suis fan de cinéma. »

Le festival de Cannes touche à sa fin. Le 24 mai prochain se tiendra la cérémonie de clôture, la Palme d'or sera remise et festivaliers et célébrités rentreront chez eux. Mais pour certains cinéphiles, le plus grand festival mondial du septième art est un non-événement. Familiers du festival, ils .... sont revenus, déçus. D'autres n'envisagent même pas d'.......... aller. (…)

Ben surenchérit : les films présentés à Cannes suivent trop souvent le même schéma. « Pour être primé, le film doit être très triste, durer 3 heures, avec des dialogues qui n'.......... terminent plus. » (…)

Elisabeth a habité à Cannes. Le Festival, elle connaît bien et de près. « Je travaillais en face. Il y a 10 ans, on pouvait .... accéder sans problème, rencontrer des vedettes, ... obtenir des autographes, ... boire un pot. Désormais, il y a des barrières pour la sécurité des stars. Elles sont inaccessibles, on les voit de loin. La télévision suffit pour s'.......... rendre compte. »

(…) Raquèl : « Je trouve ce festival inintéressant et pourtant je suis fan de cinéma. (…) Je trouve que le festival de Gérardmer, par exemple, est mieux, surtout grâce à la proximité avec les réalisateurs et les acteurs. Cannes, c'est ultra-superficiel et à force ça .... devient sans intérêt. »

Mango lui, préfère le festival « Indépendance(s) et Création » organisé en octobre à Auch. « On peut .... visionner sur plusieurs jours des longs-métrages en avant-première. En fin de projection, on assiste à des débats avec les équipes. »

5 L'usage des pronoms *qui, que, dont, où* dans les résumés

Lors de sa sortie en salles, ce film **dont** tout le monde parle,…
… un couple de bourgeois **qui** habitent à Chinon, un village **où** on est surtout catholique
… mais [ils] ont du mal à cacher leur racisme **qu'**on trouve surtout chez Claude

S. 211

DER RELATIVSATZ

Ein **Relativsatz** beschreibt eine Situation, einen Sachverhalt, einen Handlungsverlauf, aber auch einen Gegenstand oder eine Person näher, **der oder die im Hauptsatz bereits erwähnt wurde(n).** Relativsätze werden auch Attributsätze genannt. Im Französischen werden in Relativsätzen v. a. die Relativpronomen ***qui, que*** und ***où*** verwendet.
Qui wird als Relativpronomen verwendet, wenn es im Nebensatz auch als **Subjekt** fungiert.
Qui ist also Subjekt.
Que wird als Relativpronomen gebraucht, wenn im bezugnehmenden Nebensatz bereits ein Subjekt vorhanden ist. ***Que*** ist in diesem Falle ein **direktes Objekt.**
Où bezieht sich auf **Orte**.
Dont wird verwendet, wenn das Bezugsverb mit der **Präposition *de*** (z. B. *souffrir de, être amoureux de qn, parler de*…) verbunden ist.

Solutions : tapez 7yune33 sur *www.klett-sprachen.de*

Complétez le texte avec les pronoms relatifs suivants :

qui (7x) • que (2x) • dont (2x) • où (2x)

Sandrine Bonnaire, actuellement à l'affiche de *La Dernière leçon* avec Marthe Villalonga, a plusieurs projets .... elle est réalisatrice et comédienne. (…) Le premier est une adaptation d'un livre d'Agnès Ledig, *Marie d'en haut.* (…)

« C'est une production de Dominique Lancelot .... est venu me voir. Elle avait vu mon premier film de fiction et avait trouvé que ce serait intéressant que j'adapte ce bouquin », nous précise la cinéaste. « Le second parle de l'identité avec quatre rôles de femmes, ... le rôle principal sera interprété par Isabelle de Hertogh .... est une très jolie et profonde comédienne belge et .... j'ai rencontrée sur le film de Claude Lelouch (*Salaud, on t'aime*, Ndlr.) ».

« C'est une histoire .... quelqu'un, ... est né sous X et .... cherche à savoir qui sont ses parents, surtout sa mère. Elle va partir à la recherche de cette identité .... est indispensable pour elle. »

Et d'ajouter : « Les naissances sous X sont assez terribles car ça protège les parents mais pas du tout les enfants. Se construire sans identité, ça peut faire des ravages. C'est ça .... m'intéresse, c'est de partir de quelqu'un .... ne connaît pas du tout du tout ses racines. » (…)

Outre ces deux projets de fiction, Sandrine Bonnaire prépare un nouveau documentaire sur Marianne Faithfull .... la musique est dominante. Rappelons qu'Arte vient de diffuser le documentaire .... elle a consacré à un autre artiste, Jacques Higelin.

6 L'usage des propositions infinitives dans les résumés

Sans beaucoup réfléchir
En vue de marier leur quatrième fille
Après avoir appris que l'heureux élu est un catholique prénommé Charles,…
Avant d'accepter toute la situation,…
La situation est trop compliquée **pour** être acceptée par les Verneuil.

DIE INFINITIVGRUPPE

S. 217

Die **Infinitivgruppe** mit ***après avoir fait qc*** und ***avant de faire qc*** wird benutzt, wenn der Hauptsatz und der Temporalsatz das gleiche Subjekt haben.
Präpositionalgruppen sind nur möglich in Verbindung mit ***pour, sans, en vue de.***

Solutions : tapez 7yune33 sur *www.klett-sprachen.de*

Reliez les deux phrases avec *après / avant de / pour (2x) / sans* pour n'obtenir qu'une seule phrase.

1. Les Verneuil cachent leur racisme. C'est la raison pour laquelle ils font des sourires de façades.

   → .... cacher leur racisme, les Verneuil font des sourires de façades.

2. Les réalisateurs combinent souvent des sujets brisants avec le genre « comédie ». Ils veulent toujours réaliser des films à succès.

   → .... réaliser des films à succès, les réalisateurs combinent souvent des sujets brisants avec le genre « comédie ».

3. Les Verneuil sont désespérés quand ils réalisent que même la quatrième fille tombe amoureuse d'un jeune homme d'origine ivoirienne.

   → .... avoir réalisé que la quatrième fille tombe amoureuse d'un jeune homme d'origine ivoirienne, les Verneuil sont désespérés.

4. On ne doit pas réfléchir : on peut dire que le film *Qu'est-ce qu'on a fait au Bon Dieu ?* est le plus grand succès de l'année 2014 en France.

   → .... réfléchir, on peut dire que le film *Qu'est-ce qu'on a fait au Bon Dieu ?* est le plus grand succès de l'année 2014 en France.

5. La situation est difficile pour les Verneuil. Ils doivent accepter les confessions diverses des maris de leurs filles.

   → .... accepter les confessions diverses des maris de leurs filles, la situation est difficile pour les Verneuil.

9 **D'autres expressions pour continuer un résumé** (voir aussi p. 36)

Les différents types de textes	le roman l'article de journal le récit le texte la documentation le film la chanson
La source	L'extrait littéraire pris de… Cet extrait est… … publié dans le magazine… … paru en… … paru dans…
L'auteur	… de l'auteur XY… … écrit par XY… … du réalisateur XY… … dirigé par XY…
Le contenu	L'auteur nous parle de… L'auteur nous décrit… … explique … dit que / comment… Le narrateur nous raconte… Il s'agit d'un dialogue entre… L'histoire se déroule en …
La structure et la fin d'un résumé	Tout d'abord, Premièrement, Au début, Au début de…, Deuxièmement, Troisièmement, Donc, Puis, Ensuite, Pour continuer, Pour finir, Finalement, l'auteur… En conclusion, Pour conclure, À la fin, À la fin de…,

// APPLICATION POUR LES ÉPREUVES ÉCRITES //

CONSEILS

- ☑ Relisez les conseils de la page 32.
- ☐ Essayez de paraphraser le contenu.
- ☐ Utilisez vos propres mots, vous pouvez reprendre certains mots-clés du texte.
- ☐ Écrivez au présent.

10

a. Vous avez l'intention de faire des études en France. Pour faire valoir votre candidature, il faut prouver votre capacité de résumer un texte français. Exercez-vous à l'aide du texte suivant.

Les Français accordent une part grandissante aux loisirs

Le temps libre des Français a augmenté de 47 minutes par jour entre 1986 et 2010, passant de 7 h 19 à 8 h 06 par 24 heures. Ce temps est consacré aux loisirs, à la sociabilité, aux repas, au bricolage, au jardinage et au soin des enfants. À l'inverse, le temps consacré au sommeil et à la toilette a diminué de 12 minutes, le temps au travail ou aux études de 25 minutes et celui imparti aux travaux ménagers de 23 minutes. Avec le temps libre, le temps de transport est le seul à augmenter, de 17 minutes par jour.

Les ménages français octroient également une part croissante de leur budget aux loisirs : ce poste représentait 8,1% en 2012, contre 6,5 en 1959. « Contrairement à leur image de champions des vacances et des loisirs, les Français se situent plutôt dans la moyenne », estime le Crédoc pour qui les dépenses de loisirs en Suède, Norvège, Finlande, Royaume-Uni ou encore en Allemagne représentent 10% du budget des ménages.

Si les loisirs sont perçus par les Français comme une « opportunité pour se détendre, d'apprendre de nouvelles choses ou comme un moyen pour trouver un espace de liberté », ils sont également l'occasion de tisser des liens ou de renforcer des liens d'amitié et familiaux pour 67% d'entre eux. Nos concitoyens sont toutefois « moins nombreux que les habitants des pays de niveaux de vie comparables » à avoir des pratiques artistiques amateurs, à lire, à sortir au musée, au concert, à visiter des monuments ou à partir en vacances.

Les repas, le bricolage et le jardinage sont les seules activités pour lesquelles les Français montrent un « appétit réellement supérieur à tous les autres pays européens », constate le Crédoc.

Pourtant, la France se distingue aussi par la place de prédilection que ses habitants donnent au quotidien à leur vie professionnelle, place jugée « importante » pour 67% des Français. « Au-delà de sa fonction rémunération », indique le centre de recherche, « le travail est perçu par 78% des Français comme un vecteur d'épanouissement ou de réalisation de soi » et joue un rôle déterminant dans l'intégration sociale.

b. En tapant le code 7yune33 sur *www.klett-sprachen.de*, vous trouvez un exemple de solution. Lisez-le et comparez-le avec votre texte. Choisissez les expressions qui vous semblent utiles pour améliorer votre propre texte. Retravaillez votre texte en les intégrant.

3

DÉCRIRE / CARACTÉRISER / FAIRE LE PORTRAIT DE

Bei einer **Personenbeschreibung** schaffen Sie ein genaues Gesamtbild einer fiktionalen oder realen Person. Beschränken Sie sich dabei ausschließlich auf die **äußeren Merkmale.**
In der **Charakterisierung** und im **Porträt** sind Sie hingegen aufgefordert, zusätzlich zur äußeren Beschreibung aus Gedanken und Handlungen einer Person Rückschlüsse auf deren Charakter zu ziehen. Sie charakterisieren jemanden also aufgrund der **Außen- und Innensicht**. Zum Schluss können Sie auf den Eindruck eingehen, den die Person auf Sie macht.
ACHTUNG! Bei der Beschreibung / Charakterisierung schreiben Sie immer **in der dritten Person** (*il / elle*). Für diese Aufgaben brauchen Sie häufig *des adjectifs et des adverbes, les adjectifs possessifs, le passif* und *des expressions avec adjectifs pour décrire et caractériser un personnage*.

c'est un bel homme • il / elle est optimiste • il ressemblait terriblement à son père •
Il avait été contraint de commencer un apprentissage

// EXEMPLES //

1 *Cheminée et vieilles dentelles* dans « Faire et défaire » de Mathis

a. Lisez le texte suivant en observant les descriptions et caractérisations de Charles, le père et de Thomas, son fils. Complétez la liste des expressions de ci-dessus.

Charles fut pris d'un léger vertige, ayant la fulgurante et nette impression que ce **jeune gaillard** sur le canapé, c'était lui. Il ne connaissait que trop bien cette façon qu'avait son fils de **froncer les sourcils, les lèvres pincées** et **le regard pénétrant** ; c'était la sienne. (…)

– P'pa, tu vas te faire engueuler à cause de tes godasses…

Il constata les dégâts sur le carrelage qu'il avait lui-même posé. Bah, **ce n'était pas son problème**. Sa femme ramasserait tout ça.

– T'as quel âge, maintenant ? demanda-t-il.

– Aux dernières nouvelles, **seize et des brouettes**, pourquoi ?

Charles posait souvent des questions dont il connaissait déjà la réponse. **C'était sans raison particulière**, comme ça, juste pour dire un truc avant de passer à autre chose. Pour établir le contact. Une **habitude héritée de son père**, l'homme **contre lequel il s'était construit** et à qui, **finalement**, il **ressemblait terriblement**.

– Comme ça, pour rien. T'**es libre**, demain ?

– **Comme le vent**.

Son fils **répondait toujours par l'affirmative** à la question du vendredi. **À son grand soulagement**, parce qu'il lui était d'une grande aide. L'habituelle question du papa à son fiston avait un côté puéril, mais **Charles mettait un point d'honneur à ce que Thomas ait la possibilité de refuser**. Parce que lui **n'avait pas eu le choix**. On lui avait expliqué la vie à coups de pompe là où on s'en souvient et il avait été contraint de commencer un apprentissage à quatorze ans. Que cela lui plaise ou non était secondaire.

Aujourd'hui, c'était différent. Après un long parcours chaotique dans le monde du travail, **il avait réussi à se faire une petite place.** Il **travaillait à mi-temps** à l'usine et le reste de la semaine, plus le samedi, **comme artisan maçon.** (…)

– C'est quoi la daube que tu regardes, là ?

– Un vieux film de science-fiction… de 1957.

Son fils **était un marrant.** Plus il avançait dans les études et plus il regardait des films idiots.

2 **un gaillard** un jeune homme costaud (Kerl)

« Cheminées et vieilles dentelles » in Faire et défaire de Mathis © Editions Thierry Magnier, 2007.

Solutions : tapez 7yune33 sur *www.klett-sprachen.de*

b. De quoi s'agit-il dans le texte ? Choisissez la réponse correcte.

- ☐ On décrit le travail du fils.
- ☐ On décrit la relation entre un père et un fils.
- ☐ On décrit le mariage du père.
- ☐ On décrit l'apprentissage du fils.

2 Un père et son fils

Solutions : tapez 7yune33 sur *www.klett-sprachen.de*

a. Trouvez les différentes parties du texte et cherchez un titre pour chaque passage.

Dans l'œuvre *Cheminée et vieilles dentelles* de Mathis, l'auteur décrit la relation entre un père et son fils. Mathis décrit les personnages par un narrateur omniscient. Les personnes et l'action sont présentées d'une perspective extérieure. L'auteur et le raconteur ne sont pas identiques.

L'auteur commence par présenter le père. Apparemment, il est marié car on parle d'une femme dans le texte qui s'occupe du ménage. Il pose souvent des questions à son fils dont il connaît déjà la réponse, juste pour établir le contact entre lui et son fils, une habitude héritée de son père. Curieusement, il ressemble à son propre père, un homme contre lequel il s'était construit. Généralement, le père est soulagé quand son fils lui répond oui même s'il lui offre la possibilité de dire non. Malheureusement, le père n'avait jamais eu le choix quand son propre père lui avait posé des questions. À l'âge de 14 ans, il a commencé un apprentissage, pas volontairement. Heureusement, il a réussi à se faire une petite place dans le monde du travail après un long parcours chaotique. Il travaille à mi-temps à l'usine et le reste de la semaine, y compris le samedi, comme artisan maçon.

Les traits caractéristiques du fils sont alors décrits. Il fronce les sourcils et a des lèvres pincées. En plus, il a un regard pénétrant et ressemble à son père. Il a approximativement 16 ans et est toujours d'accord avec son père.

En lisant le texte, on peut constater que la relation entre les deux n'est pas trop chaleureuse mais remplie de respect mutuel.

b. Cochez les réponses correctes et justifiez vos choix en indiquant les lignes respectives.

Le fils est… *(2 réponses)*

- ☐ perdu
- ☐ révolté
- ☐ obéissant
- ☐ aimable
- ☐ insultant
- ☐ serviable

Justification : ....

Le père est… *(2 réponses)*

- ☐ heureux
- ☐ malade
- ☐ débrouillard
- ☐ vital
- ☐ travailleur
- ☐ compréhensible

Justification : ....

// DESCRIPTIONS, PORTRAITS ET CARACTÉRISATIONS //

3 Solutions : tapez 7yune33 sur *www.klett-sprachen.de*

Comment préparer une description ?
Lisez le texte et mettez les étapes dans le bon ordre.

☐ Après avoir déterminé la personne à décrire, il faut analyser son aspect physique.
☐ Puis, dans votre description, il faut bien préciser de quelle personne vous faites le portrait.
☐ Pour décrire l'aspect physique d'une personne, il faut intégrer les adjectifs adéquats.
☐ On commence par une introduction qui parle d'une ou de plusieurs personnes.

! **EINE PERSON BESCHREIBEN**
Dabei beschreiben Sie die **äußere Erscheinung** der Person. Dazu gehören Geschlecht, vermutetes Alter, Größe, Kleidung und andere äußerliche Merkmale.

4 Solutions : tapez 7yune33 sur *www.klett-sprachen.de*

Comment préparer une caractérisation / un portrait ?
Lisez à nouveau le texte (p. 42). Complétez le tableau en utilisant vos propres mots et notez les citations correspondantes.

	père	**citation**
description physique		
description du caractère		

	fils	**citation**
description physique		
description du caractère		

! **EINE PERSON CHARAKTERISIEREN**
- Eine Charakterisierung beinhaltet **die äußere und innere Beschreibung** einer Person.
- Die inneren Merkmale leiten Sie in der Regel aus den Aussagen, dem Verhalten und den Einstellungen der Person ab.
- Achten Sie dabei darauf, dass Sie nicht Ihre persönliche Meinung äußern, sondern abschließend ein Fazit der Charakterisierung in Form eines **Gesamteindrucks** darlegen.

5 Solutions : tapez 7yune33 sur *www.klett-sprachen.de*

Quels sont les aspects importants pour faire une caractérisation ?
Lisez l'explication ci-dessous et complétez le texte avec les mots suivants :

extérieurs • sociale • intérieurs • propres • indirecte

Il y a principalement deux types de caractérisation : la caractérisation directe et indirecte.

1. Dans la caractérisation directe, on peut décrire les personnes en nommant les traits caractéristiques .... (tels que les vêtements ou l'apparence physique) ou avec des traits caractéristiques .... (des qualités ou des attitudes), avec la classe ...., avec des commentaires donnés par d'autres personnes ou par des commentaires .... et des textes secondaires.
2. Dans la caractérisation ...., les personnes peuvent être caractérisées par la manière de parler, par leurs actions ou en les comparant à d'autres personnes.

6 Comment écrire une caractérisation ?

Solutions : tapez 7yune33 sur *www.klett-sprachen.de*

Complétez les explications qui vous aideront à écrire une caractérisation avec les mots donnés.

auteur • comportement • impression générale • nom •
pensées • physique • profession • sentiments • titre

- Introduction
  Ici, vous indiquez le .... et l' .... de l'œuvre. En plus, vous expliquez de quoi il s'agit dans le texte. Cette partie est très courte.
- Partie principale
  Vous décrivez les traits caractéristiques du personnage. Premièrement, vous donnez les informations sur le personnage (son ...., son sexe, sa ...., sa provenance…). Vous continuez avec la description .... Puis vous décrivez son .... avec les autres personnages. Vous décrivez alors ses ...., ses motivations pour agir dans certaines situations (si possible), ses opinions, ses conflits internes et ses .... Enfin, vous pouvez décrire l'évolution du personnage dans l'œuvre.
- Conclusion
  Dans cette partie, on écrit une ....

!

AUFBAU DER CHARAKTERISIERUNG

- Beginnen Sie mit einer **kurzen Einleitung**, die den Titel des Werkes, den Namen des Autors und eine Kurzzusammenfassung der Handlung enthält.
- Eine **Charakterisierung** verläuft immer **von außen nach innen**. Das bedeutet, dass Sie:
  1. mit den **äußeren Merkmalen** einer Person beginnen (Aussehen, Kleidung…),
  2. und sich dann deren **Innenleben** zuwenden (den Eigenschaften der Person, ihren Einstellungen, ihrem sozialen Stand, ihrer Sprache und Sprechweise, ihrer Handlungsweise und ihrem Verhalten, der Kontrastierung mit anderen Personen und deren Äußerungen). Auch Regieanweisungen und Nebentexte im Drama gehören dazu.
- Alle Äußerungen, die Sie bei einer Beschreibung oder Charakterisierung treffen, müssen Sie mit entsprechenden **Zitaten** oder **Textstellen** belegen.

S. 55 citer

CONSEILS

Posez-vous les questions suivantes :

- ☑ À qui ressemble le personnage ?
- ☐ Quelles sont ses relations avec les autres personnages ?
- ☐ Comment se comportent les autres avec lui ?
- ☐ Qu'est-ce qui est important pour ce personnage ?
- ☐ Quels adjectifs utilise l'auteur ?
- ☐ Que dit et pense le personnage ?

// STRUCTURES GRAMMATICALES ET EXPRESSIONS //

7 L'usage des adverbes et des adjectifs dans les descriptions et caractérisations

Une habitude héritée de son père, l'homme contre lequel il s'était construit et à qui, **finalement**, il ressemblait **terriblement**.
Apparemment, il est marié car…

S. 20, 37, 71, 91, 112 – 113

ADVERBIEN

Modale Satzadverbien wie *malheureusement, heureusement, curieusement, naturellement* und **Verknüpfungsadverbien** wie *alors, ensuite, puis, ainsi, pourtant, donc, cependant* beziehen sich auf einen ganzen Satz und verknüpfen diesen mit einem vorangegangenen.
Die Adverbien stehen am Satzanfang oder nach dem konjugierten Verb bzw. Hilfsverb.
Puis hingegen kann nur am Satzanfang stehen.

Solutions : tapez 7yune33 sur *www.klett-sprachen.de*

Trouvez les adverbes qui manquent.

puis • spécialement • lentement • autrefois • habituellement

Le lendemain matin, le camion entra .... en marche arrière dans une rue étroite et pentue qui finissait en cul-de-sac. Il s'arrêta devant une maison aux volets décolorés, ... d'un vert sombre, et cessa de ronronner après un ultime tremblement. (…)

...................., il se désintéressait des clients. (…) Il avait une patience très limitée lorsqu'il s'agissait de répondre aux questions des clients sur ses études ou sa vie en général. Il considérait ça comme une perte de temps. Et ...., il n'avait pas .... envie de devenir leur pote.

« Cheminées et vieilles dentelles » in Faire et défaire de Mathis © Editions Thierry Magnier, 2007.

8 Des expressions avec adjectifs pour décrire et caractériser un personnage

S. 125, 140

Décrire le physique d'un personnage	• **il / elle est…** encore jeune, vieux (vielle), assez âgé(e), âgé(e) d'environ … ans chauve grand(e), menu(e) *(zierlich)*, petit(e), de taille moyenne, mince, corpulent(e), sportif (-ve) • **il / elle a…** le teint pâle / basané *(braungebrannt / dunkelhäutig)*, un visage rond / ovale / tout en longueur les yeux bruns / verts les cheveux bruns / châtains / blonds / roux les cheveux longs / mi-longs / frisés / en brosse • Son nez / Sa bouche est… • Son menton / front est…

Qualifier l'impression produite	• **c'est…** un bel homme, un homme séduisant / repoussant une jolie femme, une femme ravissante / charmante / laide • **il / elle a l'air…** vivant / dynamique sportif / maladif / anxieux d'être bien dans sa peau • **il / elle…** dégage une impression de vitalité / dynamisme / rigidité…
Caractériser le personnage	• Sa manière d'agir / sa conduite, son comportement, ce qu'il / elle dit } indique / montre / permet de penser que… • **il / elle a…** bon / mauvais caractère • **il / elle est…** naturel(le) / spontané(e) ouvert(e) / franc(he) aimable / gentil(le) généreux (-euse) / chaleureux (-euse) gai(e) / optimiste énergique / sérieux (-euse) discret (-ète) / timide triste / mélancolique renfermé(e) / pessimiste froid(e) / râleur (-euse) / égoïste autoritaire extraverti(e) / excentrique…

Solutions : tapez 7yune33 sur *www.klett-sprachen.de*

Complétez le texte avec les adjectifs donnés en les accordant si nécessaire.

heureux • patient • désintéressé • vieux • poli • fragile • vulnérable • massif • menu

Voyant la dame si .... à côté de son père qui était ...., Thomas se rendit compte à quel point elle était .... et .... ; à la merci de tout et de tous. Habituellement, il était .... par les clients. Il ne les aurait pas reconnus s'il les avait croisés dans la rue trois jours plus tard… Il était peu .... lorsqu'il s'agissait de répondre aux questions des clients sur ses études ou sa vie en général. … Par réflexe, il gardait une distance .... et avait appris à se taire et à écouter. Mais cette .... dame, c'était autre chose. Il se demanda à quoi pouvait ressembler sa vie au quotidien, seule dans cette maison avec des jambes qui flanchent et une cheminée qui brûle. Elle semblait .... de bavarder avec son père, aussi à l'aise que s'il était un fils venu lui rendre visite.

9 L'usage des adjectifs possessifs dans les descriptions et les caractérisations

Charles : → ce n'était pas **son** problème → **sa** femme ramasserait tout ça
la dame : → Thomas se demande à quoi pouvait ressembler **sa** vie

Complétez le texte par les bons adjectifs possessifs.

Solutions : tapez 7yune33 sur *www.klett-sprachen.de*

La route étroite et pentue finissait en cul-de-sac et il n'y avait pas la possibilité de faire demi-tour, alors Charles amena .... camion en marche arrière. .... manière de manœuvre reste habile et, une fois garé, demanda à Thomas de placer une brique sous une roue arrière…

Arrivé devant la porte d'entrée de .... cliente, il tira une dernière bouffée sur .... mégot et le jeta sur le bitume où il continua de se consumer. Puis il sonna deux fois, longuement, et attendit.

– Bonjour, bonjour monsieur Petitjean !

– Bonjour madame Lemoine ! dit-il de .... manière typique, enjoué…

Charles l'accompagna jusqu'à .... chaise.

– Reposez-vous, madame Lemoine. …

– Éric, vous êtes bien gentil. …

Charles sourit. Cette Mme Lemoine lui rappelait .... mère et il se sentait à l'aise avec elle.

« Cheminées et vieilles dentelles » in Faire et défaire de Mathis © Editions Thierry Magnier, 2007.

10 L'usage du passif dans les descriptions et caractérisations

Les personnes **sont présentées** d'une perspective extérieure.
Il **avait été contraint** de commencer un apprentissage à quatorze ans.

S. 187

DAS PASSIV

Le père attend son fils.
Subjekt + Verb im Aktiv + direktes Objekt
→ *Le fils est attendu* ***par*** *son père.*
Subjekt + Verb im Passiv + präpositionale Ergänzung

Formez le passif.

Solutions : tapez 7yune33 sur *www.klett-sprachen.de*

Tous les samedis, le père de Thomas, seize ans, ... (accompagner) par son fils. Le père qui est maçon sur divers chantiers de construction répare la cheminée d'une vieille dame. Une clôture .... (démolir) par lui, une salle de bain .... (construire) par lui et son fils et tous les travaux sont l'occasion de rencontres, d'échanges et de partage entre l'adolescent et son père, qui tirent tous deux leur honneur et leur fierté du travail bien fait.

Au fil de ces dix nouvelles, le rapprochement entre les générations .... (exploiter) par l'auteur. En plus, les préoccupations adolescentes et les maux physiques qu'engendre le travail ouvrier .... (montrer) dans l'œuvre. Le langage familier .... (utiliser) par l'auteur. La mère de Thomas qui .... (présenter) comme aguicheuse *(aufreizend)*, est une simple bonne de maison. Dans l'œuvre de Mathis, il y a aussi des scènes de violence et la réalité du monde ouvrier .... (exposer) d'un regard cru et brutal par l'auteur.

// APPLICATION POUR LES ÉPREUVES ÉCRITES //

11 **Une caractérisation de personnage : complétez le texte en faisant les accords si nécessaire.**

Solutions : tapez 7yune33 sur *www.klett-sprachen.de*

confiance • délabré • jambe • maison • rassurer • seul • sympathique • vieux (2x)

Mme Lemoine est une .... dame qui a des problèmes de santé en ce qui concerne ses .... Elle vit .... dans une .... où tout est .... et .... Elle a .... en Charles. Charles la trouve .... Il lui sert même le café pour qu'elle puisse rester assise. Charles et Thomas réussissent à .... Mme Lemoine : les travaux de sa cheminée ne feront pas beaucoup de dégâts.

12 **Mon journal intime**

a. Choisissez une personne de votre choix de votre famille ou une personne de la politique ou de la vie sociale que vous aimez bien. Caractérisez cette personne.

CONSEILS

- ☑ Nommez toutes les caractéristiques extérieures et intérieures de cette personne.
- ☐ Écrivez au présent.
- ☐ Utilisez des adjectifs différents.
- ☐ Évitez les énumérations.
- ☐ Au début, commencez par la caractéristique la plus importante.
- ☐ En conclusion, donnez une impression générale.
- ☐ Attention : ne donnez pas votre avis personnel !

b. Relisez les différents textes de ce chapitre et faites le portrait de Thomas.

Voyant la dame si menue à côté de son père qui était massif, Thomas se rendit compte à quel point elle était fragile et vulnérable ; à la merci de tout et de tous. Habituellement, il se désintéressait des clients. Il ne les aurait pas reconnus s'il les avait croisés dans la rue trois jours plus tard. Discuter avec eux, c'était le travail de son père. Seules les tâches qu'on lui avait confiées comptaient et il zappait au maximum les bavardages qui n'avaient rien à voir avec son travail. Il avait une patience très limitée lorsqu'il s'agissait de répondre aux questions des clients sur ses études ou sa vie en général. Il considérait ça comme une perte de temps. Et puis, il n'avait pas spécialement envie de devenir leur pote. Il était sur un chantier, pas dans un salon de thé. Par réflexe, il gardait une distance polie et avait appris à se taire et à écouter. Mais cette vieille dame, c'était autre chose. Il se demanda à quoi pouvait ressembler sa vie au quotidien, seule dans cette maison avec des jambes qui flanchent et une cheminée qui brûle. Elle semblait heureuse de bavarder avec son père, aussi à l'aise que s'il était un fils venu lui rendre visite.

« Cheminées et vieilles dentelles » in Faire et défaire de Mathis © Editions Thierry Magnier, 2007.

c. En tapant le code 7yune33 sur *www.klett-sprachen.de*, vous trouvez un exemple de solution. Lisez-le et comparez-le avec votre texte. Choisissez les expressions qui vous semblent utiles pour améliorer votre propre texte. Retravaillez votre texte en les intégrant.

4

ANALYSER / ÉTUDIER / EXAMINER

Bei einer **Analyse** untersuchen Sie **bestimmte Aspekte** eines Textes (Artikel, Kurzgeschichte, Gedicht, Lied, Statistik, Comic…) und **verdeutlichen** diese im **Zusammenhang mit der Hauptaussage** des Textes. Je nach der in der Aufgabenstellung vorgegebenen Ausrichtung Ihrer Analyse arbeiten Sie **inhaltliche, formale, strukturelle und / oder sprachliche Merkmale** heraus und bringen sie in Bezug zur Aussageabsicht. Sie gehen dabei sachlich vor, das heißt, **ohne Ihre eigene Meinung zu äußern.**
Zur Bearbeitung dieser Aufgaben brauchen Sie häufig *le discours indirect, les pronoms et adjectifs démonstratifs* und *des expressions pour faire une analyse ou une étude*.

poser / soulever la question de savoir si… • elle nous explique que… • celle-là • celui-ci

// EXEMPLES //

1 ***Paris sera toujours Paris* de Zaz**

a. Lisez le texte de la chanson. Vous pouvez aussi rechercher le clip sur Internet. Quel est le thème principal de la chanson ? Analysez comment la ville de Paris est présentée.

Solutions : tapez 7yune33 sur *www.klett-sprachen.de*

Par précaution on a beau mettre
Des croisillons à nos fenêtres
Passer au bleu nos devantures
Et jusqu'aux pneus de nos voitures
Désentoiler tous nos musées
Chambouler les Champs-Élysées
Emmailloter de terre battue
Toutes les beautés de nos statues
Voiler le soir les réverbères
Plonger dans le noir la ville lumière

Paris sera toujours Paris !
La plus belle ville du monde
Malgré l'obscurité profonde
Son éclat ne peut être assombri
Paris sera toujours Paris!
Plus on réduit son éclairage
Plus on voit briller son courage
Plus on voit briller son esprit
Paris sera toujours Paris !

Pour qu'à ce bruit chacun s'entraîne
On peut la nuit jouer d'la sirène
Nous contraindre à faire le zouave
En pyjama dans notre cave
On aura beau par des ukases
Nous couper l'veau et même le jazz
Nous imposer le masque à gaz
Des mots croisés à quatre cases
Nous obliger dans nos demeures
À nous coucher tous à onze heures

Paris sera toujours Paris !
La plus belle ville du monde
Et quand les restrictions abondent
Gentiment il en prend son parti
Paris sera toujours Paris!
On a beau réduire son essence
On n'réduira pas sa confiance
Sa bonne humeur et son esprit
Paris sera toujours Paris !

Bien que ma foi, depuis octobre
Les robes soient beaucoup plus sobres
Qu'il y ait moins d'fleurs et moins d'aigrettes
Que les couleurs soient plus discrètes
Bien qu'aux galas on élimine
Les chinchillas et les hermines
Que les bijoux pleins de décence
Brillent surtout par leur absence
Que la beauté soit moins voyante
Moins effrontée moins provocante…

Paris sera toujours Paris !

La plus belle ville du monde
Même quand au loin le canon gronde
Sa tenue est encore plus jolie…
Paris sera toujours Paris !
On peut limiter ses dépenses,
Sa distinction son élégance
N'en ont alors que plus de prix
Paris sera toujours Paris !

(reprise au début)

2 **des croisillons** Querhölzer
3 **une devanture** une vitrine
6 **chambouler** *ici:* auf dem Kopf stellen
7 **emmailloter** umwickeln
14 **assombrir** verdunkeln
22 **faire le zouave** herumkaspern
24 **un ukase** Erlass
25 **l'veau** *ici:* l'eau
41 **une aigrette** Federbusch
44 **une hermine** Hermelin
45 **plein de décence** dezent

b. Lisez cette analyse de l'album de Zaz.

Dans son album intitulé *Paris*, la chanteuse Zaz reprend de vieilles chansons françaises ! **Celles-ci** sont accompagnées de *Paris sera toujours Paris*. Parmi tous ces titres, **celui-ci** sert de rampe de lancement au disque.

Il faut savoir que, dans le clip vidéo, Zaz s'amuse à traverser Paris dans un métro aérien à l'ancienne, passant devant ses monuments les plus célèbres comme la tour Eiffel ou Notre-Dame. Le sous-titre en anglais **soulève la question de savoir si** le clip cherche à plaire à un public international, toujours avide de clichés sur la Ville lumière. La chanteuse de 34 ans **a dit qu'**elle s'y amusait en robe brillante au milieu d'un orchestre de jazz manouche, essayant tant bien que mal de dérider les passagers blasés de son wagon. Avec sa bonne humeur et **celle de** son orchestre de jazz manouche, le pari est réussi…

Avec ce disque, Zaz **nous explique qu'**elle a choisi de rendre hommage à la capitale dans un projet de treize chansons, dont trois inédites. Et **elle rajoute qu'**elle s'est même payé le luxe de collaborer avec Quincy Jones.

4 **une rampe de lancement** Startrampe
10 **avide** gierig
12 **manouche** Zigeuner-
12 **dérider** aufheitern
13 **blasé** blasiert
14 **un pari** Wette

Solutions : tapez 7yune33 sur *www.klett-sprachen.de*

c. Relevez les verbes introduisant le discours indirect en indiquant les temps utilisés.

d. Trouvez les expressions auxquelles se rapportent les pronoms démonstratifs en gras.

2 Comment faire l'analyse / étude des différents genres littéraires ?

Solutions : tapez 7yune33 sur www.klett-sprachen.de

a. L'analyse d'un texte narratif

Complétez les explications qui vous aideront à analyser un texte avec les mots ci-dessous.

contenu • forme • message • particulier • pensées • texte • type

Pour analyser un texte littéraire :
- D'abord, il faut lire le texte complet plusieurs fois. Ensuite, il faut déterminer le .... du texte (roman, récit, conte, nouvelle,…) et dire de quoi il s'agit.
- Contextualisez le .... (auteur, œuvre, contexte historique).
- Nommez le sujet, montrez l'évolution des idées et des .... qui ont servi à la construction du texte. Cela veut dire qu'il faut parler des personnages mentionnés dans le texte, des relations entre les personnages, du narrateur, de son point de vue et de la relation entre .... et ....
- Si vous devez analyser un aspect ...., citez dans l'ordre du texte les passages correspondants.
- En conclusion, vous reprenez le .... principal de votre analyse.

S. 55 citer

ANALYSE EINES LITERARISCHEN TEXTES
- Lesen Sie den Text mehrmals durch, bestimmen Sie die **Textsorte** und definieren Sie die **Aussageabsicht** des Textes. Ordnen Sie den Text in Ihrer Einleitung in seinen **Kontext** ein.
- Gehen Sie dann im Hauptteil je nach Analysefokus auf **Inhalt, Struktur** und / oder **Sprache** des Textes ein. Wichtig dabei ist, dass Sie **Inhalt und Form** zueinander in Bezug setzen. Dabei sollten Sie Ihre Aussagen immer mit **Zitaten** belegen.
- Zum Schluss stellen Sie die **zentralen Ergebnisse Ihrer Analyse** klar heraus.

b. L'analyse d'un article de journal ou de magazine

Complétez les explications qui vous aideront à analyser un article avec les mots donnés.

l'argumentation • descriptif • une interview • lignes • nombre

Pour examiner un article de journal :
- Lisez l'article, déterminez le type du texte et dites de quoi il s'agit (un reportage, ..., un courrier de lecteur, une critique de film…).
- Définissez si le texte est argumentatif, ..., explicatif ou narratif.
- Décrivez la structure du texte (le .... des paragraphes, leur sujet, les aspects dans chaque partie).
- Examinez la solidité de .... : Est-elle compréhensible, logique, bien structurée ?
- N'oubliez pas de mentionner les .... auxquelles se trouvent les informations que vous utilisez pour l'analyse.

S. 55 citer

ANALYSE EINES ZEITUNGSARTIKELS
- Bestimmen Sie die **Textsorte** und die **Funktion** des Textes (Beschreibung, Meinungsäußerung…).
- Beschreiben Sie dann die **Struktur** des Textes und überprüfen Sie dabei, ob die **Argumente** des Autors stimmig sind. Suchen Sie die passenden **Stellen** heraus und belegen Sie sie mit **Zeilenangaben**.

c. L'analyse d'un texte publicitaire

Voici quelques questions pour vous aider à analyser un texte publicitaire. Complétez-les avec les mots ci-dessous.

images • objectif / but • presse • logo • langage

Pour analyser un texte publicitaire :

- D'où vient la publicité ? Où est-ce qu'elle est parue (.................................., Internet, affiche) ?
- À qui est-ce qu'elle s'adresse ? Quel est son .... ? (économie → inciter un achat ; société → information, publicité ; politique → électeurs: influence)
- Comment est-ce qu'on construit une publicité (titre, nom de l'entreprise ou du produit, texte, ...) ?
- Qu'est-ce qui est surprenant dans la composition des .... (disposition, lumière) ?
- Qu'est-ce qui est surprenant dans le .... / le texte (phonétique, lexique, syntaxe) ?

! **ANALYSE EINES WERBETEXTES**

Achten Sie bei der Analyse einer Werbung auf folgende Leitfragen: **Von wem** stammt die Werbung und **wo** ist sie erschienen? **An wen** wendet sie sich und was ist ihr Ziel? **Wie** ist die Werbung aufgebaut? **Was fällt** an der Bildkomposition und an der Sprache / Schrift **auf**? **Wie** versucht sie, den Leser / Hörer zu beeinflussen?

d. L'analyse d'une BD

Lisez l'information et les questions qui vont vous aider à faire l'analyse d'une BD. Complétez le texte avec les mots donnés.

auteur (2x) • dessins • langue • message • publiée • sentiments • type

Une BD est une histoire racontée à l'aide de ...., avec ou sans texte.
Les .... sont montrés par les gestes et les mimiques des personnages.

- Qui est l'.................................. du texte de la BD et qui est l'.................................. des dessins ? Ou est-ce le même auteur qui a écrit le texte et qui a fait les dessins ?
- Où est-ce que la BD a été .... ?
- Quel .... de dessins est utilisé ?
- Qu'est-ce qui est surprenant en ce qui concerne la .... ?
- Est-ce que le .... de l'auteur est clair ?

Reliez les parties d'une BD avec l'illustration et le texte correspondants.

1. une vignette ○ ○ A. un petit texte pour indiquer le lieu ou le temps
2. une bulle ○ ○ B. un dessin encadré
3. un récitatif ○ ○ C. les paroles et les pensées des personnages

! **ANALYSE EINES COMICS**

Ein Comic ist eine **Bildergeschichte** mit oder ohne Text. **Sprech- und Denkblasen** geben die Gespräche und Gedanken der Figuren wieder, **Erzählerkästen** liefern Hinweise auf das Geschehen. Gefühle werden durch **Gestik und Mimik** der Figuren sowie Symbole wiedergegeben.

e. L'analyse d'une statistique

Voici quelques questions pour vous aider à analyser une statistique. Complétez-les avec les mots donnés.

montrées • proviennent • relier • tirer

Généralement, les diagrammes montrent des statistiques ou un autre type d'information d'une façon visuelle.

- De quelle source .... les données ?
- Quelles données sont .... dans la statistique ?
- À quelle information peut-on .... les données présentées ?
- Quelle conclusion peut-on .... de ces données ?

Reliez les types de diagrammes avec le texte correspondant.

1. 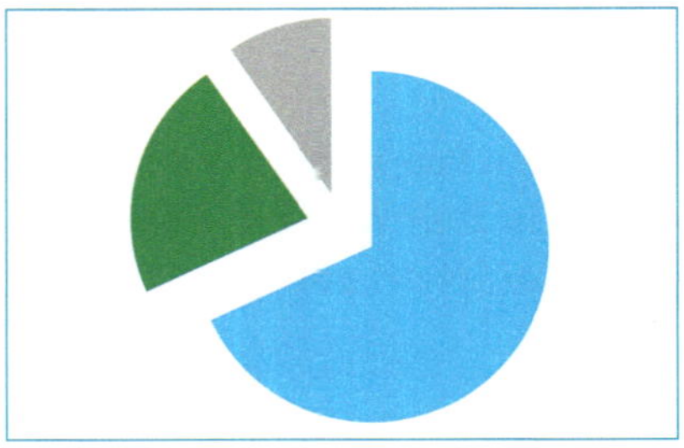 ○

2. 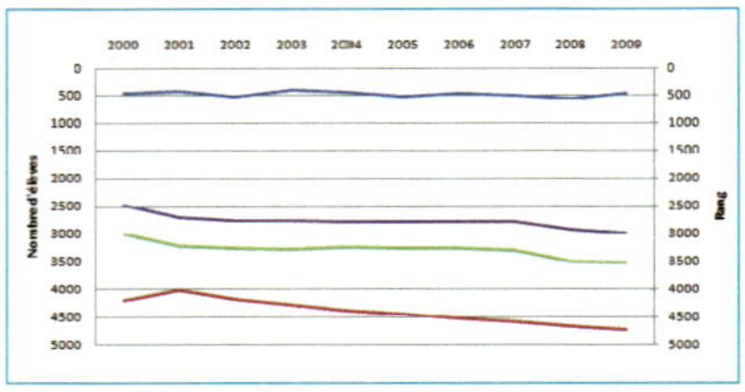 ○

3. 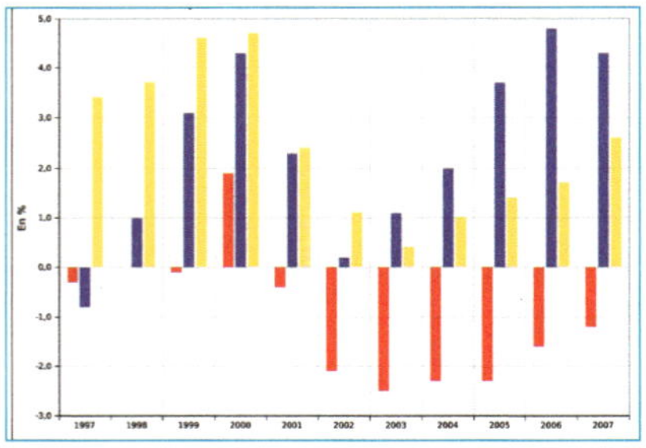 ○

○ A. un diagramme à bandes horizontales ou verticales ou diagramme en barres ou diagramme en bâtons

○ B. un diagramme circulaire

○ C. un diagramme à ligne brisée

ANALYSE EINER STATISTIK

- Diagramme stellen statistische oder andere Arten von Informationen einprägsam und übersichtlich dar.
- Bestimmen Sie die **Art des Diagramms** (Torten-, Säulen-, Balken-, Kurvendiagramm) und die **Quelle**.
- Setzen Sie anschließend **alle Angaben** des Diagramms zueinander in Bezug.

f. L'analyse d'une chanson

Complétez les questions qui vont vous aider à analyser une chanson avec les mots donnés.

genre • impression • texte • instruments • compositeur

Pour examiner une chanson, il faut répondre aux questions suivantes :
- De quelle(s) information(s) disposez-vous sur le chanteur / la chanteuse et le .... ?
- Quelle est votre première .... ?
- De quel .... musical s'agit-il ?
- Quels .... sont utilisés ?
- Comment peut-on analyser le .... de la chanson ? Quelle est la relation entre le contenu et la forme ?

ANALYSE EINES LIEDES
- Was ist Ihr erster **Eindruck**? Welche Informationen über **Sänger / Komponist** und **Werk** haben Sie?
- Um welches **Genre** handelt es sich?
- Welche **Instrumente** kommen zum Einsatz?
- Welche **Wirkung** ergibt sich durch die musikalische Umsetzung?
- **Wovon handelt** der Text? Setzen Sie **Inhalt und Form** zueinander in Bezug.

g. L'analyse d'un poème

Complétez les questions qui vont vous aider à faire une analyse de poème avec les mots donnés.

figures de style • message • poème • personnage • poète

- De quelle(s) information(s) disposez-vous sur le ...., sur son époque (historique, actuelle) ?
- Quelle est la structure externe du .... (forme, strophes, vers, rimes, répétitions) ?
- Quelles .... sont utilisées ? Pourquoi le poète les utilise-t-il ?
- Quel .... est mentionné dans le poème (moi lyrique) ?
- Quel est le .... principal du poème ?

ANALYSE EINES GEDICHTS

Bei einer Gedichtanalyse untersuchen Sie das Gedicht auf Folgendes:
- Ordnen Sie das Gedicht, falls möglich, literaturhistorisch ein: **biografische Daten** des Dichters, historischer **Hintergrund**, Werk des Dichters, literarische Strömung.
- Wie sieht die **äußere Struktur** des Gedichts aus (z. B. Form, Art der Strophen und Verse, Reimschema, Wiederholungen)?
- Welche **Stilmittel** werden verwendet und welche Funktion erfüllen sie?
- Welche **Personen** kommen vor? / Wie wird das lyrische Ich charakterisiert?
- Was ist die **zentrale Botschaft** des Gedichts?

CONSEILS POUR BIEN CITER :
- Mettez la citation entre guillemets (« ») et le point final avant le guillemet fermant (« . »).
- Écrivez exactement le passage du texte, sans changements (ponctuation, majuscules,...).
- Pour une poésie, séparez les vers cités par un trait oblique (/).
- Précisez le numéro de la ligne citée après les guillemets, entre parenthèses (l. 23 – 25).

3 Comment faire l'analyse / étude de la langue et du style d'un texte ?

Solutions : tapez 7yune33 sur *www.klett-sprachen.de*

a. Complétez les informations et les questions qui vont vous aider à analyser le style d'un texte avec les mots donnés.

but • caractéristiques • manière • techniques • contenu

Le style est la .... d'écrire ou de parler d'un écrivain ou d'un orateur.
- Il y a plusieurs types de style : simple, clair, confus, ironique, direct, rhétorique, complexe, grotesque, critique, sarcastique…
- En plus du style, l'auteur dispose de différentes techniques pour parler du contenu, par exemple pour exprimer le temps, pour décrire l'action, le cadre, les dialogues…

Ces questions vous aideront à analyser le style et les techniques utilisées :
- Quel est le style donné et quelles sont les .... du texte ?
- Quelles méthodes de la fonction poétique *(voir la page suivante)* sont utilisées ? Quel est le .... de l'auteur ? (Renforcer le message, mettre quelque chose en opposition, attirer l'attention sur quelque chose, exprimer des sentiments au travers de la langue…)
- Quelles .... sont utilisées pour mettre en scène le contenu ? Où et quand l'auteur utilise-t-il un certain style pour souligner l'importance du .... ?

! **ANALYSE VON STILMITTELN**
- Als Stil bezeichnet man die **Art und Weise**, wie ein Text vom Autor geschrieben wurde. Der Stil kann, je nachdem welcher Effekt erzielt werden soll, ganz unterschiedlich sein, z. B. **einfach oder komplex, klar oder undurchsichtig, direkt oder ironisch…**
- Wenn Sie einen Text analysieren, sollten Sie daher den Stil in Ihre Analyse miteinbeziehen. Dies beinhaltet auch die Analyse der **rhetorischen Mittel** *(s. nächste Seite)* und ihrer **Funktion** im Text. Auch hier gilt, dass **Sprache und Inhalt** immer im Zusammenhang zu sehen sind und die Wahl der sprachlichen Mittel dazu dient, den Inhalt auf bestimmte Art und Weise hervorzuheben.

Quelques types de style	Le style de l'auteur est-il plutôt… … descriptif ou narratif ? … dramatique ou humoristique ? … réaliste ou romantique ? … prétentieux *(überheblich)* ou sophistiqué ? … dynamique et vivant ? … répétitif *(sich wiederholend)* ou concis *(knapp)* ? … confus ou clair ? … neutre ou personnel ?

Solutions : tapez 7yune33 sur *www.klett-sprachen.de*

b. Pour convaincre, impressionner ou transmettre une idée, l'auteur a à sa disposition des figures de styles ou moyens stylistiques. Retrouvez la bonne définition pour chaque procédé et trouvez l'exemple correspondant dans l'encadré de dessous.

Pour exprimer une analogie entre deux choses, l'auteur utilisera :

1. une comparaison ○
2. une métaphore ○
3. une allégorie ○
4. une personnification ○

○ A. représentation concrète d'une idée abstraite
○ B. donner un comportement humain à des animaux, des objets ou des éléments naturels
○ C. parallèle entre deux choses au moyen d'un mot-outil *(comme, tel, ainsi que, à la manière de…)*
○ D. comparaison sans mot-outil

a. Il pleut des cordes.
b. Ses yeux verts ressemblaient à deux émeraudes.
c. La forêt gémit sous le vent.
d. *La Liberté guidant le peuple* (tableau d'Eugène Delacroix)

Pour substituer quelque chose, il utilisera :

5. une métonymie ○
6. une périphrase ○

○ E. remplacement d'un terme par un terme plus large qui le désigne indirectement : la cause pour l'effet, le contenant pour le contenu, l'artiste pour l'œuvre, la ville pour ses habitants…
○ F. remplacer un terme précis par une définition plus large et plus elliptique

c. Je pense que ce dessin est un Picasso. (= un tableau de Picasso)
d. l'astre de la nuit (= la lune)

Pour opposer deux choses, il utilisera :

7. une antithèse ○
8. une antiphrase ○

○ G. dire le contraire de ce que l'on veut exprimer
○ H. opposition entre deux termes de sens opposés dans la même phrase

e. Qui aime bien châtie bien.
f. Surtout ne change pas d'avis ! (= je ne suis pas d'accord avec toi)

Pour amplifier quelque chose, il utilisera :

9. une hyperbole ○	○ I. énumération excessive d'un certains nombre de termes
10. une gradation ○	○ J. utilisation du même mot plusieurs fois
11. une répétition ○	○ K. procédé qui consiste en une suite de mots qui entretiennent un rapport de sens et qui sont placés dans un ordre croissant
12. une accumulation / énumération ○	○ L. exagération dans le choix des termes

g. Il y en a de toutes les couleurs: rouges, jaunes, verts, bruns,…
h. « *Je me meurs, je suis mort, je suis enterré.* » (Molière)
i. C'est géant !
j. *La terre était grise, le blé était gris, le ciel était gris.* (Giono)

Pour atténuer quelque chose, il utilisera :

13. une litote ○	○ M. dire le moins pour suggérer le plus
14. un euphémisme ○	○ N. atténuation d'une expression pour ne pas choquer

k. le quatrième âge (= les vieux)
l. Ta remarque n'est pas idiote !
(= tu as fait une bonne remarque)

Pour construire quelque chose, il utilisera :

15. un parallélisme ○	○ O. affirmation déguisée sous la forme d'une question
16. une ellipse ○	○ P. répétition d'une même structure de phrase ou de propositions dans une phrase
17. une question rhétorique ○	○ Q. absence d'un ou de plusieurs mots

m. L'Oréal, parce que je le vaux bien.
n. « *Lucien avait beaucoup lu, beaucoup comparé ; David avait beaucoup pensé, beaucoup médité.* » (Balzac)
o. N'est-il pas adorable ?

// STRUCTURES GRAMMATICALES ET EXPRESSIONS //

4 **L'utilisation du discours indirect dans les analyses**

Le sous-titre en anglais **soulève la question de savoir si** le clip cherche à plaire à un public international.
La chanteuse de 34 ans **a dit qu'elle s'y amusait** en robe brillante.
Zaz **nous explique qu'**elle a choisi de rendre hommage à la capitale.

! S. 191

LE DISCOURS INDIRECT

Die **indirekte Rede** ist ein Nebensatz, der von einem **Verb des Sagens und Denkens** *(dire, penser…)* abhängt und durch ***que*** eingeleitet wird.

Wenn die indirekte Rede…

- … von einem Verb im ***présent, futur, conditionnel, impératif*** abhängt, **bleibt das Tempus** das gleiche wie in der direkten Rede.

  z. B. ***passé composé*** ↳ ***passé composé***
  Zaz : « J'ai choisi de rendre hommage à la capitale. »
  ↳ *Zaz nous explique qu'elle a choisi de rendre hommage à la capitale.*

- … von einem Verb im ***passé composé, imparfait, plus-que-parfait*** abhängt, so **verändert sich das Tempus** in der indirekten Rede:

  1. ***présent*** ↳ ***imparfait***
     Zaz : « Je m'y amuse en robe brillante. »
     ↳ *Zaz a dit qu'elle s'y amusait en robe brillante.*
  2. ***passé composé, imparfait, plus-que-parfait*** ↳ ***plus-que-parfait***
     Zaz : « Je m'y amusais en robe brillante. »
     ↳ *Zaz a dit qu'elle s'y était amusée en robe brillante.*
  3. ***futur simple, conditionnel I*** ↳ ***conditionnel I***
     Zaz, en préparant son clip : « Je m'y amuserai en robe brillante. »
     ↳ *Zaz a dit qu'elle s'y amuserait en robe brillante.*
  4. ***futur antérieur, conditionnel II*** ↳ ***conditionnel II***
     Pour convaincre Zaz avant le tournage du clip, le producteur lui dit :
     « Tu verras, tu t'y seras amusée en robe brillante. »
     ↳ *Le producteur lui a dit qu'elle s'y serait amusée en robe brillante.*

- Der ***Subjonctif*** bleibt unverändert.

  Bestimmte **Orts- und Zeitadverbien** werden in der indirekten Rede durch andere ersetzt:

maintenant	↳ *alors / à ce moment-là*
hier	↳ *la veille*
aujourd'hui	↳ *le jour même / ce jour-là*
demain	↳ *le lendemain*
ici	↳ *là-bas*
dans une semaine	↳ *une semaine plus tard*
il y a une semaine	↳ *une semaine plus tôt*

Analysez l'avis de ce touriste qui a visité Paris en utilisant le discours indirect.
Commencez par : *Ce touriste a trouvé que…*

Solutions : tapez 7yune33 sur *www.klett-sprachen.de*

Fantastique, unique… mais usante

Paris est toujours en mouvement. Toute personne adorera logiquement Paris ! Assis à la terrasse d'un café et on voit, on écoute… et on sourit quand on a entendu un mot qu'on n'a pas compris. Paris est une ville jeune, hyper-créative et intellectuelle, on y est confronté à tous les types de points de vue et d'opinion.

Ici, les parisiens aiment les nouveautés, ce qui n'étonnera personne : ça va parfois trop loin et ça peut verser dans le ridicule médiatique, mais c'est normal dans les grandes capitales.

C'est souvent très émouvant de se balader dans cette ville historique en imaginant ce que les gens ont vu autrefois.

Et en même temps, aujourd'hui, les hipsters ont remplacé les zazous.

10 **les zazous** en France, des années 1940, les jeunes portant des vêtements anglais ou américains

5 L'utilisation des pronoms et adjectifs démonstratifs *(ce, cette, celui, celle…)* dans les analyses

Zaz reprend de vieilles chansons françaises ! **Celles-ci** sont accompagnées de *Paris sera toujours Paris.*
Avec sa bonne humeur et **celle de** son orchestre de jazz manouche, le pari est réussi…

! S. 132 S. 207

DER GEBRAUCH VON DEMONSTRATIVPRONOMEN UND -BEGLEITER

Die **Demonstrativpronomen** stimmen mit der Nominalgruppe, die sie vertreten, in Genus und Numerus überein :
*Ces chansons ne me plaisent pas, mais **celles-là** (ces chansons-là) sont super !*

Ergänzte Formen		**Zusammengesetzte Formen**
m. *celui, ceux*	+ *de, sur*	*celui-ci / -là, ceux-ci / -là*
f. *celle, celles*	+ *qui, que, dont, où*	*celle-ci / -là, celles-ci / -là*

Die **neutralen Demonstrativpronomen** *ce (c'), cela / ceci, ça* sind unveränderlich.
Die **Demonstrativbegleiter** sind:
m. sg. *ce chanteur, cet auteur* (vor Vokal)
f. sg. *cette chanson*
pl. *ces auteurs, ces chansons*

Solutions : tapez 7yune33 sur *www.klett-sprachen.de*

Complétez le texte sur Paris avec les pronoms et adjectifs démonstratifs donnés.

ça • ce • celle-ci • celui • ces (3x) • ceux-ci

.... matin, Momo s'est réveillé tard. Monsieur Ibrahim l'a invité à faire une promenade touristique dans Paris, ... des photos et des touristes. Ils se sont promenés le long de la Seine et sur ses ponts. Monsieur Ibrahim a fait remarquer à Momo que .... ressemblaient aux bracelets d'une femme. Ensuite, ils sont allés dans les quartiers élégants. Momo était impressionné par tous .... grands magasins et toutes .... vitrines qui vantaient des objets de luxe. .... boutiques étaient vides en comparaison de l'épicerie de Monsieur Ibrahim. .... n'était pas plus grande qu'une salle de bains !

« C'est .... le luxe ! » a déclaré le vieil homme.

6 Des expressions pour faire une analyse ou une étude

Localisation	Le texte / la chanson / le poème / l'article / la BD / l'affiche… … intitulé(e) / qui porte le titre… … paru(e) / a été publié(e) / a été imprimé(e) dans… … a été écrit(e) / fait(e) / composé(e) par… dans…
Compréhension générale	Le texte parle du sujet… Le titre nous indique / signale / manifeste / montre… Le titre explique / raconte / informe sur le fait / l'événement / l'histoire…
Structure	Le texte contient / est composé / est formé par… … des parties / paragraphes / chapitres Le premier paragraphe… … commence et termine par la ligne… … va de la ligne… à la ligne… On peut découper le texte en … parties. Le développement du texte montre que… En conclusion, l'auteur fait un résumé des faits mentionnés…
Analyse detaillée	L'action se développe / s'avance jusqu'à… … un conflit / une intrigue L'auteur utilise la métaphore pour montrer… En comparant… avec…, X se sent… X représente / est un symbole pour … C 'est l'énonciation principale pour comprendre ce que… veut dire… Le mot « xxx » contient en plus une certaine euphorie… La citation de X se refère à… / aux… On peut aussi expliquer que… Dans le texte, il y en a des exemples clairs qui montrent / qui aident à… En même temps, En plus, Il faut ajouter, Dans un certain sens, Mais, Pas seulement… mais aussi… On peut se demander si… Il semble que…
L'intention de l'auteur	L'auteur a l'intention… … d'informer le lecteur sur… … de prouver… … de documenter… … de persuader le lecteur de… … de sensibiliser le lecteur sur…

// APPLICATION POUR LES ÉPREUVES ÉCRITES //

CONSEILS POUR EXAMINER UN ARTICLE DE JOURNAL

- ☑ Lisez l'article et déterminez le type du texte (un reportage, une interview, un courrier de lecteur, une critique de film…).
- ☐ Notez le sujet principal indiqué dans la manchette.
- ☐ S'il y a une photo avec l'article, faites des hypothèses : quel est le rapport entre la photo et la manchette ?
- ☐ Examinez l'intention de l'auteur : est-ce un article argumentatif, explicatif ou informatif ?
- ☐ Décrivez la structure du texte (le nombre de paragraphes, leur sujet, les aspects dans chaque partie).
- ☐ Si l'auteur défend une thèse, examinez la solidité de l'argumentation : est-elle compréhensible / logique ?
- ☐ N'oubliez pas de mentionner la ligne à laquelle se trouve l'information que vous utilisez pour l'analyse.

7

a. Trouvez les arguments de l'auteur décrits dans cet article de journal.

b. Analysez sa critique de la « boboïsation » à Paris.

« La boboïsation » à Paris : un « problème violent »

Alors qu'un documentaire, diffusé ce lundi sur France 3, présente une cartographie sociale de la France, « 20 Minutes » s'est intéressé plus particulièrement aux « bobos » parisiens…

Problème violent :

« T'es beauf ou bobo de Paris ? » Pas la peine de lutter, l'image du bourgeois bohème colle aux basques du Parisien. Mais au-delà de la punchline de Stromae, quelle réalité se cache derrière cette classe à part ?

Souvent dépeints comme parisianocentrés, aux idées de gauche malgré un compte en banque bien fourni, les bobos sont souvent mal perçus, comme le chantait de son côté Renaud.

En fait, « quand les autochtones ont vu arriver ces jeunes gens dans leurs quartiers populaires, au début ils ont trouvé ça sympathique », rappelle Christophe Guilluy, géographe et auteur d'un article qui cernait, dès 2001, les contours du phénomène à Paris.

Sauf que très vite, cette « boboïsation » s'est transformée en « un problème violent », détaille le géographe. Leur arrivée a en effet entraîné « une appropriation du parc de logements, initialement destiné aux classes populaires », explique Christophe Guilluy.

Et dans le sillage de ces bobos, c'est tout l'environnement de ces quartiers dits populaires qui a changé. Ouvriers ou simples salariés ont dû s'éloigner, alors « qu'avant, ils pouvaient habiter en ville », rappelle le géographe.

Embourgeoisement :

Plutôt que de « boboïsation », Anne Clerval préfère parler de gentrification. Un mot tiré de l'anglais « gentry » (« les gens biens nés ») qu'utilisent les chercheurs pour définir ce processus de transformation sociale (par remplacement de la population) et de transformation urbaine. « Et l'un ne va pas sans l'autre », appuie la géographe.

Réhabilitation de l'habitat, renouvellement des commerces… Les premiers signes de cette forme d'embourgeoisement « spécifique aux quartiers populaires », précise Anne Clerval, ont été observés dès les années 60 avec les débuts de la désindustrialisation. Mais la fin du contrôle des loyers dans les années 1980 a accéléré le processus.

Le phénomène, qui était déjà à l'œuvre à Londres ou New York, va ensuite progressivement s'étendre à tout Paris à partir des années 2000. Désormais, « tous les quartiers populaires sont touchés » confirme Anne Clerval, également auteure du livre *Paris sans le peuple*.

Conditions de vie difficiles :

Et d'après elle, pas de retour en arrière possible, « à moins d'un retournement des facteurs économiques » ou de politiques publiques ambitieuses. L'enjeu est aujourd'hui en proche banlieue puisque la gentrification s'étend au-delà du périph, à Montreuil, Les Lilas, ou Bagnolet… Ainsi que dans certaines grandes métropoles françaises.
Si la gentrification suit des rythmes différents selon les lieux, partout elle produit les mêmes effets. Obligeant les classes populaires à s'éloigner de plus en plus du centre, elle rend ainsi leurs conditions de vie de plus en plus difficiles. Une réalité qui ne devrait pas aider le bobo parisien à se faire de nouveaux amis.

7 **beauf ou bobo** un français moyen vulgaire ou un bourgeois-bohème
12 **parisianocentré** pour qui Paris est le centre, le plus important
15 **perçu** *ici:* vu
16 **un(e) autochtone** un(e) local(e), une personne de la ville
35 **la gentrification** *Zuzug wohlhabenderer Bevölkerungsgruppen*
49 **l'embourgeoisement** Verbürgerlichung
64 **l'enjeu** Herausforderung
66 **le périph** *fam* le périphérique

c. En tapant le code 7yune33 sur *www.klett-sprachen.de*, vous trouvez un exemple de solution. Lisez-le et comparez-le avec votre texte. Choisissez les expressions qui vous semblent utiles pour améliorer votre propre texte. Retravaillez votre texte en les intégrant.

CONSEILS POUR ANALYSER UN POÈME

- ☑ Notez les informations sur le poète et sur son époque.
- ☐ Déterminez le sujet principal du poème.
- ☐ Trouvez la personne mentionnée (par exemple le moi lyrique).
- ☐ Dites à qui s'adresse le poème.
- ☐ Notez la structure du poème : le nombre de strophes et de vers, le schéma des rimes (plates AABB, croisées ABAB, embrassées ABBA).
- ☐ Concluez en donnant le message principal du poème.

8 **Analysez le poème *Au pied des tours de Notre-Dame* de Francis Carco.**

Au pied des tours de Notre-Dame,
La Seine coule entre les quais.
Ah ! le gai, le joli muguet !
Qui n'a pas son petit bouquet ?

Allons, fleurissez-vous, mesdames !
Mais c'était toi que j'évoquais
Sur le parvis de Notre-Dame :
N'y reviendras-tu donc jamais ?
Voici le charmant mois de mai…

Je me souviens du bel été,
Des bateaux-mouches sur le fleuve
Et de nos nuits de la Cité.
Hélas ! qu'il vente, grêle ou pleuve,
Ma peine est toujours toute neuve :
Elle chemine à mon côté…

[…]

De ma chambre du quai aux Fleurs,
Je vois s'en aller, sous leurs bâches,
Les chalands aux vives couleurs
Tandis qu'un petit remorqueur
Halète, tire, peine et crache
En remontant, à contre-cœur,
L'eau saumâtre de ma douleur…
[…]

17 **une bâche** Plane
18 **un chaland** Frachtkahn
19 **un remorqueur** Schlepper
20 **haleter** keuchen
22 **l'eau saumâtre** Brackwasser

b. En tapant le code 7yune33 sur *www.klett-sprachen.de*, vous trouvez un exemple de solution. Lisez-le et comparez-le avec votre texte. Choisissez les expressions qui vous semblent utiles pour améliorer votre propre texte. Retravaillez votre texte en les intégrant.

// APPLICATION POUR LES ÉPREUVES ORALES //

CONSEILS POUR ANALYSER DES STATISTIQUES

- ☑ Lisez le titre principal et le titre des colonnes et toute autre indication.
- ☐ Repérez la source du document.
- ☐ N'oubliez pas de noter l'ordre de grandeur (chiffres donnés en %, en euros, …).
- ☐ Faites une phrase avec une ou deux données pour vous assurer de la bonne compréhension des chiffres *(Avec 20,7%, les moins de 25 ans représentent le groupe de visiteurs…).*
- ☐ Dégagez les grandes tendances en citant les chiffres les plus significatifs ou le résultat de vos calculs (*Ici, on s'aperçoit qu'en 2010, très peu de…*).
- ☐ À l'aide de vos connaissances ou d'autres documents, essayez de trouver des explications / des comparaisons à ce que vous avez observé.

9 **Analysez ces statistiques. Quelle image de Paris avez-vous en analysant ces diagrammes ?**

L'utilisation de Airbnb
D'après WSJ

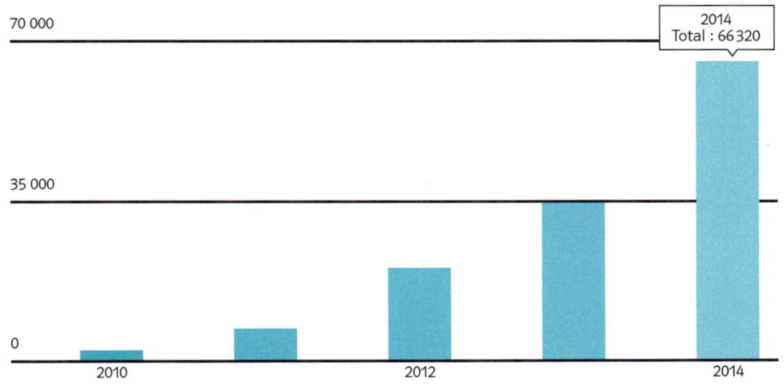

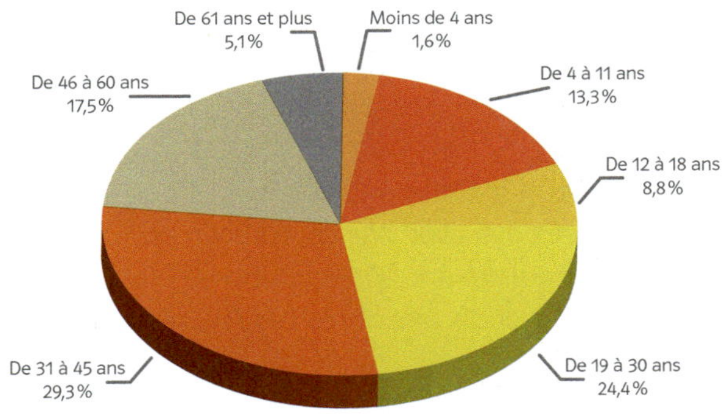

Âge en % des visiteurs de la tour Eiffel

Croissance de la population parisienne depuis le premier recensement en 1801

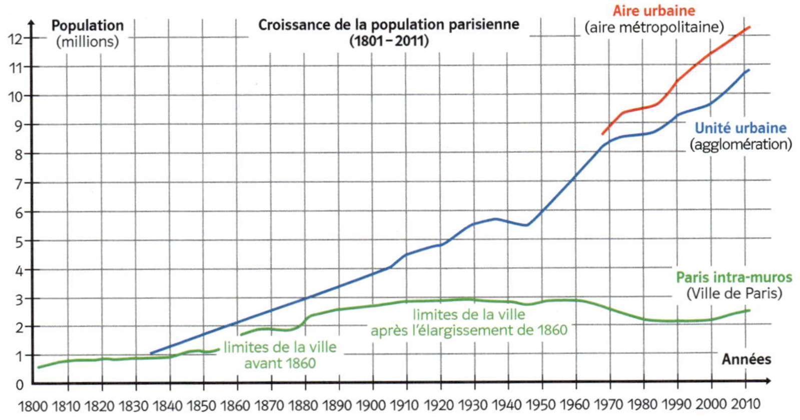

Solutions : tapez 7yune33 sur *www.klett-sprachen.de*

5

EXPLIQUER

Bei einer **Erklärung** sollen Sie **Inhalt, Aufbau** und **Form** eines Textes analysieren und die **Wirkung** des Textes auf den Leser beschreiben. Die Wirkung bezieht sich dabei sowohl auf die Absichten des Autors als auch auf die eventuell nicht beabsichtigte Wirkung, die der Text auf den Leser hat.
ACHTUNG! Wie bei der Textanalyse müssen Sie auch bei der Erklärung die wesentlichen Aussagen des Textes richtig erkennen und mit **passenden Textstellen** belegen.
Zur Umsetzung dieser Aufgabe brauchen Sie häufig *le gérondif, le participe présent* und *des expressions pour expliquer*.

un film donnant à réfléchir sur la société •
en commençant le montage du film •
il faut considérer attentivement ces phrases / ces mots

// EXEMPLES //

1 ***Casse-tête chinois***

a. Lisez le texte et expliquez de quoi il s'agit dans le film de Cédric Klapisch.

Solutions : tapez 7yune33 sur *www.klett-sprachen.de*

Xavier a maintenant 40 ans. On le retrouve avec Wendy, Isabelle et Martine quinze ans après *L'auberge espagnole* et dix ans après *Les Poupées russes.*

La vie de Xavier ne s'est pas forcément rangée et tout semble même devenir de plus en plus compliqué. Désormais père de deux enfants, son virus du voyage l'entraîne cette fois à New York, au beau milieu de Chinatown. Dans un joyeux bordel, Xavier cherche sa place en tant que fils, en tant que père… en tant qu'homme en fait ! Séparation. Famille recomposée. Homoparentalité. Immigration. Travail clandestin. Mondialisation. La vie de Xavier tient résolument du casse-tête chinois !

b. Lisez l'explication du film donnée par le réalisateur.

Casse-tête chinois : Cédric Klapisch, « Je voulais faire un portrait d'aujourd'hui »

(…) C'est donc aujourd'hui, avec *Casse-tête chinois*, que le réalisateur revient avec tous ses personnages. Dans *L'auberge espagnole*, ses personnages « avaient 25 ans et étaient étudiants en ERASMUS », dans *Les Poupées Russes*, « ils ont 30 ans et sont de vrais jeunes actifs ». Dans *Casse-tête chinois*, « ils ont 40 ans, des enfants et apprennent à être parents ». Pour Klapisch, l'important, c'est de décrire une société et la manière dont les personnages l'appréhendent.

C'est pour cela que l'on trouve dans ce nouvel opus, « *cette question du divorce* ». Le réalisateur cite souvent un chiffre important. « Aujourd'hui, il y a 60 % des enfants qui sont à l'école primaire ayant des parents qui sont divorcés. (…) C'est donc cela qu'il a « voulu faire dans ces trois films, faire un portrait d'aujourd'hui, d'une génération. » Barcelone pour le premier film, Londres et Moscou pour le deuxième. C'est cette fois à New York que se déroule l'intrigue de *Casse-tête chinois*. (…) En effet, pour Cédric Klapisch, « … c'est la ville représentant le monde (…). »

La musique est toujours très importante dans les films du réalisateur (…). En commençant le montage du film, Loïc met la musique sur des scènes et en discute avec Cédric. (…)

Tout comme ses personnages, Cédric Klapisch a évolué depuis le premier film de la trilogie. Pour *L'auberge espagnole*, Cédric Klapisch (…) « avait compris depuis *Chacun cherche son chat* qu'il pouvait faire un film presque sans écriture, en inventant un scénario tous les jours. » (…)

Mais alors qu'il pensait autrefois que « avec l'écriture, il y avait quelque chose de la vie qui s'enlevait, parce que c'était moins spontané (…) », Klapisch a (…) compris, grâce à son expérience, qu'il peut « capturer quelque chose de la vie en écrivant beaucoup, et en travaillant beaucoup ».

(…) Avec *Casse-tête chinois*, il signe une nouvelle fois un film tendre, frais et drôle donnant à réfléchir sur la société et l'évolution d'une génération. C'est avec plaisir que l'on retrouve le casting habituel, composé entre autres de Romain Duris, excellent en un Xavier tourmenté cherchant tout simplement à être heureux. (…)

11 **appréhender qc** avoir peur de qc
49 **tourmenté** qui souffre moralement

Solutions : tapez 7yune33 sur *www.klett-sprachen.de*

c. Quelle était l'intention du réalisateur de faire un nouveau film ?

Le réalisateur voulait créer un film…

- ☐ qui montre la volonté de vivre ensemble.
- ☐ qui fait le tableau de la vie familiale actuelle.
- ☐ qui représente la vie quotidienne de nos jours.
- ☐ qui montre la vieillesse des acteurs.

d. Relisez le texte en relevant tous les gérondifs et les participes présents (voir p. 69 – 70)**.**

// EXPLICATIONS //

2 **Comment préparer une explication ?**

Solutions : tapez 7yune33 sur *www.klett-sprachen.de*

Lisez le texte et complétez-le avec les mots indiqués.

quelques minutes • points • complet •
détails • relations • notes

Pour faire une explication, il faut observer les points suivants :

1. Lecture générale :
Lisez le texte .... une fois.
Ne vous occupez pas des .... et ne prenez pas de notes.
Le but est d'avoir une idée globale du texte.

2. Réflexion sur le texte :
Pendant ...., pensez à ce que vous avez lu : que savez-vous du sujet et / ou de l'auteur ?
Quel effet produit le texte ?
Pensez aussi aux mots-clés liés au sujet et préparez-vous à trouver les .... avec le texte.

3. Lecture détaillée :
Relisez le texte lentement et concentrez-vous sur les points importants.
Prenez des .... et soulignez les parties les plus importantes dans le texte pour pouvoir les expliquer.

4. Combinaison des idées :
Avant de commencer à écrire l'explication, il est important de combiner les idées avec les .... les plus importants du texte pour élaborer une structure générale.

S. 55 citer

VORBEREITUNG EINER ERKLÄRUNG

- Die gute Vorbereitung einer Erklärung kann Ihnen beim späteren Schreiben viel Arbeit sparen.
- Um den Inhalt und die Struktur einer kurzen Geschichte zu erfassen, sollten Sie den **Text mehrmals lesen.**
- Beim ersten Lesen geht es darum festzustellen, um welches **Thema** es im Text geht und welche **Wirkung** der Text beim ersten Lesen auf Sie als Leser ausübt.
- Beim zweiten oder dritten Lesen können Sie dann **wichtige Textstellen** markieren und **Schlüsselwörter** unterstreichen
- Außerdem können Sie in Kurzform notieren, welche formalen Eigenschaften Ihnen bei einzelnen Textstellen auffallen (**Wendepunkt, Metapher, einfacher Satzbau** usw.) und welchen Effekt diese erzielen.

// STRUCTURES GRAMMATICALES ET EXPRESSIONS //

3 **L'utilisation du gérondif dans une explication**

En commençant le montage du film, Loïc met la musique sur des scènes.
Il pouvait faire un film presque sans écriture, **en inventant** un scénario tous les jours.
Il peut capturer quelque chose de la vie **en écrivant** beaucoup, et **en travaillant** beaucoup.

! S. 218

DAS *GÉRONDIF*

Das ***Gérondif*** hat eine adverbiale Satzfunktion. Man gebraucht es, wenn **Haupt-** und **Nebensatz dasselbe Subjekt** haben.

1. Es drückt eine **Gleichzeitigkeit** aus:
   Elle fait ses devoirs. En même temps, elle écoute la radio.
   ↳ *Elle fait ses devoirs en écoutant la radio.*
2. Es beschreibt auch die **Art und Weise** bei einem Vorgang:
   Elle a travaillé dur et elle a fait des progrès.
   ↳ *Elle a fait des progrès en travaillant dur.*
3. Es ersetzt einen ***si*-Satz**:
   Si tu travaillais plus, tu y arriverais.
   ↳ *En travaillant plus, tu y arriverais.*
4. Es wird mit vorangestellten *tout* anstelle von **konzessiven Nebensätzen** gebraucht:
   J'y suis allée, pourtant je savais que c'était dangereux.
   ↳ *J'y suis allée tout en sachant que c'était dangereux.*

Solutions : tapez 7yune33 sur *www.klett-sprachen.de*

Reformulez les phrases suivantes en utilisant le gérondif.

Jeunes Français, jeunes Allemands

1. L'OFAJ considère l'objectif des pères du Traité de l'Élysée et a permis aux millions de jeunes des deux peuples français et allemand de découvrir la civilisation et la culture du pays voisin, de se perfectionner dans sa langue ou d'optimiser leur qualification professionnelle lors de stages de formation à l'étranger.
2. Les fondateurs du Traité de l'Élysée voulaient renforcer les liens entre Français et Allemands, ils voulaient ainsi éviter de nouveaux conflits.
3. L'OFAJ réclame une coopération éducative et culturelle entre les deux nations. Il est en faveur d'un système d'équivalences pour les diplômes et examens.

4 L'usage du participe présent dans une explication

C'est la ville **représentant** le monde.
Il signe un film **donnant** à réfléchir sur la société et l'évolution d'une génération.
C'est avec plaisir que l'on retrouve un Xavier tourmenté **cherchant** tout simplement à être heureux.

DAS *PARTICIPE PRÉSENT*

S. 218

Das ***participe présent*** ersetzt…

1. einen **Relativsatz** mit ***qui***. In dieser Funktion häufig in Kleinanzeigen oder Überschriften, da es den Text verkürzt:
   ↳ *Cherche étudiant pour colloc parlant français*
2. einen **Kausalsatz**:
   Comme elle croyait qu'il ne viendrait plus, elle est rentrée.
   ↳ *Croyant qu'il ne viendrait plus, elle est rentrée.*
3. einen **Temporalsatz**:
   Quand il est entré dans la maison, il a eu peur.
   ↳ *Entrant dans la maison, il a eu peur.*
4. einen **Konzessivsatz** (obwohl), meist mit nachgestelltem ***pourtant***:
   Je le ferai bien que je sache que c'est défendu.
   ↳ *Je le ferai sachant que c'est défendu.*
5. Es bezeichnet die **Begleitumstände** eines Vorgangs:
   Elle a regardé autour d'elle et elle a bu son café.
   ↳ *Regardant autour d'elle, elle a bu son café.*

Reformulez les phrases ci-dessous en utilisant le participe présent.

Solutions : tapez 7yune33 sur *www.klett-sprachen.de*

L'amitié franco-allemande est un moteur de l'intégration européenne

- Un des trois objectifs du Traité de l'Élysée est de favoriser la « construction de l'Europe unie, **qui** est le but des deux peuples ».
- Alors que l'Union européenne a reçu le 10 décembre 2012 le prix Nobel de la paix, **qui** récompense notamment la contribution essentielle de l'amitié franco-allemande à la paix et l'unité de l'Europe, l'esprit de communauté **qui** existe entre nos deux pays est plus que jamais présent.
- Dans le domaine des échanges de jeunes, par exemple, nos deux pays ont abandonné leurs préjugés **et** construit de nouveaux liens.
- Depuis 1963, 8 millions de jeunes se sont ainsi rendus dans l'autre pays**,** ils ont ainsi de nombreux souvenirs personnels grâce à l'Office franco-allemand pour la jeunesse.

D'après ambafrance-cn.org

5 Des expressions pour expliquer

S. 20, 37, 46, 91, 112–113

Pour commencer une explication	D'abord, il faut dire que… L'auteur souligne que… En ce qui concerne… il faut dire que… La chose la plus importante mentionnée dans le texte est… La construction « … » … Le passage analysé nous montre que… Ces phrases offrent la possibilité de… Il faut considérer attentivement ces phrases / ces mots… Il faut examiner ces lignes… Nous avons observé ces pensées… Nous nous occupons de… Je m'occupe d'abord de… Le but principal des arguments pour et contre est… Son but est…
Pour continuer une explication	Bien que cela signifie… Malgré… Il faut observer que… Pas seulement… mais aussi… En ce qui concerne leur opinion… En plus,… Ajouté à cela,… Par conséquent,…
Pour terminer une explication	Finalement,… Pour terminer,… Comme conclusion,… L'idée finale serait…

ACHTUNG!
An sich ist die Erklärung nur ein weiterer Schritt zusätzlich zur Analyse.
Während es bei der Analyse um das objektive Nennen von Aspekten der Sprache, Inhalt und Form geht, erfolgt bei der Erklärung zusätzlich eine Deutung der Ereignisse.

- Sie nennen zunächst die sprachlichen Aspekte des Textes in Bezug auf den zu erklärenden Sachverhalt.
- Sie setzen diese anschließend in Bezug zum Text, zum Autor oder auch zur Epoche und deuten sie.
- Sie erklären, was Ihrer Meinung nach die Intention des Textes ist.

// APPLICATION POUR LES ÉPREUVES ÉCRITES //

CONSEILS

- ☑ Écrivez en introduction les renseignements sur l'auteur, la date de parution et les intentions du texte.
- ☐ Décrivez les aspects les plus importants et l'événement principal.
- ☐ Faites des hypothèses : quel va être le but de votre explication ?
- ☐ Expliquez pourquoi l'auteur utilise des formules de style et ce qu'il veut montrer par là.
- ☐ Citez les passages de textes en donnant le numéro de la ligne.
- ☐ En conclusion, résumez les idées principales.
- ☐ Dites quel effet cette explication peut avoir sur le lecteur.

6 a. **Expliquez la situation des villes jumelées en vous référant au texte ci-dessous.**

Villes jumelées, piliers de l'amitié franco-allemande

Dimanche 29 mai, François Hollande et Angela Merkel célèbrent le rapprochement entre leurs peuples à l'occasion de la commémoration du centenaire de la bataille de Verdun.

« La Croix » revient sur les amitiés entre citoyens qui naissent des jumelages franco-allemands.

Pour Pascale F., tout a commencé par un stage. Originaire de la ville de Grasse, dans les Alpes-Maritimes, la jeune femme est partie, à l'issue de ses études, découvrir le monde du travail à Ingolstadt, dans le sud de l'Allemagne. Une destination qu'elle n'a pas choisie au hasard. Depuis 1963, Grasse et Ingolstadt sont étroitement liées par un jumelage. (…)

Au cours de son séjour, elle rencontre son futur époux. Cela fait aujourd'hui plus de trente ans que le couple habite dans la cité industrielle allemande. (…)

Des histoires comme celle-ci, il en existe des centaines d'autres au sein des 2 200 jumelages qui relient, de part et d'autre du Rhin, des communes françaises et allemandes. Au-delà des « tempêtes » de l'histoire, ces partenariats sont toujours à l'origine de relations amicales ou amoureuses fortes. Parce qu'ils sont, avant tout, des constructions à taille humaine (…).

Rencontres autour de spécialités culinaires, de concerts, échanges linguistiques ou extrascolaires, cérémonies de commémoration des guerres mondiales… Les festivités célébrant les jumelages se veulent populaires. Et sont synonymes, souvent à raison, d'ambiance bon enfant. « Dans les années 1950 – 1970, au lendemain de la guerre, les jumelages symbolisaient avant tout la volonté de rapprochement entre les peuples ». (…)

Potsdam, au cœur de l'ancienne RDA, était jusqu'ici jumelée avec Bobigny, ex-bastion communiste de la Seine-Saint-Denis.

Un partenariat sonnant comme un douloureux rappel historique, mais « qui s'est essoufflé et n'existe presque plus que sur le papier », souligne Corine Defrance. Car les jumelages ne fonctionnent pas toujours. Parfois, le courant ne passe pas entre les différentes délégations municipales ou entre les habitants des villes respectivement liées. D'autres partenariats parviennent à survivre, mais fragilement (…). « C'est notamment le cas de certaines communes, en particulier dans les campagnes reculées, au sein desquelles la génération créatrice du jumelage s'est éteinte et ne se renouvelle pas », déplore la spécialiste des relations franco-allemandes. Les comités de jumelage réduisent alors la fréquence des événements liant les deux villes. Voire les arrêtent. (…) La plupart des villes envisagent très sereinement l'avenir avec leurs jumelles d'outre-Rhin. Éléments phares de l'agenda franco-allemand 2020 fixé par les chefs d'État des deux pays, les jumelages devraient même se voir confier prochainement de nouvelles responsabilités. « Le conseil des ministres envisage de leur attribuer d'autres champs d'action, notamment dans le domaine de l'intégration », poursuit Corine Defrance. (…)

4 **une commémoration** une cérémonie pour rappeler le souvenir d'un événement

13 **à l'issue de** après qc

44 **s'essoufler** ne pas fonctionner correctement

53 **les campagnes reculées** entlegene Landstriche

b. En tapant le code 7yune33 sur *www.klett-sprachen.de,* vous trouvez un exemple de solution. Lisez-le et comparez-le avec votre texte. Choisissez les expressions qui vous semblent utiles pour améliorer votre propre texte. Retravaillez votre texte en les intégrant.

// APPLICATION POUR LES ÉPREUVES DE MÉDIATION //

CONSEILS

- ☑ Analysez la situation communicative : À qui vous adressez-vous ? Quels sont le style et le registre appropriés ?
- ☐ Quel type de texte êtes-vous censé produire (une lettre informelle, un e-mail, un article pour un journal scolaire …) ?
- ☐ Dégagez du texte les informations demandées par la personne avec qui vous êtes en contact. Soulignez ou surlignez-les.
- ☐ Notez en français les mots / les expressions dont vous avez besoin. Si vous ne connaissez pas certains mots, utilisez des stratégies de compensation (par exemple *la paraphrase, les synonymes, les antonymes)* ou consultez le dictionnaire. **N'essayez pas de traduire littéralement le texte.**
- ☐ Utilisez des expressions comme *En mentionnant…, en disant que…*
- ☐ Structurez les informations importantes dans une phrase introductoire en situant le texte.
- ☐ Écrivez votre texte. N'oubliez pas que votre nouveau texte est forcément plus court que le texte d'origine.
- ☐ Faites attention aux aspects culturels et interculturels spécifiques qui demandent des explications supplémentaires (détaillées).

7 Deutsch-französische Kulturprojekte

S. 108 rédiger

a. Expliquez les idées principales des projets culturels entre l'Allemagne et la France à votre correspondant(e) dans une lettre informelle.

Frankreich ist Deutschlands engster und wichtigster Partner in Europa. Mit keinem anderen Land gibt es in vielen Bereichen eine so enge Zusammenarbeit. Dies gilt ganz besonders für die Kultur.

Auf deutscher Seite verfolgen Bund und Länder gemeinsam das Ziel, die deutsch-französischen Kulturbeziehungen weiter zu entwickeln und zu intensivieren. (…) Bei den deutsch-französischen Ministerräten stehen regelmäßig Kultur und Medien auf der Agenda.

In den Bereichen Film und Fernsehen arbeiten beide Länder besonders eng zusammen. Die Gründung des gemeinsamen Kultursenders „ARTE" unter Bundeskanzler Kohl und Staatspräsident Mitterrand 1991 war ein Meilenstein in den deutsch-französischen Beziehungen.

Schloss Genshagen: Begegnungsstätte für Kulturschaffende aus beiden Ländern

Im Rahmen des „Mini-Traité“, des deutsch-französischen Fonds für gemeinsame Filmproduktionen, werden seit 2001 jährlich drei Millionen Euro für die Herstellung deutsch-französischer Koproduktionen bereitgestellt. Die Anzahl der deutsch-französischen Koproduktionen konnte seit der Unterzeichnung des Abkommens vor 13 Jahren deutlich gesteigert werden. (…)

Das deutsch-französische Filmtreffen, das im nächsten Jahr sein 15-jähriges Jubiläum feiern wird, ermöglicht es französischen und deutschen Produzenten, Erfahrungen auszutauschen und Kontakte zu knüpfen.

(…)

Deutschland und Frankreich haben sich zudem in entsprechenden Abkommen verpflichtet, nicht nur Koproduktionsvorhaben, sondern auch den Absatz französischer oder deutscher Filme zu fördern. Mit Erfolg: In den letzten Jahren ist es immer wieder gelungen, das Publikum in Frankreich für deutsche Filme und in Deutschland für französische Filme zu begeistern.

Längerfristige Kooperationen haben sich auch im Bereich der Museen, Theater, Bibliotheken und Archive entwickelt und dauerhaft bewährt. Die „Cité des Arts“ in Paris, „Schloss Solitude“ bei Stuttgart und die „Stiftung Genshagen“ bieten Künstlerresidenzen an. Der Galerienaustausch Paris – Berlin fördert den Austausch der Kunsthändler.

(…)

Durch den Deutschen Übersetzerfonds werden deutsch-französische Übersetzungswerkstätten unterstützt. Im vergangenen Jahr konnten mit dessen Hilfe Werke von knapp 15 französischen Autorinnen und Autoren aus allen Jahrhunderten ins Deutsche übersetzt werden.

Mit dem Deutsch-Französischen Journalistenpreis werden seit 1983 Autorinnen und Autoren sowie Redaktionen ausgezeichnet, die sich mit der Verständigung zwischen Deutschland und Frankreich befassen.

(…) Deutsche und Franzosen sind sich darin einig, dass die Kultur in ihrer Vielfalt die Basis unserer gemeinsamen Identität als Europäer ist. Um Europa als gemeinsamen Kulturraum zu stärken, verfolgen beide Länder eine Reihe von Vorhaben.

Bei der Digitalisierung von Kulturgut arbeiten Deutschland und Frankreich eng zusammen. Gemeinsam sind sie die treibende Kraft der Europäischen Digitalen Bibliothek „Europeana“ mit den meisten Inhalten und dem größten Finanzierungsanteil.

(…)

Bereits erfolgreich umgesetzt wurde das Unesco-Übereinkommen zur kulturellen Vielfalt. (…) Es soll die Vielfalt der Kulturen und damit das Recht auf eine eigenständige Kulturpolitik schützen.

b. En tapant le code 7yune33 sur *www.klett-sprachen.de*, vous trouvez un exemple de solution. Lisez-le et comparez-le avec votre texte. Choisissez les expressions qui vous semblent utiles pour améliorer votre propre texte. Retravaillez votre texte en les intégrant.

6

COMPARER / METTRE EN RAPPORT

In einem **Vergleich untersuchen** Sie zwei oder **mehrere Themen** oder **Texte** auf **Gemeinsamkeiten** und **Unterschiede** in Bezug auf **Personen**, **Objekte** oder **Situationen**. Wenn Sie die Gemeinsamkeiten und Unterschiede herausgearbeitet und notiert oder farbig markiert haben, müssen Sie die einzelnen **Aspekte in einem Fließtext miteinander verknüpfen** und wann immer möglich **konkrete Belege** anführen, an denen Sie Ihre Vergleichsmomente festmachen.
ACHTUNG ! Ihre eigene Meinung ist bei einem Vergleich nicht gefragt.
Zur Bearbeitung dieser Aufgaben brauchen Sie häufig *le comparatif et le superlatif des adjectifs* und *des expressions pour montrer des différences et des analogies.*

être plus fanatique que… • être moins grand que… •
le plus souvent • le moins facile •
parallèlement • par contre •
À la différence de… • Contrairement à…

// EXEMPLE //

1 **Ma première perception du voile**

Solutions : tapez 7yune33 sur *www.klett-sprachen.de*

a. Lisez le texte en observant les structures, mots et phrases qui sont utiles dans une comparaison. Notez-les et trouvez leur signification. Puis complétez la liste par d'autres tournures que vous connaissez déjà.

Je fus contre le voile depuis le premier jour (…). J'en parlais avec des femmes françaises musulmanes qui (…) m'affirmaient que leur tradition familiale était de ne pas porter le voile. D'autres femmes françaises musulmanes me disaient **par contre** exactement le contraire. **À la différence des** premières, chacune d'elles m'affirmait être libre dans son choix. (…) Moi, **en revanche**, je restais sur ma position.

Au fil de ce temps, des Français d'origine se convertissaient à l'islam. (…) Le catholicisme dans le même temps, en France, perdait des adeptes et n'en trouvait pas de nouveaux ou si peu **en comparaison**. (…) Et c'était ces femmes converties qui étaient **les plus adeptes du** port du voile. (…) **Parallèlement,** dans les rues, nous voyons **de plus en plus de** femmes porter le voile. (…)

Les couleurs employées sont **moins** gaies, c'est toujours **les mêmes** beiges, gris, noirs. Chaque silhouette de femme ressemble à une autre. (...)

Les pays du Maghreb ayant été occupés par les Romains, ils en ont gardé une influence, **tout comme** le Sud de l'Europe. On trouve d'ailleurs ces traditions du voile en Sicile, en Corse... **Inversement**, les femmes du Sud de l'Europe ont commencé récemment à abandonner le voile.

b. Choisissez la réponse correcte.

1. La plupart des femmes françaises musulmanes...

☐ peuvent choisir si elles veulent porter le voile ou pas.

☐ portent de moins en moins le voile.

☐ se différencient toutes par le port du voile.

2. L'auteur de l'article...

☐ n'aime pas les voiles.

☐ est pour les voiles.

☐ lutte contre les voiles.

Solutions : tapez 7yune33 sur *www.klett-sprachen.de*

c. Faites une liste des analogies et des différences entre les femmes portant le voile et les femmes qui n'en portent pas.

Analogies	Différences

// COMPARAISONS //

2

Solutions : tapez 7yune33 sur *www.klett-sprachen.de*

Comment faire une comparaison ?
Complétez les explications avec les mots ci-dessous :

A: analogies • comparer • couleurs • différences • schémas • texte

B: élément • entièrement

C: comparaison • essentiel • importantes • observation • plan • prochain • synonymes

A. Analyse

- Analysez en parallèle les documents à .... ou, si vous n'avez qu'un seul texte, les éléments (faits, aspects,…) à comparer.
- Vous devez alors en dégager les .... et les ....
- Si vous avez plusieurs documents, notez vos observations sur une feuille par.................... .
- Si vous n'avez qu'un seul texte, marquez vos observations de plusieurs ....
- Vous pouvez aussi vous faire des .... :

B. Préparation de la rédaction

Deux plans de développement sont possibles :

- avec plusieurs documents, vous décrivez .... le texte A, puis le texte B et enfin vous les comparez.
- avec un seul texte, vous avancez élément après .... et vous montrez les différences successives et les analogies.

C. Rédaction

- Présentez au lecteur, censé ne pas l'avoir lu, l' .... du message : thèse et arguments sans exemples.
- Chaque .... doit se référer à un endroit précis du texte.
- Attention : pensez à utiliser des .... pour ne pas faire de répétitions !
- Le premier paragraphe accroche le lecteur et annonce le ....
- Le deuxième paragraphe décrit le premier élément de la ....
- Le troisième paragraphe décrit le .... élément de la comparaison et ainsi de suite.
- La conclusion reprend de façon brève les observations les plus .... et clôture le texte.

S. 55 citer

ACHTUNG!
Handelt es sich um vorliegende Texte, sind **Belege für Ihren Vergleich** sehr wichtig. Bei Vergleichen von allgemeinen Sachverhalten / Themen etc. sind diese weniger relevant bzw. nicht möglich.

// STRUCTURES GRAMMATICALES ET EXPRESSIONS //

3 **L'usage du comparatif et du superlatif des adjectifs dans les comparaisons**

Et c'était ces femmes converties qui étaient **les plus adeptes** du port du voile.
Je me disais que tout nouveau croyant est **plus fanatique qu**'un ancien.
Je ressens ces femmes qui se cachent les cheveux **le plus souvent** comme soumises.

S. 230

GLEICHHEIT AUSDRÜCKEN (=)

Gleichheit drücken Sie je nach Wortart folgendermaßen aus:

- **Verb + *comme / autant que*** : *Je voulais rester comme j'étais. Je travaillais autant qu'elle.*
- ***aussi* + Adjektiv / Adverb + *que*** : *Je voulais rester aussi belle qu'avant.*
  Je travaillais aussi bien qu'elle.
- ***autant de* + Substantiv + *que*** : *Elle a autant d'amis que moi.*

S. 231

KOMPARATIV – HÖHEREN / NIEDRIGEREN GRAD AUSDRÜCKEN (+) (–)

Mit dem **Komparativ** können Sie zwei Personen oder Dinge miteinander vergleichen, je nachdem ob die beschriebene Eigenschaft stärker oder schwächer ausgeprägt ist.

- ***plus / moins* + Adjektiv / Adverb + *que*** :
  Cette femme est plus / moins belle que l'autre.
  Ces femmes sont plus / moins souvent soumises que les autres.
- ***plus / moins de* + Substantiv + *que* :** *Elle a moins / plus de liberté que l'autre.*
- **Verb + *plus / moins que* :** *Elle travaille plus / moins que l'autre.*
- ***plus… plus… :*** *Plus elle dort, plus elle est fatiguée.*
- ***moins… moins… :*** *Moins elle travaille, moins elle a de temps.*
- ***plus… moins… :*** *Plus je l'observe, moins je la comprends.*
- ***moins… plus… :*** *Moins elle travaille, plus elle a du temps pour ces loisirs.*

S. 232

SUPERLATIV – DER HÖCHSTE GRAD (++) (– –)

Der Superlativ (am meisten / wenigsten) drückt den höchsten Grad einer Eigenschaft aus:

- ***le / la / les* + *plus / moins* + Adjektiv**: *Elle est la plus âgée dans sa famille.*
- ***le / la / les* + Substantiv + *le / la / les plus / moins* + Adjektiv**: *Elle est la fille la plus belle que je connaisse.*
- ***le plus / moins* + Adverb**: *Elle arrivera le moins facilement à travailler.*
- ***le plus / moins de* + Substantiv**: *Elle aura le plus de travail à la maison.*
- **Verb + *le plus / moins*** : *C'est ce qui lui plaît le moins.*

Konstruktionen mit *le plus / le moins… possible* u.a. bezeichnet man als absoluten Superlativ *(le superlatif absolu)*. Ihm folgt kein Bezugselement.

Adverbes et adjectifs irréguliers

adverbe	comparatif (+)	superlatif (++)
(aussi) bien	mieux	le mieux
(aussi) peu	moins	le moins
beaucoup	plus / davantage	le plus

adjectif	comparatif (+)	superlatif (++)
bon(ne)	meilleur(e)	le / la meilleur(e)
mauvais(e)	plus mauvais(e) (wenn etwas schon in sich „schlecht“ ist) pire	le / la plus mauvais(e) le / la pire
petit(e)	plus petit(e) (nur im abstrakten Sinne) moindre	le / la plus petit(e) le / la moindre

Solutions : tapez 7yune33 sur *www.klett-sprachen.de*

Complétez le texte avec les expressions indiquées.

le plus (4x) • les plus •
plus (2x) • moins

Les jeunes issus de l'immigration

L'école est …… grand agent socialisateur de l'enfant. Le phénomène de l'immigration soulève de manière …… aiguë encore cette question essentielle de l'identité.

Dans des romans qui parlent des enfants de migrants, on s'attache …… au concept de vivre entre deux cultures. On veut montrer comment le problème de l'identité peut se développer chez des jeunes issus de l'immigration, …… nombreux dans les classes du secondaire.

Pour la plupart d'entre eux, la France ou la Belgique représente le milieu dans lequel ils vivent …… souvent depuis leur naissance, mais dont les valeurs sont différentes de celles de leur famille dont ils se sentent …… souvent exclus.

Et ils se sentent encore …… étrangers dans le pays d'origine de leurs parents car, comme ils ne s'y rendent que pendant les grandes vacances (et pas toujours chaque année), ils connaissent …… cette société.

ACHTUNG!

Man sagt:

Mon travail est meilleur que le tien. ~~*Mon travail est mieux que le tien.*~~

Mon travail est bien meilleur que le tien. ~~*Mon travail est plus meilleur que le tien.*~~ *(viel besser als)*

4 Des expressions pour comparer et montrer les différences et les analogies

Parallèlement, dans les rues, nous voyons de plus en plus de femmes porter le voile.
D'autres femmes françaises musulmanes me disaient **par contre** exactement le contraire.
Moi, **en revanche,** je ne bougeais pas.
À la différence des premières, chacune d'elles m'affirmait être libre dans son choix.
Contrairement aux autres immigrés, les immigrés d'Algérie appartiennent à une **autre** culture.

Pour signaler une comparaison	Par comparaison à / avec… En comparant… à… En comparaison de… comparé(e) à…
Pour signaler des analogies	• Parallèlement, … De même, … De la même manière, … • à la manière / façon de de la même manière / façon que comme ainsi que de même que tel que tel(le)… tel(le)… • se ressembler ressembler à… correspondre à… • être… … identiques / pareil(le)s / les mêmes … comparables / semblabes
Pour signaler des différences	• Contrairement à… Au contraire (de)… À la différence de… À l'opposé de… Inversement, … Par contre, … En revanche, … Alors que… Tandis que… • être… … différent(e)s • ne pas être… … identiques / pareil(le)s / les mêmes … comparables / semblables différer de… par… se distinguer de… s'opposer à… ne pas correspondre à…

Solutions : tapez 7yune33 sur *www.klett-sprachen.de*

Écrivez les expressions ci-dessous à la bonne place dans le texte.

à la différence de (2x) • autant de différences • autre • comme • contrairement aux • différent • différente de • en comparaison aux • mêmes • ne cherchent pas • tandis que

Le roman « Anne ici – Sélima là-bas » de Marie Féraud traite d'un sujet très actuel. L'auteur raconte l'histoire d'une jeune fille algérienne, Sélima Jelloud, tiraillée (hin- und hergerissen) entre deux nationalités.
Pas vraiment Française, pas Algérienne. Un jour, Sélima décide de découvrir ses racines.

Sélima ne peut pas accepter les traditions et le rôle de la femme en Algérie, par exemple elle se dispute avec son cousin parce qu'elle a une attitude .... la vie et des traditions algériennes.

.... Sélima, les jeunes filles musulmanes en France sont de plus en plus nombreuses à porter le foulard islamique.

Couleur de peau, religion, langue, culture, coutumes – .... qui rendent l'intégration plus difficile. Les jeunes beurs se sentent déracinés et ont du mal à résoudre leurs problèmes d'identité, ... Sélima. Mais .... Sélima essaie de résoudre ce problème en changeant son nom et aussi son identité, les jeunes banlieusards essaient de changer leur situation par la force.

.... États-Unis, la France n'est pas une nation d'immigrants.

La vie pour les immigrés n'est pas facile en France. Alors ils ont les .... problèmes que Sélima, par exemple, le problème de trouver leur identité.

.... autres immigrés, les Portugais, les Polonais, les Espagnols, les Italiens, etc., les immigrés d'Algérie appartiennent à une .... culture et ne sont pas de tradition chrétienne. Leur mode de vie est souvent .... et cela crée parfois des conflits avec leur entourage. .... vagues précédentes d'immigrants, les Maghrébins souvent .... à se fondre dans la société française, mais veulent garder leur identité culturelle.

// APPLICATION POUR LES ÉPREUVES ÉCRITES //

CONSEILS

- ☑ **Avant de rédiger**, demandez-vous quel est le sujet principal de la comparaison.
- ☐ Quels aspects voulez-vous comparer ?
- ☐ Quelles sont les analogies, les différences ? Marquez de deux couleurs les informations et faites une liste. Essayez d'équilibrer les deux parties.
- ☐ Quelle structure de paragraphes allez-vous utiliser (voir page 78) ?

- ☐ **En rédigeant,** demandez-vous si votre introduction décrit bien le sujet de la comparaison.
- ☐ Évitez les formules trop vagues comme *les personnages, les choses,…*
- ☐ Reformulez en conclusion l'idée principale de votre comparaison.
- ☐ Si les analogies sont beaucoup plus nombreuses que les différences, vous pouvez écrire, par exemple : *Les deux livres traitent le sujet d'une manière similaire mais…*
- ☐ D'autres conclusions possibles : *Les inconvénients de… pèsent plus lourd que les avantages.*
  Les avantages de… prédominent largement.
  Les inconvénients de… prennent le dessus sur les avantages.

5 Née en France

a. Lisez la lettre qu'écrit Aïcha et comparez sa vie en France et en Algérie.

Mon père m'a proposé de partir trois jours en Algérie pour assister au mariage de mon cousin.

(…) Je suis donc partie avec ma mère et ma sœur. Une fois arrivées en Algérie, mon père nous a annoncé au téléphone que si ma mère et moi rentrions en France, il nous tuerait.

À présent, ma mère refuse absolument de me donner mon passeport et avant de partir, mon père m'a déchiré ma carte d'identité française. Je suis bloquée ici, je suis complètement démunie, il ne me reste que l'appui de mes deux cousines. (…) Je suis surveillée 24 heures sur 24 par ma mère. Elle se réjouit que je sois prisonnière. Pour sauver leur honneur, mes parents sont prêts à sacrifier ma vie. Ils préfèrent me voir mourir en Algérie que me savoir vivant en France. (…) Je ne souhaite plus qu'une chose : sortir de ce pays. (…)

Ici, je lutte non seulement contre mes parents, mais aussi contre toute ma famille. La seule arme qu'il me reste maintenant, c'est l'espoir. (…) En Algérie, la femme n'a aucun droit. (…)

Attention aux garçons. Tous les jours, avant de fermer la porte, ma mère me répétait cette phrase, quand je partais à l'école ou quand je sortais faire une course juste à côté de la maison. (…) À force, j'ai appris à vivre avec. Je savais ce que j'avais à faire. J'ai réussi à dissocier ma personnalité, à faire cohabiter en moi deux personnages opposés : la Française que je suis, l'Algérienne que mes parents auraient voulu que je sois.

7

COMMENTER / ÉVALUER / PRENDRE POSITION ET JUSTIFIER

Wenn Sie eine Person und ihre Handlungen oder ein Ereignis **kommentieren** oder **beurteilen** sollen, sind Sie aufgefordert, **eine Bewertung vorzunehmen.** Sie stellen verschiedene Informationen zum Thema vor und geben **Ihre Meinung** wieder. Diese sollten Sie mit angemessenen **Argumenten** rechtfertigen. Ihr Ziel ist es, den Leser **von Ihrer Meinung** zu **überzeugen.**
ACHTUNG! Wenn Sie persönlich Stellung nehmen sollen, dann verwenden Sie die 1. Pers. Sg. In anderen Fällen sollen Sie einen neutralen Kommentar abgeben. Dafür benötigen Sie unpersönliche Ausdrücke und neutrale Konjunktionen. Achten Sie auf die Hinweise in der Aufgabenstellung. Zur Bearbeitung dieser Aufgaben brauchen Sie häufig *l'indicatif* oder *le subjonctif* und *des mots charnières pour structurer les idées et les arguments*.

bien que + *subj* • Je ne crois pas que + *subj* • Il est nécessaire que + *subj* • Il me semble que + *ind* • Il est clair que + *ind* • D'un côté, … de l'autre côté, … • D'une part, … d'autre part, … • Par exemple, … • Heureusement, … • Malheureusement, …

// EXEMPLE //

1 **a. Lisez le texte suivant. Complétez la liste des expressions ci-dessus.**

Hollande appelle à soutenir l'Allemagne

Alors que la France n'est que faiblement concernée, l'Allemagne est proche de la saturation, **a estimé** hier le président français. **D'accord pour** aider financièrement la Turquie à contrôler les frontières extérieures de l'Europe, il **se montre** prudent sur la question des visas.

Comment gérer l'afflux de migrants qui viennent notamment d'Irak et de Syrie ?

(…) Dans la nuit, un « plan d'action commun » a **finalement** été conclu, à l'arraché, entre Bruxelles et Ankara.

Jeudi, à son arrivée à Bruxelles, François Hollande l'**avait admis** sans peine : sa démarche consiste à apporter un soutien à Angela Merkel (…). « **Il ne s'agit pas de** répartir ces réfugiés, cela a déjà été décidé, a-t-il lancé. **Mais de faire en sorte que** l'Allemagne puisse, comme d'autres pays, **être sûre que** nous pourrons contrôler les frontières extérieures et que nous pourrons aider les pays qui sont près de la Syrie – **pour éviter qu**'il y ait de nouveaux accueils de population, **parce que** l'Allemagne ne pourra pas accueillir tout le monde. »

Au-delà des nécessaires « hot spots » en Italie et en Grèce, qui restent à créer, le président français **s'est dit favorable à ce que** l'Europe aide financièrement la Turquie (…). **En effet,** plus de deux millions de Syriens ont déjà trouvé refuge en territoire turc.

Migrants, la France faiblement concernée

En revanche, François Hollande **s'est montré plus prudent sur** la question des visas, qu'Ankara veut pouvoir en délivrer en plus grand nombre. « (…) **Il ne faut pas de** libéralisation dans n'importe quelles conditions avec des visas qui pourraient être accordés à des individus dont on ne connaîtrait pas exactement l'identité », a-t-il observé.

(…) **À côté de** l'Allemagne qui a accueilli 500 000 personnes, la France n'est concernée que faiblement par le phénomène. « **Ceux qui prétendent que** nous serions envahis sont des manipulateurs (…) », a-t-il lancé à l'adresse de l'extrême droite (…). (…) « L'Allemagne (…) a accueilli depuis le début de l'année plus de 500 000 personnes et le pays qui (…), fait le plus pour les réfugiés, c'est la Suède » (…). **Il a aussi rappelé que** la France s'était, elle, engagée à accueillir sur deux ans 24 000 personnes.

10 **à l'arraché** après un gros effort
14 **une démarche** une méthode

Solutions : tapez 7yune33 sur *www.klett-sprachen.de*

b. Quelle est l'opinion principale de Hollande ? Cochez la bonne réponse.

- ☐ Il faut fermer les frontières de l'Europe et aider la Syrie, soutenir l'Europe financièrement pour accepter plus de personnes.
- ☐ Il faut contrôler les frontières européennes et soutenir la Syrie financièrement avec l'aide de l'Europe.
- ☐ Il faut surveiller les frontières de l'Europe et aider les pays voisins de la Syrie, soutenir la Turquie et ne plus accepter de nouveaux réfugiés.
- ☐ Il faut fermer la frontière allemande mais soutenir la Syrie financièrement pour contrôler l'accueil de plus de personnes.

c. Recherchez sur Internet la situation actuelle des réfugiés en Europe.

S. 105 rédiger

d. Rédigez un commentaire sur la crise des réfugiés en tenant compte de la photo ci-dessous. Comparez cette nouvelle situation à celle du texte ci-dessus.

S. 76 comparer

// TEXTES ARGUMENTATIFS //

2 **Quelles sont les caractéristiques d'un texte argumentatif ?**

Solutions : tapez 7yune33 sur *www.klett-sprachen.de*

Complétez l'explication avec les mots suivants :

exemples • implicites • conclusions • objet • arguments • thèse (2x)

- Dans une prise de position, on avance d'abord une .... – une opinion concrète ou une affirmation – qui fera l' .... de la discussion.
- Pour justifier ou contredire une ...., il faut donner ses .... et les illustrer par des .... et des preuves.
- L'objet de la discussion, les thèses et les arguments restent parfois ...., il faut les comprendre et en tirer des ....

CHARAKTERISTIKA ARGUMENTATIVER TEXTE

In argumentativen Texten **nehmen** die Autoren **Stellung** zu Ereignissen, Sachverhalten, Ansichten, strittigen Fragen. Sie wollen die Leser von Ihrem Standpunkt **überzeugen**.

1. Einstieg: **Beschreibung der Ausgangssituation** bzw. Darstellung der eigenen Meinung.
2. Hauptteil: **Informieren** über das Thema, wobei eindeutige Wertungen vorgenommen werden können.
3. Schluss: Bezug auf den Einstieg, Appell an den Leser oder **zusammenfassender Schlusssatz**.

3 **Quelle est la structure d'un texte argumentatif ?**

Solutions : tapez 7yune33 sur *www.klett-sprachen.de*

Lisez l'article p. 86 encore une fois et reliez la citation correspondant à la structure.

thèse ○	○ l. 3 : **D'accord pour** aider financièrement la Turquie. l. 23 : **parce que** l'Allemagne ne pourra pas accueillir tout le monde l. 33 : **En revanche,** François Hollande **s'est montré plus prudent sur** la question des visas
objet de la discussion ○	○ l. 50 : **Il a aussi rappelé que** la France s'était, elle, engagée à accueillir sur deux ans 24.000 personnes.
arguments ○	○ l. 7 : **Comment** gérer l'afflux de migrants qui viennent notamment d'Irak et de Syrie ?
exemples ○	○ l. 1 : La France n'**est** que faiblement concernée, l'Allemagne **est** proche de la saturation.
conclusion ○	○ l. 9 : Dans la nuit, un « plan d'action commun » a **finalement** été conclu, à l'arraché, entre Bruxelles et Ankara. l. 29 : **En effet,** plus de deux millions de Syriens ont déjà trouvé refuge en territoire turc. l. 17 : **Mais de faire en sorte que** l'Allemagne puisse, comme d'autres pays, **être sûre que** nous pourrons contrôler les frontières extérieures l. 36 : **Il ne faut pas de** libéralisation dans n'importe quelles conditions avec des visas qui pourraient être accordés à des individus dont on ne connaîtrait pas exactement l'identité

// STRUCTURES GRAMMATICALES ET EXPRESSIONS //

4 L'opinion personnelle et l'usage correct du subjonctif et de l'indicatif après les conjonctions

Alors que la France n'est que faiblement concernée,…
Mais **de faire en sorte que** l'Allemagne puisse, comme d'autres pays…
… **parce que** l'Allemagne ne pourra pas accueillir tout le monde.

S. 186

Plus de conjonctions avec le subjonctif		
	à condition que	jusqu'à ce que
	à supposer que	pour que
	afin que	pourvu que
	avant que	quoique
	bien que	sans que

Solutions : tapez 7yune33 sur *www.klett-sprachen.de*

Choisissez la forme correcte : indicatif ou subjonctif ?

- Quoique Hollande veut / veuille s'engager à accueillir plus de réfugiés, il se montre prudent sur la question des visas.
- L'Allemagne est proche de la saturation parce que la France ne soit / n'est que faiblement concernée par les immigrés.
- Bien que l'Europe continue / continuera à aider financièrement la Turquie, les Syriens trouveront toujours refuge en territoire turc.
- On pourrait accueillir plus de réfugiés à condition que les frontières sont / soient bien contrôlées.
- Jusqu'à ce que les questions sur les réfugiés sont / soient clarifiées, il est difficile de trouver des solutions.

5 Le subjonctif et l'indicatif après les verbes et expressions pour donner son opinion

Mais **de faire en sorte que** l'Allemagne puisse… être sûre que nous pourrons contrôler…
… **pour éviter qu'**il y ait de nouveaux accueils de population…
Ceux qui **prétendent que** nous serions envahis sont des manipulateurs…
Il **a** aussi **rappelé que** la France s'était engagé à….

S. 179

INDIKATIV ODER *SUBJONCTIF*

- Der Gebrauch des Indikativs oder *Subjonctif* hängt davon ab, was der Sprecher ausdrücken möchte.
- Drückt der Sprecher eine **Bewertung** *(il est possible que je fasse…, c'est triste que tu partes…)*, eine **Notwendigkeit** *(il faut que je fasse, j'exige que tu fasses…)* oder einen **Wunsch / Vorschlag** aus *(je voudrais que tu viennes, je souhaite que tu puisses…)*, steht das **Verb des *que*-Nebensatzes im *Subjonctif***.
- Gibt der Sprecher lediglich seine **Meinung** oder **Gedanken** wieder *(je crois que, je pense que, il me semble que…)* oder drückt er eine **Sicherheit** aus *(il est vrai que…)*, wird **nach bejahten Verben Indikativ** und **nach verneinten Verben** oder **fragend *Subjonctif*** verwendet.

S. 99 Expressions pour peser le pour et le contre

Les verbes	*positif = indicatif*	*négatif = subjonctif*	*question = subjonctif*
	je crois que c'est bien. je pense que je trouve que je suis d'avis que je dirais que je suis convaincu(e) que je suis certain(e) que	je ne crois pas que ce soit bien. je ne pense pas que je ne trouve pas que je n'accepte pas que je trouve injuste, insupportable que (avec adjectif) …	Crois-tu que ce soit bien ? …

Solutions : tapez 7yune33 sur *www.klett-sprachen.de*

a. Choisissez la forme correcte : indicatif ou subjonctif ?

- Je ne pense pas que les réfugiés aient / ont assez de soutien lors de leur accueil.
- Je ne crois pas qu'on puisse / peut immédiatement subvenir à tous les besoins des réfugiés.
- Je suis convaincu que le problème soit / est une affaire européenne.
- Je dirais que beaucoup de volontaires ont / aient apporté leur aide humanitaire.
- Je trouve insupportable que les relations dans les centres d'accueil soient / sont tendues.

Les expressions impersonelles	
	sûr, certain = indicatif il est clair / évident / certain / sûr / vrai qu'il a raison il paraît que il me semble que *opinion incertaine = subjonctif* il est (in)juste / honteux que ce soit ainsi il est bizarre / curieux / étonnant / surprenant que il est intéressant / (im)possible / (in)utile que il est important / logique / normal que Il est (grand) temps que il se peut que il faut que / il faudrait que il vaut mieux que / Il vaudrait mieux que c'est dommage que cela m'amuse / m'énerve / m'étonne / me plaît cela me dérange / me gêne que… c'est bien que…

S. 173 conditionnel

ACHTUNG! ***il n'empêche que, cela n'empêche pas que*** stehen mit dem ***indicatif*** oder mit dem ***conditionnel*** : *Il n'empêche que la plupart des pays d'Europe ont continué à accepter des réfugiés. Cela n'empêche pas que nous pourrions accueillir plus de réfugiés.*

Solutions : tapez 7yune33 sur *www.klett-sprachen.de*

b. Choisissez la forme correcte : indicatif ou subjonctif ?

- C'est bien que beaucoup de gens soient / sont solidaires et aident volontairement les réfugiés.
- Il est grand temps que les États européens prennent / prendront des mesures en ce qui concerne la question des immigrés.
- Il est injuste que l'accueil des immigrés fasse / fait voter les citoyens en faveur de partis politiques xénophobes.
- Il ne faut plus que des tragédies puissent / peuvent se produire au large de la Méditerranée.
- Il est impossible que l'Europe aie / a la capacité d'accueillir tous les réfugiés.

6 Les mots charnières pour structurer les idées et les arguments

20, 37, 46, 71, 112–113

En effet, plus de deux millions de Syriens ont déjà trouvé refuge en territoire turc.
À côté de l'Allemagne qui…
Au-delà des nécessaires « hot spots »…

En introduction, pour reformuler le thème	À propos de… En ce qui concerne… Quant à… À cet égard…
Pour avancer un argument, donner une opinion favorable	Bien sûr,… Naturellement,… Heureusement,… Évidemment,… Sans aucun doute,…
Pour donner des exemples	(Prenons) par exemple… / Prenons l'exemple de… entre autres c'est-à-dire
Pour expliquer	C'est pourquoi…
Pour avancer un argument critique	Malheureusement,… Curieusement,…
Pour faire une concession, exprimer une opposition	D'un côté,… de l'autre (côté),… D'une part,… d'autre part,… Par contre,… Certes,…, mais… Cependant,… / Pourtant,… Même si… Malgré cela,…
Pour conclure	Pour conclure / terminer / résumer, on peut dire que… En résumé,… / En somme,… En fin de compte,… / En conclusion,… Par conséquent,… De toute manière,… Donc,… / Ainsi,…

Solutions : tapez 7yune33 sur *www.klett-sprachen.de*

Reliez les phrases avec le connecteur le plus approprié.

1. La France et l'Allemagne débattent des solutions à long terme… ○
2. L'Allemagne fait face à la crise migratoire en Europe… ○
3. La question des réfugiés oblige à la lucidité et à la rectitude… ○
4. Bien sûr, les pays européens sont affectés très différemment,… ○

alors que
d'abord en fonction de
parce que
face à

○ A. … l'accueil des réfugiés.
○ B. … certains pays de l'est de l'Europe ont du mal à gérer le flux migratoire au quotidien.
○ C. … elle touche à des vies, à des destins et à des espoirs.
○ D. … la géographie.

// APPLICATION POUR LES ÉPREUVES ÉCRITES //

7 **Complétez ce commentaire avec les expressions ci-dessous. Observez l'usage du subjonctif ou de l'indicatif.**

Solutions : tapez 7yune33 sur *www.klett-sprachen.de*

Ajouté à cela • c'est-à-dire • C'est pourquoi • D'un côté • D'une part • D'abord • D'autre part • De l'autre côté • donc • En plus • entre autres • Naturellement • par exemple • Pourtant • Quant à

Discours sur l'accueil des réfugiés en France et en Europe, à l'Assemblée nationale

.... l'accueil des réfugiés, il est de la vocation de la France d'accueillir celui ou celle qui est persécuté pour ses idées ou exposé à des risques pour son intégrité. (…) .... , les gouvernements européens avaient pris la mesure de ce défi. Le droit d'asile est, ... , un droit fondamental dans notre Histoire (…).

.... , (…) il faut analyser ces flux et faire le bon diagnostic pour agir comme il se doit. .... , il y a les réfugiés qui viennent de Syrie, d'Irak, d'Erythrée, du Soudan et qui ont besoin de protection. .... , il y a aussi les migrants qui ne relèvent pas du statut de réfugié. Ils proviennent, par exemple, des Balkans (…). .... ils doivent retourner vers leur pays d'origine (…). .... , notre devoir, c'est d'agir. .... sur la scène internationale : nous intervenons, ... , déjà militairement en Afrique, en Irak, en Syrie. .... , la solution est aussi européenne. L'Europe doit prendre des mesures vis-à-vis de la situation migratoire, ... le contrôle des frontières extérieures de l'Union européenne.

.... , il faut lutter contre les filières d'immigration clandestine, contre les passeurs. .... , il faut que la coopération de l'Union européenne avec les pays d'origine *soit renforcée*, ainsi qu'avec les pays de transit pour les aider à contrôler leurs frontières. (…)

Il est .... urgent que l'accueil des réfugiés en Europe *soit organisé* et que les flux migratoires *soient maîtrisés*.

D'après gouvernement.fr

8 **Lettre aux États européens**

a. « Une Europe sûre et libre pour les réfugiés : souhaitez la bienvenue aux réfugiés dans tous les pays européens ! » Commentez / Évaluez cette manchette puis prenez position.

CONSEILS

- ☑ Notez vos propres arguments et classez-les, p. ex. pour / contre ou positif / négatif.
- ☐ Cherchez l'argument le plus important pour l'écrire en premier.
- ☐ Reformulez en introduction le thème abordé.
- ☐ Pensez à écrire au présent.
- ☐ Vérifiez l'usage correct du subjonctif et de l'indicatif.
- ☐ Comparez les expressions que vous avez utilisées avec celles des listes p. 90 – 91.
- ☐ Employez des mots charnières variés.
- ☐ Écrivez enfin une conclusion pour convaincre votre interlocuteur.

b. En tapant le code 7yune33 sur *www.klett-sprachen.de*, vous trouvez un exemple de solution. Lisez-le et comparez-le avec votre texte. Choisissez les expressions qui vous semblent utiles pour améliorer votre propre texte. Retravaillez votre texte en les intégrant.

// APPLICATION POUR LES ÉPREUVES ORALES //

CONSEILS

- ☑ Avant de commencer à parler, notez les arguments les plus importants.
- ☐ Classez-les en « pour » et « contre ».
- ☐ N'écrivez pas de phrases entières, mais seulement des mots-clés.
- ☐ Utilisez des expressions pour exprimer votre opinion.
- ☐ Expliquez chaque idée avec des mots simples sans faire de longues phrases. Il est important que votre interlocuteur comprenne le sujet en général et ensuite votre position sur le sujet.

9 **Les réfugiés en Europe**

Solutions : tapez 7yune33 sur *www.klett-sprachen.de*

(Partenaire A)

des tentes de secours à Bruxelles

(Partenaire B)

en Méditerranée

a. Première partie : Monologue

S. 28 présenter

Présentez la situation des réfugiés en Europe.

AIDE
- Partenaires A / B : Présentez votre photo.
- A : Expliquez le contexte politique de la situation montrée.
- B : Parlez de vos expériences personnelles dans le contexte actuel de l'immigration.
- A / B : Commentez les différentes facettes de la politique pour les réfugiés en Europe.

b. Deuxième partie : Dialogue

À deux, discutez des conséquences d'une politique d'asile ouverte pour notre société.
Échangez vos arguments et justifiez votre point de vue sur le plan politique, économique et social.

AIDE
- Partenaire A : Vous êtes plutôt d'avis que tous les pays d'Europe sont responsables des réfugiés et qu'ils doivent faire preuve de solidarité.
- Partenaire B : Vous trouvez qu'il faut arrêter l'accueil massif de réfugiés pour éviter de gros problèmes en Europe.

c. Troisième partie : Discussion en groupe

« Le multiculturalisme enrichit une société. » Prenez position et justifiez votre point de vue.

8

PESER LE POUR ET LE CONTRE / DISCUTER DE / SE METTRE D'ACCORD

In einer **mündlichen** wie in einer **schriftlichen Diskussion** sollen Sie Ihre **Argumente** kurz und nachvollziehbar **darlegen**. Ziel ist es, den Zuhörer von Ihrer Position, Ihrer Absicht oder Ihren Forderungen zu **überzeugen**. Dabei erörtern Sie ein Problem oder eine Situation mittels Argumenten, die dafür und dagegen sprechen **(Pro- und Kontra-Argumente)** und ziehen am Ende ein Fazit / eine **Schlussfolgerung**. Für diese Aufgaben brauchen Sie häufig *le conditionnel présent et passé, les phrases avec si* und *des expressions pour peser le pour et le contre et pour discuter*.

sauf que • puisque • estimer • probablement • proposant • soit… soit… • quant à

// EXEMPLE //

1 **a. Lisez le texte suivant en faisant attention aux structures, mots et phrases qui sont utiles dans une discussion. Puis, faites une liste des arguments pour et contre le gaspillage alimentaire.**

Gaspillage alimentaire : pourquoi obliger les supermarchés à donner ne résout rien

Le rapport de Guillaume Garot sur le gaspillage alimentaire, présenté ce mardi à Ségolène Royal et à Stéphane Le Foll, contient une mesure-choc. L'alimentation n'étant « pas une marchandise comme les autres », le député PS **propose d'**interdire aux supermarchés de jeter des produits d'alimentation quelques jours avant leur date de péremption. **Plus question de** les javelliser pour les rendre impropres à la consommation, une pratique courante. **Soit** ils les vendent au rabais, **soit** ils les donnent « aux associations qui en font la demande ».

« Un amas de produits à stocker »

De la nourriture jetée à la poubelle **alors qu'**à deux pas, on a faim, c'est le scandale par excellence. **Sauf que** les associations qui s'occupent déjà des mal-nourris dans toute la France semblent **se méfier de** toute « obligation à donner » **puisqu'**elles collectent déjà des invendus consommables auprès des supermarchés volontaires. « **Si** vous **obligez** les 1000 supermarchés de France à donner leurs excédents, **vous vous retrouverez face à** un amas de produits qu'il faut aller chercher, trier, stocker… », **s'inquiète** pour L'Express Gaëtan Lassale. (…)

Une crainte qu'avait **émise** Guillaume Garot lui-même dans le JDD (…) : « **Je ne crois pas à** l'obligation de don ». Et qu'**exprime** aussi le président des Restaurants du Cœur, Olivier Berthe : « Augmenter le volume de nos produits **va dans le bon sens**, mais nous **ne sommes pas favorables à** l'obligation. Le moindre yaourt périmé **pourrait** nous coûter 600 euros d'amende. **Si** une loi oblige à donner, **il faut** aussi **qu'**elle contienne des mesures pour nous aider à gérer la logistique, le tri… **Il ne faut pas que** ça ne devienne l'histoire du pot de fer contre le pot de terre (…). »

« Une nécessité de dialogue »

Garot **estime probablement** apaiser ces craintes **en** ne **proposant** une obligation de don que pour « les associations qui en font la demande ». Mais assortie de cette **condition**, la différence entre ce qu'il propose et le système actuel perd de sa netteté : c'est toujours aux acteurs locaux de nouer des partenariats. « Aujourd'hui, nos relations avec les supermarchés sont plutôt bonnes, les rapprochements sont nombreux », **explique** Gaëtan Lassale. « **Nous avons un problème de** diversification des dons, mais pas de quantité. Nous **préférons** insister sur la qualité des produits, sur leur emballage. » **Quant à** la javellisation « nous la regrettons, bien sûr, **mais c'est le seul moyen pour** les grandes surfaces d'éviter d'être mises en cause si quelqu'un tombe malade après avoir mangé quelque chose sorti de leurs poubelles ».

« Nous travaillons déjà avec de nombreuses grandes surfaces, c'est un puissant moyen pour éviter la destruction de produits alimentaires », **renchérit** pour L'Express Julien Lauprêtre, le président du Secours populaire français, « il y a une nécessité de dialogue avec elles, mais leur imposer une obligation à donner ne **changerait** rien. »

9 **la date de péremption** Verfallsdatum
10 **javelliser** mit Chlorwasser *(eau de javel)* besprühen
12 **au rabais** moins cher
14 **un amas** beaucoup
24 **un excédent** Überschuss
28 **émettre** *ici:* äußern
42 **apaiser** *ici:* zerstreuen

Solutions : tapez 7yune33 sur *www.klett-sprachen.de*

b. De quoi s'agit-il dans le texte ? Cochez les 4 réponses correctes.

- ☐ Le gaspillage alimentaire est un scandale si on pense à la famine dans le monde.
- ☐ Pour ne pas gaspiller trop, on vend la nourriture moins chère avant la date de péremption.
- ☐ La loi contre le gaspillage alimentaire est bien acceptée dans toute la France.
- ☐ Il y a un grand problème de quantité.
- ☐ Les relations avec les supermarchés devraient être améliorées pour établir la loi contre le gaspillage alimentaire.
- ☐ Si les associations pour les mal-nourris stockaient des produits périmés, on pourrait les obliger à payer des amendes.
- ☐ On veut interdire le don pour les mal-nourris.
- ☐ En introduisant une obligation de don, on serait obligé d'établir une logistique pour le tri et le stockage des produits périmés.

// DISCUSSIONS //

2 **Se préparer à une discussion**

Lisez les conseils pour préparer une discussion. Mettez-les dans l'ordre selon votre priorité et discutez-en avec votre voisin(e).

☐ Abordez le sujet et les questions les plus importantes.

☐ Préparez une liste avec les arguments pour et contre.

☐ Observez le poids argumentatif des aspects trouvés.

☐ Relisez vos arguments en pensant à des situations similaires. Avez-vous trouvé les mêmes ?

☐ Cherchez des exemples et des faits pour illustrer vos arguments.

☐ Utilisez les arguments d'experts pour renforcer votre point de vue.

! **ARGUMENTATIVE TEXTE STRUKTURIEREN**

- In einer freien Erörterung beschreiben Sie zuerst das **Thema**, um das es geht.
- Im Hauptteil stellen Sie anschließend **Pro- und Kontra-Argumente** vor. Sie können Ihre Argumente nach dem Sanduhrprinzip sortieren: Sie beginnen mit dem **stärksten Argument der Gegenthese**, gefolgt von den immer schwächer werdenden Argumenten; anschließend beginnen Sie mit dem **schwächsten Argument der eigenen These**, gefolgt von den immer stärker werdenden Argumenten. Alternativ können Sie **pro Gegenargument ein Proargument** für Ihre These liefern und ersteres dadurch sofort entkräften.
- Abschließend ziehen Sie eine **Schlussfolgerung** oder stellen eine Forderung auf.
  Achten Sie darauf, dass Ihre Argumente stimmig sind und der Text nicht langweilig zu lesen ist.

TIPP

Objektive Daten wie Statistiken, Umfragen oder / und aktuelle Beispiele oder Bezüge unterstützen Ihre These.

3 **Les arguments et contre-arguments dans une discussion**

Solutions : tapez 7yune33 sur *www.klett-sprachen.de*

Lisez le texte et complétez-le avec les mots ci-dessous. Faites les accords si nécessaire.

différent • opinion • argument • contre-argument

- Les .... sont les idées, les raisons qui vous permettent de convaincre votre interlocuteur. Ils vous permettent de donner votre .... sur un sujet.
- Les .... sont les idées, les raisons qui vous permettent de réagir si votre interlocuteur a une opinion .... de la vôtre.

4 **Relisez le texte de la page 94 et divisez-le en trois parties. Notez les lignes correspondantes.**

Solutions : tapez 7yune33 sur *www.klett-sprachen.de*

Introduction	
Partie principale	
Fin	

// STRUCTURES GRAMMATICALES ET EXPRESSIONS //

5 L'usage du conditionnel présent et passé dans une discussion

Le moindre yaourt périmé **pourrait** nous coûter 600 euros d'amende, mais leur imposer une obligation à donner ne **changerait** rien.

S. 173

DAS *CONDITIONNEL*

Das ***Conditionnel présent*** drückt folgende Redeabsichten aus:

1. Einen zurückhaltend formulierten **Wunsch** oder eine höfliche **Bitte**
2. Eine **Vermutung**
3. Einen **Ratschlag** oder eine in Erwägung gezogene **Möglichkeit**

Das ***Conditionnel passé*** drückt aus, dass ein **Geschehen** in der Vergangenheit unter bestimmten Umständen **hätte stattfinden können**.

Solutions : tapez 7yune33 sur *www.klett-sprachen.de*

Complétez ces prises de position avec les formes du conditionnel présent et passé.

devoir • être • permettre • pouvoir • utiliser

En raison de ce gaspillage, la demande en eau .... atteindre dix mille milliards de m^3 par an, ce .... trois fois plus que la demande actuelle.

(…)

C'est de la nourriture qui .... pour nourrir la population croissante de la planète ainsi que ceux qui ont faim aujourd'hui.

(…)

Pour éviter ce gaspillage, les gouvernements, les agences de développement et les organisations comme les Nations Unies .... travailler ensemble pour aider les mentalités à changer.

(…)

Ces changements .... d'offrir 60 à 100 % de nourriture en plus sans augmenter la production.

6 L'usage des phrases avec *si* dans une discussion

Si vous obligez les 1000 supermarchés de France à donner leurs excédents, **vous vous retrouverez** face à un amas de produits…
Si une loi oblige à donner, **il faut** aussi que…

S. 176

DIE *SI*-SÄTZE

- **Erfüllbare Bedingungen**, d. h. tatsächliche oder mögliche Folgen, werden mit dem ***si*-Satz Typ 1** beschrieben ***(présent / futur 1)***:
  Si vous croyez cela, vous vous trompez.
- **Bedingungen, die möglicherweise** eintreten können, werden mit dem ***si*-Satz Typ 2** beschrieben ***(imparfait / conditionnel 1)***:
  Si j'avais la possibilité de le faire, je prendrais des mesures contre le gaspillage alimentaire.
- **Nicht erfüllte Bedingungen** (die Situation hätte in der Vergangenheit stattfinden müssen), werden mit dem ***si*-Satz Typ 3** ausgedrückt ***(plus-que-parfait / conditionnel 2)***:
  S'ils avaient été obligés, les supermarchés auraient réagi plus tôt.

Solutions : tapez 7yune33 sur *www.klett-sprachen.de*

Trouvez les formes correctes des verbes.

L'action antigaspi des « Gueules Cassées » a rencontré depuis son lancement un succès sans précédent. Elle a été créée pour signaler et sauver, partout dans le monde, cette nourriture parfaitement bonne et injustement gaspillée.

Au début, les « Gueules Cassées » se sont dit :
- Si nous voulons que ces produits puissent être à nouveau proposés à la vente, nous …………………… (devoir) nous mobiliser.
- Si nous créons la toute première marque antigaspi, nous …………………… (pouvoir) proposer des produits tout aussi bons et moins chers !
- Si nous …………………… (réduire) considérablement le gaspillage alimentaire, nous ferons tout au long de l'année de belles économies.

Ensuite, ils ont eu des idées :
- Si on …………………… (vendre) les produits moins cher, les consommateurs feraient des économies.
- Si on se déployait dans d'autres pays du monde, on y …………………… (apporter) une solution caritative.
- Si on …………………… (coller) une étiquette, cela permettrait aux consommateurs de repérer facilement ces produits un peu moins « jolis ».

Et ils ont conclu :
- Si nous …………………… (agir) plus tôt, nous aurions pu sauver le gaspillage plus tôt !
- Si on avait vendu les produits 30 % moins cher, on …………………… (pouvoir) limiter le gaspillage et faire des économies.

7 Des expressions pour peser le pour et le contre et pour discuter

S. 90–91 Verbes et expressions pour donner son opinion

Donner son opinion	D'après moi,… À mon avis,… Selon moi… Quant à moi,… En ce qui me concerne,… Pour ma part,… Pour moi, ce qui compte, c'est le/la…
Exprimer son accord	Bien sûr. Exactement. Justement. Je suis d'accord (avec toi / vous). Je vois ce que tu veux / vous voulez dire. Je suis d'accord sur tous les points. C'est ça.
Exprimer son désaccord	Cela n'a rien à voir avec… Je ne suis pas (du tout) d'accord. Je ne suis pas de ton / votre avis. Je suis (absolument) contre… Ah, non. / Surtout pas. / Pas du tout.
Donner un exemple	comme par exemple pour en donner un exemple Pour illustrer ce point, on pourrait ajouter l'exemple suivant…
Souligner qc	Je veux souligner l'importance de… J'insiste sur (le fait que)… Je souligne que… Je mets l'accent sur (le fait que)…
Ajouter un aspect	J'ajoute que… J'ai une autre idée. Il ne faut pas oublier que… Il faut ajouter également que… De plus,… En plus,… En outre,… Ajouté à cela,… À part cela,…
Demander de préciser / répéter qc	Pourrais-tu / Pourriez-vous m'expliquer… ? Tu peux / Vous pouvez répéter / préciser / expliquer, s'il te / vous plaît ? Je ne vois pas ce que tu veux / vous voulez dire. Permets-moi / Permettez-moi de demander pourquoi / si…

// APPLICATION POUR LES ÉPREUVES ÉCRITES //

CONSEILS

- ☑ Faites un remue-méninges *(Brainstorming)* et notez par exemple dans une carte mentale tous les aspects qui, selon vous, sont intéressants.
- ☐ Classez-les en arguments pour et arguments contre.
- ☐ Ajoutez des indications qui vous permettent de justifier votre opinion (par exemple page / ligne du texte, une citation).
- ☐ Présentez un argument par paragraphe.
- ☐ Comparez les expressions que vous avez utilisées avec celles de la page 99.

8 **Regardez la photo.**

a. Rédigez un texte dans lequel vous pesez le pour et le contre de mesures politiques contre le gaspillage alimentaire. Vous pouvez utiliser le vocabulaire ci-dessous.

la nourriture comme marchandise • perte de chiffres d'affaires • économiser de l'argent • réduction du gaz carbonique • coopération des agriculteurs • industrie et commerce

b. En tapant le code 7yune33 sur *www.klett-sprachen.de*, vous trouvez un exemple de solution. Lisez-le et comparez-le avec votre texte. Choisissez les expressions qui vous semblent utiles pour améliorer votre propre texte. Retravaillez votre texte en les intégrant.

// APPLICATION POUR LES ÉPREUVES ORALES //

MIT DEM RHETORISCHEN FÜNFSATZ EINEN STANDPUNKT VERTRETEN

In mündlichen Diskussionen sollten Sie Ihre Argumente kurz und nachvollziehbar darlegen. Der rhetorische Fünfsatz ist eine Möglichkeit dazu, wobei hier „Satz" für eine gedankliche Einheit steht:

- 1. Satz: Einleitung = Beschreibung der Ausgangssituation
- 2.–4. Satz: Hauptteil = drei argumentierende Schritte
- 5. Satz: Schluss = Zielaussage, Schlussfolgerung, Forderung

Die Argumente für den **Hauptteil** sollten Sie vorab sammeln und ordnen, z. B.:

– als **Kette**, wobei Ihre Argumente logisch oder chronologisch aufeinander aufbauen;

– als **Ausklammerung**, wobei Sie im ersten Schritt die gegnerische Meinung aufzeigen, diese dann im zweiten Schritt entkräften und im dritten Schritt Ihre Position weiter verstärken;

– als **Kompromiss**, wobei Sie zuerst die beiden argumentierenden Meinungen einander gegenüberstellen und dann eine Gemeinsamkeit beider Positionen als Kompromiss formulieren.

9 **Le gaspillage alimentaire**

a. Avons-nous le droit de jeter de la nourriture ? Discutez de ce sujet avec votre partenaire. Mettez-vous d'accord : trouvez ensemble une solution à ce problème de la société moderne.

b. En tapant le code 7yune33 sur *www.klett-sprachen.de,* vous trouvez un exemple de solution.

9

RÉDIGER

Wenn Sie einen Text **verfassen** sollen, bedeutet das meist, dass Sie über **ein vergangenes Ereignis schreiben** oder eigene Ideen darlegen sollen. Schreiben ist ein kreativer Prozess, bei dem Sie verschiedene Themen (Persönliches, Soziales, Kulturelles, Berufliches …), unterschiedliche Textsorten (Artikel, Essay, Kurzgeschichte, Brief, Mail, Notiz…) und Gemütszustände (Zufriedenheit, Glücksgefühle, Angst, Trauer, Melancholie,…) berücksichtigen müssen.
In **Beschreibungen** brauchen Sie häufig die Zeiten der Vergangenheit: *imparfait, plus-que-parfait ↔ passé composé* und *des mots charnières pour rédiger un texte*.
In **Briefen, Mails oder Blogs** brauchen Sie noch *le futur*.

Lorsqu'il m'a dit que… • Le mois dernier, j'avais dû… • d'après ce que les scientifiques de l'État national disaient…

// EXEMPLES //

1 *Matin brun* de Franck Pavloff

a. Lisez le texte suivant. Cherchez les verbes au passé. Que remarquez-vous ?

« Matin brun » est l'histoire d'un état brun, une organisation politique fictive qui interdit la possession de chiens ou de chats non bruns, officiellement pour des raisons scientifiques. Les protagonistes de la nouvelle, ne se sentant pas concernés, trouvent des raisons d'approuver cette loi. Cependant, un nouveau décret impose l'arrestation de tous ceux qui auraient eu un animal non brun dans le passé, ainsi que de leur famille et de leurs amis.

Les jambes allongées au soleil, on ne parlait pas vraiment avec Charlie, on échangeait des pensées qui nous couraient dans la tête, sans bien faire attention à ce que l'autre racontait de son côté. Des moments agréables où on laissait filer le temps en sirotant un café. Lorsqu'il m'a dit qu'il avait dû faire piquer son chien, ça m'a surpris, mais sans plus. (…)

- Tu comprends, je pouvais pas le faire passer pour un brun.
- Ben, un labrador, c'est pas trop sa couleur, mais il avait quoi comme maladie ?
- C'est pas la question, c'était pas un chien brun, c'est tout.
- Mince alors, comme pour les chats, maintenant ?
- Oui, pareil.

Pour les chats, j'étais au courant. Le mois dernier, j'avais dû me débarrasser du mien, un de gouttière qui avait eu la mauvaise idée de naître blanc, taché de noir. C'est vrai que la surpopulation des chats devenait insupportable, et que d'après ce que les scientifiques de l'État national disaient, il valait mieux garder les bruns. (…)

Tous les tests de sélection prouvaient qu'ils s'adaptaient mieux à notre vie citadine, qu'ils avaient des portées peu nombreuses et qu'ils mangeaient beaucoup moins. Ma fois un chat c'est un chat, et comme il fallait bien résoudre le problème d'une façon ou d'une autre, va pour le décret qui instaurait la suppression des chats qui n'étaient pas bruns.

Les milices de la ville distribuaient gratuitement des boulettes d'arsenic. Mélangées à la pâtée, elles expédiaient les matous en moins de deux. Mon cou s'était serré, puis on oublie vite.

Solutions : tapez 7yune33 sur *www.klett-sprachen.de*

b. De quoi s'agit-il dans le texte ? Choisissez la réponse correcte.

☐ On sélectionne les animaux qui ne sont pas bruns.
☐ On sélectionne les animaux bruns.
☐ Les animaux bruns, c'est la surpopulation dans la société.
☐ Les chiens sont plus résistants que les chats.

2 Une lettre officielle

Solutions : tapez 7yune33 sur *www.klett-sprachen.de*

Lisez cette lettre.

Marquez les différentes parties de la lettre officielle et écrivez-les dans les cases. **(voir p. 107)**

signature • lieu et date • objet • destinataire • formule de politesse • formule d'appel • corps de la lettre • expéditeur

[ ] Classe de seconde
Lycée Henri IV
23, rue Clovis
75005 Paris

[ ] M. Franck Pavloff
12, rue des Cévennes
30100 Alès
France

[ ] Paris, le 26 janvier 2…

[ ] Objet : Votre visite dans notre lycée

[ ] Cher monsieur,

[ ] Nous vous remercions d'**être venu** au lycée pour nous parler de votre livre « Matin brun ».
Ce que nous **avons aimé**, c'est que vous **vouliez** rester subjectif. Nous, lecteurs, **avons pu** alors imaginer la suite de l'histoire.
Votre livre nous **a** beaucoup **plu** car c'**était** un livre facile à lire, dans un langage simple et au thème captivant.
Notre rencontre **s'est déroulée** dans une grande convivialité, ce qui **a permis** un dialogue constructif et instructif entre vous, l'auteur, et nous, les élèves. Et nous **avons** aussi beaucoup **apprécié** qu'avant votre départ, vous **avez dédicacé** nos livres avec la plus grande gentillesse.
Encore un grand merci pour cette rencontre qui nous **a** beaucoup **apporté** et toute la classe espère que nous **aurons** d'autres échanges avec des écrivains de qualité comme vous.

[ ] Veuillez agréer, Monsieur, nos sincères salutations.

[ ] La classe de seconde du lycée Henri IV

5 Quels sont les traits caractéristiques d'une lettre, d'une carte postale, d'un mail et d'un article de blog ?

Solutions : tapez 7yune33 sur *www.klett-sprachen.de*

a. Complétez l'explication suivante avec les mots indiqués :

pièces jointes • signature • voie • sujet • date • officielle • objet • destinataire • virgule • politesse • introduction • corps de la lettre

- Il y a deux types de lettres : la lettre officielle et la lettre privée. Elles ont en commun que les deux types sont envoyés par .... postale et qu'elles se terminent avec la ....
- Une lettre .... contient aussi l'adresse de l'expéditeur et du destinataire.
- La .... de la lettre privée se trouve à droite de la lettre. Celle de la lettre officielle se trouve aussi à droite, juste sous l'adresse du ....
- En plus, la lettre officielle peut avoir un .... pour que le destinataire connaisse immédiatement le sujet de la lettre.
- Après la formule d'appel, il y a toujours une .... On commence alors la phrase suivante avec une lettre majuscule.
- Les parties du .... sont les suivantes :
  - l'.................... : des questions personnelles ou un commentaire personnel dans le cas d'une lettre privée. Dans une lettre officielle, on explique pourquoi on écrit la lettre.
  - le .... : l'information ou le problème raconté au présent, l'explication des faits racontés au passé, les solutions ou les demandes racontées au futur… chaque paragraphe est indépendant de l'autre.
- On termine la lettre par une formule de ....
- Après la signature, on peut aussi mentionner des .... dans la lettre officielle.

CONSEILS

- ☑ Lorsque vous adressez une lettre officielle à une personne en particulier, vous pouvez rajouter dans l'adresse *À l'attention de* suivi du nom du destinataire.
- ☐ Si vous ne connaissez pas le nom, écrivez seulement *Madame* ou *Monsieur*. Vous pouvez aussi utiliser *Madame, Monsieur*.
- ☐ Dans les institutions ou dans l'administration, on nomme aussi le métier du destinataire : *Monsieur le Préfet / Proviseur / Juge*.
- ☐ Pensez aussi aux métiers féminins : *Madame le Préfet / le Maire* ou *Madame la Proviseure, Madame la Juge…*
- ☐ Si vous connaissez déjà la personne, vous pouvez écrire *Cher Monsieur,* ou *Chère Madame*.
- ☐ *Cordialement* ou *Bien cordialement* sont utilisés dans les lettres privées, les cartes postales ou les mails.

b. Les parties d'une lettre officielle

votre nom, adresse, numéro de téléphone, adresse e-mail (l'expéditeur)
Max Mustermann
Straßenallee 12
70000 Stuttgart
+49 711 123 34 35
m.mustermann@gmail.com

le nom et l'adresse du destinataire
Lycée Jean Moulin
13, rue Auguste Blanqui
75000 Paris

le lieu et la date
Stuttgart, le 26 janvier 2…

l'objet de la lettre
Demande de stage

la formule d'appel / l'en-tête
Madame, Monsieur,
Mesdames, Messieurs,
Monsieur le Directeur, Madame la Directrice,

le corps de la lettre:

l'introduction / les références
Je me réfère à…
Suite à notre entretien téléphonique du…,
Comme convenu par téléphone,

le sujet / problème (au présent)
Je me permets de…
Je suis à la recherche d'une place…
Je vous prie de bien vouloir…

les faits (au passé)
J'ai fait des études de…
J'ai étudié…
J'ai déjà fait un stage…

les demandes (au futur et au conditionnel)
Je serai à Paris…
Je pourrais alors venir…
Vous serait-il possible de…

la formule de politesse
Je vous remercie par avance / d'avance de…
Dans l'attente de votre réponse,
Veuillez agréer, Mesdames, Messieurs, mes sincères salutations.

la signature
Max Mustermann

les pièces jointes
P.J. :

c. Les parties d'une lettre privée ou d'une carte postale

le lieu et la date
Paris, le 2 juillet 2…

la formule d'appel
Salut !
Cher / Chère…,
Chers amis,

le corps de la lettre:

l'introduction
Ça va ?
J'espère que tu vas bien.
J'espère que vous allez bien.

le sujet
Je passe mes vacances…

la formule de politesse
Bisous !
Je t'embrasse !
À plus !
À bientôt !
Grosses bises !
Amitiés !
Amicalement.
Cordialement.

la signature
Max

le nom et l'adresse du destinataire
M. et Mme Michon
13, rue Auguste Blanqui
75000 Paris

CONSEILS POUR RÉDIGER UNE LETTRE, UNE CARTE POSTALE OU UN MAIL

- ☑ N'oubliez pas de mettre une virgule après la formule d'appel (sauf dans les lettres privées, cartes postales ou mails après *Salut !*).
- ☐ Continuez avec une lettre majuscule.
- ☐ Pensez à la signature en bas de la lettre ou de la carte postale. Dans un mail, écrivez votre nom.
- ☐ Écrivez bien votre nom et adresse et ceux du destinataire dans une lettre officielle.
- ☐ Choisissez la bonne formule de politesse selon le destinataire.
- ☐ À la fin d'un mail, utilisez *(Bien) Cordialement*.

d. Un article de blog

CONSEILS

- ☑ Adressez-vous directement aux lecteurs.
- ☐ Trouvez un titre qui accroche.
- ☐ Utilisez des sous-titres courts, informatifs et accrocheurs.
- ☐ Écrivez en paragraphes courts.
- ☐ Développez une idée par paragraphe.
- ☐ Utilisez un langage simple. Vous devez attirer l'attention des lecteurs rapidement.
- ☐ Séparez votre article avec des espaces blancs.

// STRUCTURES GRAMMATICALES ET EXPRESSIONS //

6

Raconter au passé

6.1. Raconter à l'imparfait

Les jambes allongées au soleil, on ne **parlait** pas vraiment avec Charlie, on **échangeait** des pensées qui nous **couraient** dans la tête, sans bien faire attention à ce que l'autre **racontait** de son côté.
Pour les chats, j'**étais** au courant.
Les milices de la ville **distribuaient** gratuitement des boulettes d'arsenic.

DAS *IMPARFAIT*

S. 156

Im ***Imparfait*** stehen Geschehnisse, die nicht Bestandteil der Handlungskette sind, sondern parallel dazu stattfinden, d. h. **ohne zeitliche Begrenzung** gesehen: Zustandsbeschreibungen, Situationsschilderungen, Beschreibungen von Gewohnheiten, Erklärungen, Begründen, Kommentare.
Frage: Was war?

Expressions entraînant l'imparfait dans un texte au passé	toujours habituellement normalement pendant que comme d'habitude autrefois tous les jours chaque fois, chaque soir, …

Solutions : tapez 7yune33 sur *www.klett-sprachen.de*

Franck Pavloff donne des informations sur le développement de sa nouvelle. Complétez ce mail avec les verbes indiqués. Utilisez l'imparfait.

avoir • dire • être (3x) • vouloir (2x) • montrer • défendre • pouvoir (2x) • falloir

De Frank Pavloff
À Paul

Cher ami,
Pourquoi j'ai écrit ce livre ? C'est simple : je .... en colère parce qu'en France, il y .... des élections nationales. On .... voter pour un candidat qui .... d'extrême droite.
Et moi, je .... : « Ce n'est pas possible ! » On ne .... pas voter pour un homme qui .... des idées de raciste !
Avec mon livre, je .... montrer qu'il .... être vigilant. Je .... créer un livre qui .... qu'un état totalitaire .... toujours la pire des solutions !

Bien cordialement
Frank Pavloff

7 Raconter au futur

Toute la classe espère que nous **aurons** d'autres échanges…
J'espère que notre prof **aura** toujours autant de bonnes idées…
et qu'on **pourra** encore rencontrer…

S. 168

DAS *FUTUR*

Das ***Futur simple*** steht, wenn die **ferne Zukunft** eher losgelöst von der Gegenwart gesehen wird. Dies ist besonders der Fall im *quand*-Satz.
*Das **Futur composé*** (die nahe Zukunkft) *wird mit **aller + Infinitif** ausgedrückt.*
Frage: Was wird geschehen?

Expressions entraînant le futur simple	un jour demain l'année prochaine dans dix ans en 2050

Complétez le texte avec les formes du futur.

Solutions : tapez 7yune33 sur *www.klett-sprachen.de*

Et puis…
un jour, dans un futur que l'on devine proche, l'État .... (interdire) aussi les chats qui ne .... (être) pas noirs, puis ce .... (être) le tour des chiens noirs qui .... (être) aussi supprimés.
Personne – ou presque – ne .... (dire) rien… et puis ce .... (être) l'escalade ! Les gens ne .... (se méfier) pas assez, ils .... (faire) comme tout le monde parce qu'ils .... (vouloir) avoir la paix, parce que le pouvoir en place .... (mettre) en avant des arguments scientifiques qui .... (justifier) ses mesures.

8 Des mots charnières pour rédiger un texte

S. 20, 37, 46, 71, 91, 238

Une suite d'éléments	pour commencer, d'abord, premièrement, deuxièmement, puis / ensuite, après (cela), enfin, pour terminer,
Une opposition	mais, pourtant / cependant, malgré cela, par contre, d'une part, d'autre part, d'un côté, de l'autre côté,

	au contraire, en revanche,
Une explication	car parce que, puisque comme pour cette raison, c'est pourquoi ainsi, par conséquent, en effet,
Une comparaison	de même, / de même que… comparé à en comparaison avec à la différence de
Un aspect nouveau	de plus / en outre, ajouté à cela, il faut ajouter, à part cela,

Solutions : tapez 7yune33 sur *www.klett-sprachen.de*

Complétez la lettre suivante avec les mots charnières ci-dessous :

c'est pourquoi • pourtant • d'abord • donc • comme

La Librairie
4, rue St Christophe
54000 Nancy

Cheyne Editeur
Au bois de Chaumette
07320 Devesset

Nancy, le 17 janvier 2…

Objet : livraison de « Matin Brun »

Mesdames, Messieurs,
Nous vous remercions ………………… pour votre lettre du 10 janvier et pour les exemplaires gratuits.
………………… nous travaillons depuis longtemps dans cette branche, nous sommes d'avis que ce titre est très intéressant. ………………… nous pensons qu'il correspond aux besoins de notre clientèle.
…………………, nous pensons que le prix est trop élevé. Est-ce que vous pourriez nous accorder une réduction ?
Nous attendons ………………… votre réponse et vous prions d'agréer, Mesdames, Messieurs, nos salutations distinguées.

La Librairie

// APPLICATION POUR LES ÉPREUVES ÉCRITES //

9 ***Matin brun***

Solutions : tapez 7yune33 sur *www.klett-sprachen.de*

Lisez l'extrait de *Matin brun* de Pavloff. Complétez le texte avec les verbes au passé composé, imparfait et plus-que-parfait.

confirmer • croire • faire (2x) • aller • reconnaître • faillir • redescendre • être (3x) • avoir (2x) • devoir • tremper • parler • voler • presser

Et puis hier, incroyable, moi qui me .... en paix, j'.................... me faire piéger par les miliciens de la ville, ceux habillés de brun, qui ne font pas de cadeau. Ils ne m'.......... pas ...., parce qu'ils sont nouveaux dans le quartier et qu'ils ne connaissent pas encore tout le monde.

J'.................... chez Charlie. Le dimanche, c'est chez Charlie qu'on joue à la belote. J'.................... un pack de bières à la main, c'.................... tout. On .... taper le carton deux, trois heures, tout en grignotant. Et là, surprise totale : la porte de son appart .... en éclats, et deux miliciens plantés sur le palier .... circuler les curieux. J'.................... semblant d'aller dans les étages du dessus et je .... par l'ascenseur. En bas, les gens .... à mi-voix.

Portant son chien était un vrai brun, on l'a bien vu, nous !

Oui, mais à ce qu'ils disent, c'est que, avant, il en avait un noir, pas un brun. Un noir.

Avant ?

Oui, avant. Le délit maintenant, c'est aussi d'en avoir eu un qui n'aurait pas été brun. Et ça, c'est pas difficile à savoir, il suffit de demander au voisin. J'.................... le pas. Une coulée de sueur .... ma chemise. Si en avoir eu un avant .... un délit, j'.................... bon pour la milice. Tout le monde dans mon immeuble savait qu'avant j'.................... un chat noir et blanc. Avant, ça alors, je n'y aurais jamais pensé ! Ce matin, Radio brune .... la nouvelle.

10 Une histoire

a. Relisez les différents textes de *Matin brun* de ce chapitre. Voici la fin de l'histoire :

Je ne sais pas où ils ont amené Charlie. Là, ils exagèrent. C'est de la folie. Et moi qui me croyais tranquille pour un bout de temps avec mon chat brun. Bien sûr, s'ils cherchent avant, ils n'ont pas fini d'en arrêter des proprios de chats et de chiens. Je n'ai pas dormi de la nuit. J'aurais dû me méfier des bruns dès qu'ils nous ont imposé leur première loi sur les animaux. Après tout, il était à moi mon chat, comme son chien pour Charlie, on aurait dû dire non. Résister davantage, mais comment ? Ça va si vite, il y a le boulot, les soucis de tous les jours. Les autres aussi baissent les bras pour être un peu tranquilles, non ? On frappe à la porte. Si tôt le matin, ça n'arrive jamais. J'ai peur. Le jour n'est pas levé, il fait encore brun au dehors. Mais, arrêtez de taper si fort, j'arrive.

b. Rédigez la suite de l'histoire. Lisez les conseils de la page 105 et utilisez les expressions des pages 112 – 113.

CONSEILS
- ☑ Demandez-vous ce qui s'est passé avant : Qui sont les personnages ? Quelles sont leurs caractéristiques ? Qu'est-ce qu'ils ont fait ? Où se passe l'histoire ? Écrivez un petit résumé de ce qui s'est passé.
- ☐ Définissez déjà la fin de votre histoire.
- ☐ Faites-vous un plan en notant déjà les descriptions à l'imparfait et les actions au passé composé.

c. Au choix

Rédigez le monologue intérieur de Charlie au moment de son arrestation.

Rédigez un passage du journal intime de Charlie en prison.

CONSEILS
- ☑ Exprimez les sentiments, les pensées, les émotions sans lien logique car il est naturel que la personne ne structure pas dans sa tête ce qui se passe.
- ☐ Hésitez sur certaines idées, corrigez-vous, ajoutez des choses.
- ☐ Posez-vous des questions pour continuer la réflexion.
- ☐ Répétez-vous si un point vous tracasse plus qu'un autre.
- ☐ Arrêtez-vous au milieu d'une phrase, laissez la phrase en suspens.
- ☐ Rédigez à la première personne et au présent.

d. En tapant le code 7yune33 sur *www.klett-sprachen.de*, vous trouvez un exemple de solution. Lisez-le et comparez-le avec votre texte. Choisissez les expressions qui vous semblent utiles pour améliorer votre propre texte. Retravaillez votre texte en les intégrant.

// APPLICATION POUR LES ÉPREUVES DE MÉDIATION //

CONSEILS

- ☑ Analysez la situation communicative : À qui vous adressez-vous ? Quels sont le style et le registre appropriés ?
- ☐ Quel type de texte êtes-vous censé produire (une lettre informelle, un e-mail, un article pour un journal scolaire …) ?
- ☐ Dégagez du texte les informations demandées par la personne avec qui vous êtes en contact. Soulignez ou surlignez-les.
- ☐ Notez en français les mots / les expressions dont vous avez besoin. Si vous ne connaissez pas certains mots, utilisez des stratégies de compensation (par exemple la paraphrase) ou consultez le dictionnaire. **N'essayez pas de traduire littéralement le texte.**
- ☐ Utilisez des expressions comme *selon l'auteur…, comme l'auteur mentionne…, l'auteur dit que…*
- ☐ Structurez les informations importantes.
- ☐ Écrivez votre texte. N'oubliez pas que votre nouveau texte est forcément plus court que le texte d'origine.
- ☐ Faites attention aux aspects culturels et interculturels spécifiques qui demandent des explications supplémentaires (détaillées).

11 **Wo sind sie bloß, die bunten Hunde?**

a. Un copain français est en train d'apprendre l'allemand. Il vous envoie cet article par courrier électronique parce qu'il doit faire un exposé sur les dangers de l'extrême-droite en France et en Allemagne. Malheureusement, il ne comprend pas complètement le texte.
Il te demande, entre autres, de lui expliquer la phrase-clé « Die Parabel des französischen Kinderpsychologen und Jugendbuchautors hat weder Zeit noch Ort. » pour mieux pouvoir intégrer les idées du texte dans son exposé.

Rédigez un e-mail en français en lui expliquant de quoi il s'agit.

Frank Pavloffs Erzählung „Brauner Morgen" erzählt vom Verlust der Autonomie
Von Melanie Holtz

Ab sofort sind nur noch braune Katzen erlaubt. Alle anderen müssen getötet werden und dafür gibt es sogar staatliche Unterstützung in Form von Arsenkügelchen.
In Franck Pavloffs Büchlein „Brauner Morgen" schildert ein namenloser Erzähler, wie er und sein Kumpel Charlie Schritt für Schritt ihre Freiheit verlieren. Angefangen hat es mit den Katzen, dann kommen die Hunde an die Reihe und als nächstes wird die Pressefreiheit aufgehoben. Jetzt gibt es nur noch die Braunen Nachrichten und wenige ausgewählte Bücher. Ahnungsvoll verfolgt der Leser, wie zwei gemächliche Typen sich fügen, ihre Haustiere umbringen und sich nach kurzer Verwunderung eine braune Katze und einen braunen Hund zulegen. Alles, um ihre Ruhe zu haben. Zwar ist da etwas Ungesagtes, ein ungutes Gefühl, ein Zweifel, doch fadenscheinige wissenschaftliche Erklärungen und die Untätigkeit anderer dienen der Beruhigung.
Die Einsicht kommt erst mit der Angst. Charlie wird verhaftet, weil er „vorher" einen schwarzen Hund besessen hat; der Protagonist, einst

Besitzer einer schwarz-weißen Katze, ist auf der Flucht vor der braunen Miliz. „Wir hätten Nein sagen sollen. Mehr Widerstand leisten", denkt er. Doch es ist zu spät: „Es klopft an der Tür."

Unbestritten spielt die Geschichte von Charlie und seinem Kumpel auf den Rechtsextremismus an; dazu trägt nicht zuletzt die Wahl der Farbe bei. So wurde Pavloffs Buch „Matin Brun" in Frankreich zum Bestseller, als im vergangenen Frühling der rechtsradikale Kandidat Le Pen bei der Präsidentschaftswahl fünf Millionen Stimmen erhielt. Ebenso könnte man Parallelen ziehen zu politischen Geschehnissen in Österreich oder Italien und natürlich zum deutschen Nationalsozialismus. In all diesen Fällen kam das Erwachen zu spät, konnte Intoleranz durch Mangel an Zivilcourage und kollektives Schweigen zum Gesetz werden. Immer fehlten und immer wieder fehlen „bunte Hunde", die sich zur Wehr setzen und für Toleranz kämpfen. Doch auch wer vom Geschichtsunterricht noch nicht geprägt ist, wer nichts weiß von der aktuellen Politik, wer Le Pen, Haider und Berlusconi nicht kennt, wird Pavloffs Nachricht verstehen. Die Parabel des französischen Kinderpsychologen und Jugendbuchautors hat weder Zeit noch Ort. Sie ist wertvolle und bedeutungsschwere Lektüre für Jung und Alt. Menschen, die wenig Zeit haben oder dicke Bücher scheuen, werden erleichtert sein, wenn sie das zwölfseitige Heft, kürzlich im Distel Literatur Verlag auf Deutsch erschienen, in der Hand halten. Doch die Erleichterung vergeht beim Lesen, denn über die elf Druckseiten geht die Geschichte weit hinaus. Der Leser wird merken, dass auch er gemeint ist. Wird fühlen, dass Aufmerksamkeit, Kommunikation und Mut zum Widerstand wichtig sind. Überall und immer wieder.

b. En tapant le code 7yune33 sur *www.klett-sprachen.de*, vous trouvez un exemple de solution. Lisez-le et comparez-le avec votre texte. Choisissez les expressions qui vous semblent utiles pour améliorer votre propre texte. Retravaillez votre texte en les intégrant.

TEIL

II

Abi-Grammatik auf einen Blick

II

INHALTSVERZEICHNIS

1

NOMEN UND BEGLEITER

Nomen und Begleiter

bestimmter Artikel
S. 124

le, la, l', les
du (de + le), des (de + les)
au (à + le), aux (à + les)

Possessivbegleiter
S. 134

mon, ma, mes
ton, ta, tes
son, sa, ses
notre, nos
votre, vos
leur, leurs

unbestimmter Artikel
S. 126

- bei Zählbarem = *un, une, des*
- Teilungsartikel = *du, de la, de l'*
- bei Berufangaben = *être médecin*

Demonstrativbegleiter
S. 132

ce/cet, cette, ces
ce ...-ci, ce ...-là

Mengenbezeichnungen
S. 129

combien de... ?

beaucoup de, assez de, peu de

un litre de, une heure de

un tas de, une foule de
un million de, un milliard de

ne ... pas de

la plupart de, la majorité de

la moitié de, un quart de

indefinite Begleiter
S. 127

chaque
plus d'un(e)
certain(e)s
divers(es)
différent(e)s
n'importe quel(le)(s)
aucun(e)(s) ... ne
nul(le)(s) ... ne
pas un(e) seul(e) ... ne
quelques
plusieurs

tout le, tous les
toute la, toutes les

1.1 Der bestimmte Artikel

Der bestimmte Artikel *le, la, les, l'*

Der **bestimmte Artikel** richtet sich in **Genus** und **Numerus** nach dem **Bezugsnomen**: ***le, la*** und ***l'*** begleiten Nomen im Singular, ***les*** begleitet Nomen im Plural.

- ***le, l'*** (Maskulinum Singular)
  le texte
  l'auteur vor Vokal
- ***la, l'*** (Femininum Singular)
  la ligne
  l'histoire vor *h muet*

- ***les*** (Maskulinum Plural und Femininum Plural)
  les pays, **les** régions

Dans **l'**histoire, **l'**auteur aborde **le** sujet de **la** situation dans **les** pays et **les** régions en crise.
(l'histoire → vor Vokal; l'auteur → vor Vokal; le sujet → Singular; la situation → Singular; les pays → Plural; les régions → Plural)

Der kontrahierte bestimmte Artikel in Verbindung mit *de* oder *à*

S. 126 Teilungsartikel

In Verbindung mit ***de*** und ***à*** werden ***le*** und ***les*** „kontrahiert" (= zusammengezogen).

- ***de + le / à + le***
  = du / *= au*
  du texte / **au** texte
- ***de + la / à + la***
  de la ligne / **à la** ligne
  la wird nicht kontrahiert

- ***de + les / à + les***
  = des / *= aux*
  des pays / **aux** pays / **des** régions / **aux** régions

Au début **du** texte, l'auteur commence par une exposition **des** faits.
Le journaliste s'adresse **au** lecteur pour le sensibiliser **aux** problèmes **des** immigrés.

Gebrauch des Artikels im Französischen

Im Französischen steht der **bestimmte Artikel** häufig auch dann, wenn das Deutsche **ohne Artikel** auskommt.

- vor **Stoffbezeichnungen**:
  En France, **le textile** est produit surtout à l'est du pays.

S. 19 présenter un tableau

- vor **Farben**:
  Pour représenter Montmartre, le peintre utilise surtout **le bleu**, **le rouge** et **le jaune**.

- vor **Wissensgebieten**:
  On note dans le style de l'auteur qu'il a étudié **l'architecture**.

- vor **Gattungen**:
  Dans « Matin brun », **les chiens** et **les chats** doivent être bruns.

- vor **Abstrakta**:
  La liberté est un bien précieux.

S. 86 commenter

- nach **Verben der Wertschätzung**:
  J'aime / J'adore / Je préfère / Je déteste / Je ne supporte pas **les films d'horreur**.

S. 42 décrire

- vor **Körperteilen** bei Personenbeschreibungen:

Elle a **les cheveux** courts et frisés, **le visage** ovale, **les yeux** noirs,…
(Elle a de grandes / petites oreilles aber: Elle a **les oreilles** grand(es) ouvertes !)

S. 249 – 250 Räumliche Beziehungen

- vor Namen von **Erdteilen, Ländern, Inseln, Provinzen, Regionen, deutschen Bundesländern**:
  La Belgique, **le** Luxembourg et **la** Suisse font partie de **la** francophonie.
  La Corse appartient à **la** France et **la** Sardaigne à **l'**Italie.
  La Bourgogne et **la** Provence sont les destinations préférées des Allemands.
  Le Bade-Wurtemberg, **la** Rhénanie-Palatinat et **la** Sarre ont une chaîne TV commune.
  (Das Deutsche hat hier zum Teil einen wechselnden Gebrauch.)

Aber: Israël *f*, Madagascar *f*, Cuba *m*, Monaco *m* werden **ohne Artikel** verwendet.

- vor **Titel** + Namen:
  Le Commissaire Maigret est un personnage de fiction né de l'imagination de Georges Simenon, écrivain belge francophone.

S. 239 Zeitliche Beziehungen

- vor **Zeitangaben** bedeutet der bestimmte Artikel vor **Tageszeiten** und **Wochentagen** eine **regelmäßige Wiederkehr:**

Le monde du travail vu par une femme :
« **Le** matin, **l'**après-midi, **le** soir, je cours !
Le vendredi, j'ai réunion avec mon chef,
mais vendredi prochain, je suis en congés. »

TIPP
samedi = am Samstag
le samedi = samstags

1.2 Der unbestimmte Artikel

bei Zählbarem

Anders als das Deutsche und auch das Englische hat das Französische **bei Zählbarem im Plural** einen **unbestimmten Artikel**. Er lautet *„des"* bei **männlichen und weiblichen Nomen.**

➽ ***des*** (Maskulinum Plural)
des arguments

➽ ***des*** (Femininum Plural)
des explications

Vous avancez **des** arguments pour ou contre et vous donnez aussi **des** explications.
(Sie bringen ▮ Argumente vor) *(Sie geben auch ▮ Erklärungen.)*

bei nicht Zählbarem (Teilungsartikel, Partitiv)

S. 124 kontrahierter bestimmter Artikel

Substantive, die etwas **nicht Zählbares** bezeichnen, haben auch einen unbestimmten Artikel: ***du, de l'*** oder ***de la***.

➽ ***du / de l'***
Les jeunes font **du** sport pour leur plaisir.
(▮ Sport treiben)
Par exemple, ils font **de l'**athlétisme.
(▮ Leichtathletik treiben)

➽ ***de la / de l'***
Ils gagnent **de la** confiance en eux.
(▮ Selbstvertrauen gewinnen)
À l'école, la violence prend **de l'**importance
(an ▮ Bedeutung gewinnen)

S. 204 Verneinung

Der **Teilungsartikel** oder **Partitiv** kommt allerdings **nur in bejahten Sätzen** vor.

bei Berufsangaben

Vor **Berufsangaben** steht im Französischen **kein Artikel**.

➽ ***être / devenir*** + Berufsangaben

« Est-ce que je vais **devenir médecin** ou **être secrétaire** ? »
(▮ Ärztin oder ▮ Sekretärin werden)

Im **Englischen** muss in diesem Fall der unbestimmte Artikel stehen:
*She is **an** engineer. He wants to become **a** computer scientist.*

1.3 Die indefiniten Begleiter

Indefinite Begleiter im Allgemeinen

Indefinite Begleiter stehen vor dem Nomen und verhalten sich **wie Adjektive**, d.h. sie müssen angeglichen werden.

- Singular
  chaque lecteur / **chaque** lectrice
  plus d'un texte / **plus d'une** partie
- Plural
  certains journaux / **certaines** chaînes
  divers livres / **diverses** émissions
- Negierung mit ***ne*** im Singular
  aucun lecteur **ne** / **aucune** lectrice **ne**
  nul texte **ne** / **nulle** partie **ne**

Ist die Wortgruppe indefiniter Begleiter + Nomen Subjekt des Satzes, **richtet sich das Verb nach dem Numerus des Nomens**:
Chaque carte a un code particulier. **Toutes les cartes sont** valables pendant une année.

S. 239 Zeitliche Beziehungen

TIPP
Chaque und tous / toutes les bedeuten immer „100 Prozent", in Zeitangaben eine regelmäßige Wiederkehr: chaque semaine, toutes les semaines = jede Woche

Einige wichtige indefinite Begleiter sind:

pas un(e) seul(e) … ne	*(kein(e) einzige(r, s))*	divers(es)	*(etliche)*
aucun(e) … ne	*(kein(e))*	différent(e)s	*(etliche)*
un(e)	*(ein(e))*	plusieurs	*(mehrere)*
plus d'un(e)	*(mehr als ein(e))*	chaque	*(jede(r, s))*
certain(e)s	*(ein paar, manche)*	tout le / toute la	*(der / die ganze)*
quelques	*(einige)*	tous les / toutes les	*(alle, die ganzen)*

S. 209 Indefinite Pronomen

TIPP
Vergleichen Sie mit den indefiniten Pronomen: Pas un(e) seul(e) n'est venu(e). • Aucun(e) n'est venu(e). • Je n'en ai vu qu'un(e). • J'en ai vu plus d'un(e). • Certains sont noirs, certains sont gris. • Quelques-uns sont noirs. • Plusieurs sont gris.

tout

S. 227 *tout* als Adverb

Der **Begleiter *tout*** wird **mit dem bestimmten Artikel** gebraucht. Sowohl ***tout*** als auch der bestimmte Artikel müssen an das Bezugswort **angeglichen** werden.

- ***tout le***
  tout le / son / ce pays *(das ganze …)*
- ***toute la***
  toute la / sa / cette population *(die ganze …)*
- ***tous les***
  tous les / ses / ces copains *(alle …)*
- ***toutes les***
  toutes les / ses / ces copines *(alle …)*

Anstelle des bestimmten Artikels kann auch ein Possessivbegleiter oder ein Demonstrativbegleiter stehen.

S. 210 *tout* als indefinites Pronomen

Stehen ***tout, tous*** oder ***toutes* ohne Artikel** sind sie Pronomen und bedeuten **alles** oder **alle**.
Il explique **tout**. *(= alles)*
Ils sont **tous** venus, elles sont **toutes** venues. *(= alle)*

TIPP
Die Konstruktion des spanischen Begleiters todo entspricht der des französischen Begleiters **tout**: todo el / su / este dinero, toda la / su / esta vida, todos los / sus / estes libros, todas las / sus / estas canciones

certain, divers, différent nach dem Nomen

S. 147 Adjektive

Stehen ***certain, divers*** und ***différent* nach dem Nomen**, so sind sie **Adjektive** und haben eine andere Bedeutung als in ihrer Rolle als indefinite Begleiter.

- **certain**
  Une chose est **certaine** : la jeunesse, c'est le temps des copains. *(sicher)*
- **divers**
  L'informatique a des effets **divers** sur l'économie. *(verschieden)*
- **différent**
  L'amitié se manifeste de façon **différente** chez les filles et les garçons. *(unterschiedlich)*

n'importe quel

Der Begleiter ***n'importe quel*** gleicht sich wie der Fragebegleiter ***quel*** seinem Bezugsnomen an.

- ***n'importe quel(s)***
  n'importe **quel** travail *(irgendwelche(r,s))*
  n'importe **quels** problèmes
- ***n'importe quelle(s)***
  n'importe **quelle** heure
  n'importe **quelles** questions

Ils doivent accepter **n'importe quel** travail, à **n'importe quelle** heure.
On peut parler de **n'importe quels** problèmes et poser **n'importe quelles** questions.

1.4 Die Mengenbezeichnungen

Übersicht

S. 201
en

Die **Mengenbegleiter** setzen sich zusammen aus **Menge + *de/d'* + Nomen ohne Artikel.**

Menge + *de/d'*
une bouteille **d'**eau
beaucoup **de travail**

combien + de/d'... ?
Combien d'eau as-tu acheté ?
Combien de travail as-tu ?

Das **Verb** richtet sich ausschließlich nach dem **Numerus des Subjekts**:
Une foule de hooligans **ont** envahi le stade. *(eine Horde Hooligans)* unbestimmt
La foule des hooligans **a** fait peur aux autres spectateurs. *(die Masse der Hooligans)* bestimmt

Einige wichtige Mengenbegleiter sind:

unbestimmte Mengenadverbien

ça consomme…
(un) peu d'
assez d'
suffisamment d' *(ausreichend)*
pas mal d'
plein d'
beaucoup d'
trop d'
énergie !

Maßeinheiten

500 g / une tablette	**de** chocolat
un morceau	**de** pain
un litre / une bouteille / un verre / une tasse	**d'**eau
un baril / une tonne	**de** pétrole / **de** ciment
un kilo / un paquet	**de** sucre
un pot	**de** confiture
une heure / 3 minutes / une journée	**de** marche

unbestimmte Angaben

un / une	tas / grand nombre foule / groupe manque / surplus *(Überschuss)*	**de**	problèmes spectateurs protéïnes

million* und *milliard

La Croix 18/12/2015
En 2015, le monde compte 60 millions de réfugiés et de personnes déplacées.

Unicef 26.01.2016
L'UNICEF lance un appel humanitaire de 2,8 milliards de dollars pour les enfants.

Mengenbegleiter und Verneinungen

S. 204 Verneinung

Die Verneinung ***ne… pas de*** wird behandelt wie eine Mengenangabe.

ne … pas + de

L'auteur développe des idées originales. Nous, on **ne** trouve **pas d'**idées originales.

Aber: Steht ein Satz mit ***être*** in der Verneinung, bleibt der unbestimmte Artikel erhalten:
Ce **n'**est **pas du** courage, c'est de la bêtise.
Ce **ne** sont **pas des** idées originales, ce sont des répétitions.

Die Teilmengenbezeichnung

S. 54 analyser des statistiques

Teilmengenbezeichnungen nehmen immer Bezug auf eine **Gesamtmenge**.

ein Teil des Subjekts im Plural = Verb im Plural

La plupart **des immigrés se rendent** en Allemagne.

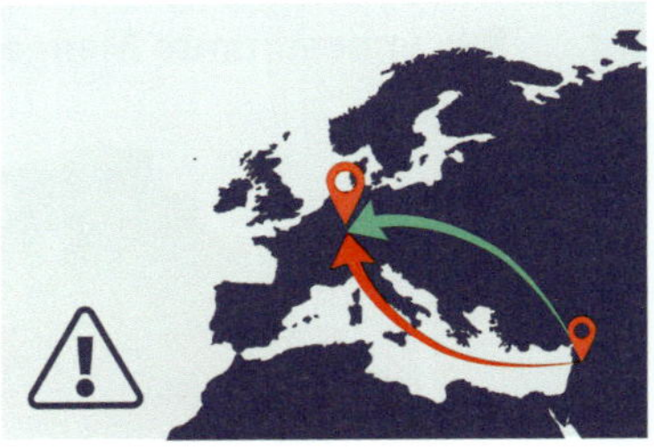

alle Nomen des Subjekts im Singular = Verb im Singular:

Une grande partie / la majorité de la population immigrée **vient** de Syrie.
Le reste **des réfugiés viennent** du Kosovo et d'Afghanistan.

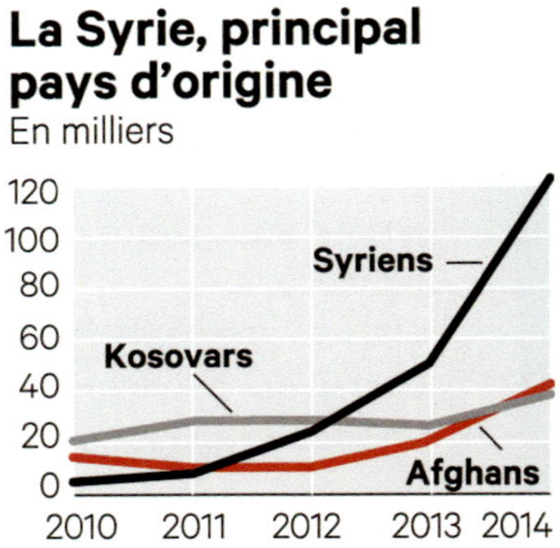

Das **Verb** richtet sich danach, ob **ein Teil des Subjekts** oder **das gesamte Subjekt** im Singular oder Plural stehen.

Brüche und Prozentangaben

Prozentangaben und **Bruchzahlen** verhalten sich wie **Teilmengenangaben**.

ein Teil des Subjekts im Plural = Verb im Plural

Presque **la moitié des** réfugiés sont des hommes.
Un **tiers des** réfugiés sont des femmes avec leurs enfants.
48 **pour cent des** réfugiés utilisent les voies maritimes.

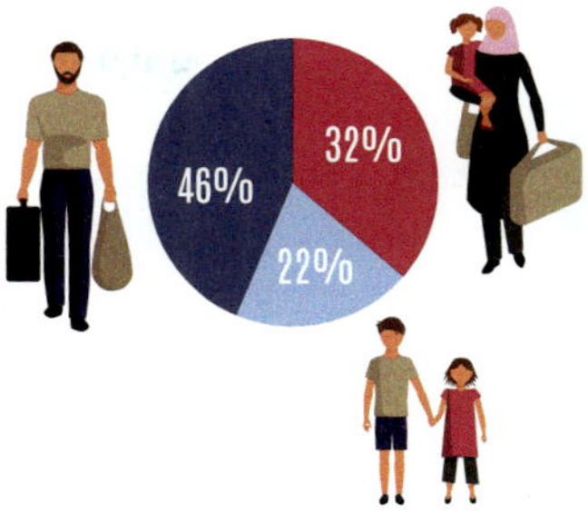

Aber:

un quart de siècle	*(ein Vierteljahrhundert)*	bestimmte Menge
un quart de la population	*(ein Viertel der Bevölkerung)*	Teilmenge
un groupe de refugiés	*(eine Gruppe Flüchtlinge)*	unbestimmte Menge
un groupe des réfugiés	*(eine Gruppe der Flüchtlinge)*	Teilmenge

TIPP
- Mit Ausnahme von *moitié* sind alle Bruchzahlen Maskulinum: *la moitié* (1/2), *un tiers* (1/3), *un quart* (1/4)
- Für die Bruchzahlen ab 1/5 werden die Ordnungszahlen verwendet: *un cinquième* (1/5), *un dixième* (1/10)

Die Präposition *sur*

S. 248 Räumliche Beziehungen

Teilmengenbezeichnungen lassen sich auch mit Hilfe der Präposition ***sur*** ausdrücken.

Ouest-France 18/12/2015
Dans le monde, une personne sur 122 est un réfugié ou déplacé.

1.5 Die Demonstrativbegleiter

Der Demonstrativbegleiter *ce*

S. 60 analyser

Die **Demonstrativbegleiter** verweisen auf eine sichtbare oder bereits bekannte / besprochene Person oder Sache. Sie richten sich nach **Genus und Numerus ihres Bezugsnomens.**

➤ ***ce / cet*** (Maskulinum Singular)
L'auteur mentionne **ce** problème.
Cet argument n'est pas concluant.
Cet **homme** est très célèbre.
Vor Vokal oder *h muet* wird ***ce*** zu ***cet***.

➤ ***cette*** (Femininum Singular)
Selon moi, **cette** objection ne tient pas debout.

➤ ***ces*** (Plural)
Dans **ces** poèmes, l'auteur utilise un langage simple. Maskulinum Plural
Ces arguments ne sont pas concluants. Maskulinum Plural vor Vokal
Ces hommes sont très célèbres. Maskulinum Plural vor *h muet*
Je continue à penser que **ces** idées sont absurdes. Femininum Plural

Der Demonstrativbegleiter ***ces* (diese)** ist nicht zu verwechseln mit ***c'est* (das ist)** oder ***ses* (seine / ihre)**!

Anne et **ses** amies

« Oui, **c'est** moi ! »

« Regardez **ces** formes ! »

ce in Verbindung mit *-ci* und *-là*

S. 19 présenter

Indem man an das Nomen ***-ci*** oder ***-là*** anhängt, kann man differenzieren zwischen vom Sprecher **mehr oder weniger entfernten** Personen oder Sachen.

Cette énergie-**ci**…

… est plus propre que **cette** énergie-**là**.

S. 207 Demonstrativpronomen

Während ***-ci*** eine relative Nähe ausdrückt (denken Sie an *voici* (da ist), drückt ***-là*** eine größere Entfernung aus (denken Sie an *voilà* (dort ist).

ce in Verbindung mit Zeitangaben

S. 236–237 Zeitliche Beziehungen

Der Demonstrativbegleiter ***ce*** vor Zeitangaben bezeichnet einen **gegenwärtigen** oder **sehr nahen Zeitpunkt** oder **Zeitraum** in der **Vergangenheit** oder in der **Zukunft.**

ce (Maskulinum)
ce matin *(heute Morgen)*
ce week-end *(dieses laufende / kommende Wochenende)*
ce vendredi *(diesen laufenden / kommenden Freitag)*

cet (Maskulinum vor Vokal oder *h muet*)
cet après-midi *(heute Nachmittag)*
cet hiver *(diesen laufenden / kommenden Winter)*

cette (Femininum)
cette nuit *(heute Nacht)*
cette semaine *(diese laufende / kommende Woche)*
cette année *(dieses laufende / kommende Jahr)*

Achtung: Bei ***jour*** wird immer ***-ci*** oder ***-là*** hinzugefügt, um die Vergangenheit oder die Zukunft auszudrücken (siehe unten). Die Gegenwart wird mit ***aujourd'hui*** ausgedrückt, *ce jour* kommt nur in der gehobenen, schriftlichen Sprache vor.
ce jour-ci, ce jour-là *(an diesem Tag)*
ces jours-ci, ces jours-là *(diese letzten / nächsten Tagen)*
Bei ***mois*** werden **immer *-ci*** oder ***-là*** hinzugefügt (siehe unten):
ce mois-ci, ce mois-là *(diesen laufenden / kommenden Monat)*
ces mois-ci, ces mois-là *(diese laufenden / kommenden Monate)*

ce ...-ci, ce ...-là in Verbindung mit Zeitangaben

S. 19 présenter

Indem man ***-ci*** oder ***-là*** anhängt, kann man differenzieren zwischen vom Sprecher **mehr oder weniger entfernten Zeitpunkt** oder **Zeitraum** in der **Vergangenheit** oder in der **Zukunft.**

ce / cet / cette / ces ...-ci

Ce mois-**ci**, je vais m'acheter ce nouveau Smartphone.

ce / cet / cette / ces ...-là

À **cette** époque-**là**, on inventait à peine le téléphone.

Achtung: In solchen Sätzen kann nie das Präsens stehen:
Cette année-là, **j'étais** souvent malade. Vergangenheit
Cette semaine-là, **nous allons** vraiment nous **reposer**. Zukunft

Bei ***temps*** gibt es nur folgende feste Ausdrücke:
En ce temps-là, personne ne parlait du réchauffement du climat. *(damals)*
Les politiciens **de ce temps-là** avaient d'autres priorités. *(damalig)*
Depuis ce temps-là, il n'y a pas eu beaucoup d'évolution. *(seit dieser Zeit)*
Et **pendant ce temps-là**, la banquise fond. *(währenddessen)*
Ces temps-ci, on reparle beaucoup d'écologie. *(in letzter Zeit)*

1.6 Die Possessivbegleiter

S. 48
décrire, caractériser

Die **Possessivbegleiter** drücken eine **Zuordnung** oder eine **Zugehörigkeit zu** einer **Person** oder **Sache** aus, dies kann auch ein Besitz sein.

S. 192
Indirekte Rede

	Maskulinum / Singular	Femininum / Singular	Plural
JE	mon livre	ma* télé	mes livres / télés
TU	ton livre	ta* télé	tes livres / télés
IL / ELLE	son livre	sa* télé	ses livres / télés

* + Vokal / *h muet* = *mon / ton / son : « mon amie, ton école, son histoire »*

	Singular	Plural
NOUS	notre livre / télé	nos livres / télés
VOUS	votre livre / télé	vos livres / télés
ILS / ELLES	leur livre / télé	leurs livres / télés

S. 208
Possessiv-pronomen

Anders als im Deutschen richtet sich das **Genus** des Possessivbegleiters **ausschließlich nach dem Nomen**, vor dem er steht. Das Genus des „Besitzers" spielt dagegen keine Rolle.

Das Genus des Possessivbegleiters

Le discours **du Président**
Le discours **de la Chancelière** } a été télévisé.
↓
Son discours a été télévisé. *(seine / ihre Rede)*

La position **du Président**
La position **de la Chancelière** } envers les réfugiés a été vivement critiquée.
↓
Sa position envers les réfugiés a été vivement critiquée. *(seine / ihre Haltung)*

L'attitude **du Président**
L'attitude **de la Chancelière** } envers les réfugiés a été vivement critiquée.
↓
Son attitude envers les réfugiés a été vivement critiquée = vor femininen Nomen mit Vokal, auch für ***mon / ton.***

2

NOMEN UND ADJEKTIVE

Nomen und Adjektive

Angleichung und Stellung des Adjektivs

S. 145

un beau tableau ancien
une belle photo ancienne
de beaux tableaux anciens
de belles photos anciennes
un livre et un film passionnants

NACH dem Bezugsnomen = *la banlieue parisienne*

VOR dem Bezugsnomen = *les grands événements*

ses propres mots ⟷ *une énergie propre*

la France est/reste/semble hexagonale
il la trouve très gentille

Maskulinum und Femininum der Nomen

S. 136

-e, -aison, -eur, -ion, -té, -tié, -tion = ♀

-il, -al, -at, -au, -ent, -et, -ier, -in, -oir, -on, -our = ♂

le poste ⟷ *la poste*

un Allemand, une Allemande
un acteur, une actrice
un/une concierge
une fille/un garçon

Plural von Nomen und Adjektiven

S. 142

Typische Endung = *-s*

-(e)au, -eu → *-(e)aux, -eux*

les alentours (mpl), les lunettes (fpl)

des centres-villes
des chefs-d'œuvre
des sans-abri
le plein-emploi

Maskulinum und Femininum der Adjektive

S. 140

le personnage principal, la notion principale
la situation/un secteur économique

naturel(le), violet(te), gros(se)
cher/chère, roux/rousse

beau, bel, belle

une robe bleu foncé
ils sont cool

2.1 Nomen

Maskulinum und Femininum

Im Französischen gibt es **kein Neutrum**. Nomen, die Zählbares bezeichnen, haben einen Singular und einen Plural (Numerus).

Maskulinum Singular
Sur le dessin, on voit un ciel bleu,

Femininum Singular
une mer agitée,

Maskulinum Plural
des nuages jaunes,

Femininum Plural
et au fond, des tours grises.

Alle Elemente, die sich auf ein Nomen beziehen (Begleiter, Adjektive und adjektivisch gebrauchte Partizipien), richten sich nach **Genus und Numerus des Nomens**.

Das Genus der Bezeichnung von Sachen (Nicht Lebendem)

Die **Endung** femininer Nomen ist häufig das ***-e***. Dies gilt auch für Benennungen.

-e als Endung femininer Nomen
La comédie est sortie dans cette salle la semaine dernière.

S. 249–250 Räumliche Beziehungen

Länder
l'Allemagne *f*, l'Autriche *f*, la Belgique, la France, la Suisse
(aber: le Cambodge, le Mexique, le Mozambique)

Regionen
l'Aquitaine *f*, la Bretagne, la Bavière, la Saxe

Flüsse
la Loire, la Seine
(aber: le Rhône)

Départements
Je viens de la Haute-Saône.

Kontinente
l'Afrique *f*, l'Europe *f*

Automarken
une Renault, une Volkswagen

Aber: un stade, un domaine, le lycée, le collège, un musée, le chômage, un mystère, un exercice, le tourisme, le téléphone

TIPP
La connaissance des suffixes suffit pour deviner le genre de 75 % des noms français avec une précision de 95 %.

Typische Endungen femininer Nomen

Feminine Nomen erkennt man darüber hinaus an folgenden **Endungen**:

- **-aison**
  une comparaison
- **-eur**
  une couleur
  (aber: le bonheur, un honneur, le malheur, un ordinateur)
- **-ion**
  une conclusion
  (aber: un avion, un camion, un million)
- **-té**
  une actualité
  (aber: un comité, un côté, un été, un traité)
- **-tié**
  une amitié
- **-tion** [sjõ]
  une description

Typische Endungen maskuliner Nomen

Maskuline Nomen erkennt man an folgenden **Endungen**:

- **-il**
  le travail, un conseil, un accueil
- **-ier**
  un métier
- **-al**
  un journal
- **-in**
  le matin
  (aber: la fin)
- **-at**
  un débat
- **-oir**
  un devoir, le désespoir, un espoir
- **-au**
  un tableau
  (aber: une eau, la peau)
- **-on**
  le menton
  (aber: une boisson, une chanson, une façon, une prison, la trahison)
- **-ent**
  un inconvénient, un comportement
  (aber: une dent)
- **-our**
  un amour, un tour *(Ausflug)*
  (aber: une cour, une tour *(Turm)*)
- **-et**
  un objet

Deutsche Lehnwörter aus dem Französischen auf ***-age*** und ***-one*** sind, anders als ihre Entsprechungen im Französischen, feminin:
die Etage = un étage, *die Garage* = le garage, *die Passage* = le passage, *die Reportage* = le reportage
die Kanone = le canon, *die Zitrone* = le citron, *die Melone* = le melon

Maskuline Nomen

Folgende Nomen sind immer **Maskulinum.**

Himmelsrichtungen

le nord-ouest | le nord | le nord-est

l'ouest  l'est

le sud-ouest | le sud | le sud-est

S. 249–250 Räumliche Beziehungen

Länder, Regionen und Flüsse, die nicht auf *-e* enden
l'Afghanistan *m*, les Pays-Bas *mpl*, le Périgord, le Rhin

Wochentage
Je n'ai pas cours le lundi après-midi et le samedi matin.

Monate
Statistiquement, janvier 2015 a été de loin le mois le plus meurtrier en France depuis 40 ans.

Jahreszeiten
Le climat méditerranéen est caractérisé par les hivers doux et les étés chauds.

Bäume
À Noël, en France, on chante traditionnellement « Mon beau sapin ».

Farben
En cours, on a lu « Le Rouge et le Noir » de Stendhal.

Metalle
Les sculpteurs travaillent aussi le bronze, l'argent et l'or.

Sprachen
Je parle couramment l'allemand et le français.

Flugzeuge, Schiffe, Züge
On peut aller à Marseille avec un Airbus, le Queen Mary ou le TGV.

Nomen **gleicher Schreibung** mit **unterschiedlichem Genus** und **unterschiedlicher Bedeutung**

un aide	*Helfer*	une aide	*Hilfe, Helferin*
le critique	*Kritiker*	la critique	*Kritik, Besprechung*
le livre	*Buch*	la livre	*Pfund (Gewicht und Währung)*
le manche	*Stiel*	la manche	*Ärmel*
le mode	*Modus, Art und Weise*	la mode	*Mode*
le mort	*Toter*	la mort	*Tod*
le poste	*Stelle; Radio-, Fernsehgerät*	la poste	*Post(amt)*
le voile	*Schleier*	la voile	*Segel, Segeln (Sportart)*

Das Genus der Bezeichnungen von Lebewesen

Bei **Lebewesen** und **Berufsbezeichnungen** ist das generelle Kennzeichen des **Femininums** in der Schreibung das **End-*e***.

Maskulinum

un Allemand
un avocat

Femininum

une Allemande
une avocate

Wenn die männliche Bezeichnung schon auf ***-e*** endet, bleibt das Femininum unverändert.
un concierge, une concierge,
un touriste, une touriste

aber: le témoin *(der Zeuge / die Zeugin)*

Zur Verdeutlichung, dass sich eine Berufsbezeichnung auf eine Frau oder Frauen generell bezieht, wird häufig ***femme(s)*** vorangestellt:
les femmes médecin *(die Ärztinnen)*
Elle est médecin. *(Sie ist Ärztin.)*

Bei folgenden Nomen ändert sich mit dem **Genus** auch die **Schreibung**, z. B. durch die **Verdoppelung von Schlusskonsonanten**.

Schreibung	Maskulinum	Femininum
-an → -anne	un paysan	une paysanne
-en → -enne	un musicien	une musicienne
-ain → -ine	un copain	une copine
-on → -onne	un patron	une patronne
-er → -ère	un étranger	une étrangère
-eur → -euse	un vendeur	une vendeuse
-teur → -trice	un acteur	une actrice
-oux → -ouse	un époux	une épouse
-if → -ive	un sportif	une sportive

Der **Geschlechtsunterschied** kann durch verschiedene **Bezeichnungen** kenntlich gemacht werden.

Maskulinum	Femininum
le grand-père	la grand-mère
le mari	la femme
le père	la mère
le frère	la sœur
un garçon	une fille
un coq *(Hahn)*	une poule *(Henne)*

2.2 Adjektive

Maskulinum und Femininum der Adjektive

S. 46 décrire, caractériser

Bei **Adjektiven** im Singular ist das generelle Kennzeichen des **Femininums** in der Schreibung das **End-*e***.

Maskulinum Singular	Femininum Singular
le personnage principal	la notion principale

Das gilt auch, wenn ein Adjektiv im Maskulinum auf Vokal endet:
bleu(e), coloré(e), gai(e).
Bei une voix aigüe, des relations ambigües ist das Trema im Femininum nötig, damit es [y] ausgesprochen wird. Ohne Trema würde es [ɛg] ausgesprochen, wie im Ortsnamen *Aigues Mortes*.

Maskuline und feminine Adjektive mit gleicher Schreibung

Adjektive auf ***-e*** sind männlich und weiblich und werden gleich ausgesprochen.

Maskulinum Singular	Femininum Singular
le secteur économique	la situation économique

Zu dieser Gruppe gehören alle Ordnungszahlen ab *deuxième*:
En deuxième lieu, l'auteur… En troisième partie, j'ai choisi de parler de…

Verdoppelung der Schlusskonsonanten im Femininum

Adjektive auf ***-el, -et, -s*** verdoppeln im **Femininum** in der Schreibung den **Schlusskonsonanten**.

-el	*-et*	*-s*
naturel(le)	net(te)	bas(se)
nul(le)	violet(te)	gras(se)
		gros(se)

Aber:
complet / complète, concret / concrète, discret / discrète, inquiet / inquiète
français(e), divers(e), frais / fraîche

Einige unregelmäßige Adjektive

cher / chère, fier / fière	grec / grecque, laïc / laïque,
actif / active, passif / passive	public / publique, turc / turque, sec / sèche
dangereux / dangereuse	long(ue), blanc(he)
roux / rousse, doux / douce	favori / favorite
faux / fausse	mou / molle

Adjektive mit drei Singularformen

Bestimmte Adjektive haben vor Nomen, die mit **Vokal** oder **stummem h** anfangen, **im Maskulinum eine zweite Form**.

Maskulinum vor Konsonant	Maskulinum vor Vokal / *h muet*	Femininum
un beau salon	un bel appartement	une belle maison
un nouveau poste	un nouvel hôtel	une nouvelle voiture
un vieux copain	un vieil ami	une vieille amie
un garçon fou	avoir le fol espoir de voler	une folle course en voiture

Unveränderliche Adjektive

Einige Adjektive sind **unveränderlich**.

- **Abkürzungen** und **moderne** Adjektive
  des jeunes filles **canon**
  la musique **pop**

Ils sont cool ! Ils sont extra ! Ils sont super !

- von **Nomen abgeleitete** Adjektive
  des t-shirt **citron**, **marron** et **orange**
  des voitures **sport**
  des vêtements **tendance**

- **zusammengesetzte Charakterisierungen**
  une veste **bleu foncé**
  des livres **bon marché**
  une chemise **vert clair**

Aber:
une robe chic / des robes chic**s**
une personne sympa / des personnes sympa**s**

2.3 Der Plural von Nomen und Adjektiven

Generelles Merkmal: *-s*

-s ist das generelle Merkmal für den **Plural von Nomen, Adjektiven, Begleitern und Pronomen** im Maskulinum und im Femininum.

Maskulinum Plural

Quels congés !

Ce sont les premiers sans mes frères.

Femininum Plural

Quelles vacances !

Ce sont les premières sans mes sœurs.

C'est mieux sans elles !

Auch die Bezeichnungen von **Dynastien** oder **Adelsgeschlechtern** haben ein Plural ***-s***:

les Bourbons, les Capétiens, les Condés, les Pharaons

Die Bezeichnungen von **Familien** dagegen nicht: les Dupré

Nomen oder Adjektive, die in der Schreibung im Singular auf ***-s***, ***-x*** oder ***-z*** enden, erhalten **kein zusätzliches Pluralzeichen**:

les bras, les cas, les cours, les discours, les choix, les fois, les gaz, les nez, les noix, les prix, les repas, les vers, les voix

Bei un os [œ̃nɔs], des os [dezo] ändert sich die Aussprache.

S. 107 rédiger

Die Anreden ***Madame, Mademoiselle, Monsieur*** lauten im Plural:

Mesdames, Mesdemoiselles, Messieurs.

Ein *-x* für ein *-s*

S. 108 rédiger

Wörter auf ***-(e)au***, ***-eu*** bilden den Plural auf ***-x***:

-eau

les bureaux

ils sont beaux

-eu

les milieux

les vieux

meilleurs vœux

Aber: des pneus, les Bleus (équipe de foot)

Fast alle Nomen und Adjektive auf ***-al*** [al] im Singular enden im Plural auf ***-aux*** [o]:

un journal international

→ des journaux internationaux

Sieben Nomen auf ***-ou*** bilden den Plural auf ***-x***:

des bijoux	*(Schmuckstücke)*
des cailloux	*(Kieselsteine)*
des choux	*(Kohlköpfe)*
des genoux	*(Knie)*
des hiboux	*(Eulen)*
des joujoux	*(Spielsachen)*
des poux	*(Läuse)*

TIPP

Viens mon chou, mon bijou, mon joujou, sur mes genoux, et jette des cailloux à ce hibou plein de poux !

Nomen im Plural

Die folgenden **Nomen im Plural** entsprechen im Deutschen einem Nomen im Singular:

les alentours *mpl*	*die Umgebung*
les archives *fpl*	*das Archiv*
les ciseaux *mpl*	*die Schere*
les dégâts *mpl*	*der Schaden*
les funérailles *fpl*	*die Beerdigung*
les échecs *mpl**	*das Schachspiel*
les environs *mpl*	*die Umgebung*
les épinards *mpl*	*der Spinat*
les fiançailles *fpl*	*die Verlobung*
les lunettes *fpl*	*die Brille*
les mathématiques *fpl*	*die Mathematik*
les munitions *fpl*	*die Munition*
les obsèques *fpl*	*die (kirchliche) Trauerfeier*
les prévisions météorologiques *fpl*	*die Wettervorhersage*
les toilettes *fpl***	*die Toilette*

* Échec *(Misserfolg, Misslingen)* bildet den entsprechenden Plural échecs *(Misserfolge)*.
** Toilette existiert auch im Singular: faire sa toilette *(im Sinne von „Körperpflege")*.

Zusammengesetzte Nomen im Plural

1. Alle Bestandteile sind veränderlich:

Singular	Plural	Singular	Plural
un(e) auteur(e) -compositeur, -trice	des auteur(e)s -compositeurs, -trices	un grand-père	des grands-pères
		le libre-échange	des libres-échanges
un beau-frère	des beaux-frères	un libre-service	des libres-services
une belle-fille	des belles-filles	un mot-clé	des mots-clés
une belle-mère	des belles-mères	un petit-déjeuner	des petits-déjeuners
une belle-sœur	des belles sœurs	un petit-enfant	des petits-enfants
un centre-ville	des centres-villes	une petite-fille	des petites-filles
une cité-dortoir	des cités-dortoirs	le quart-monde	des quarts-mondes
un compte-rendu	des comptes-rendus	la science-fiction	des sciences-fictions
une grand-mère	des grands-mères		
	des grands-parents *mpl*		

2. Nur einzelne Bestandteile sind veränderlich:

Singular	Plural	Singular	Plural
une arrière-pensée	des arrière-pensées	un(e) non-fumeur, -euse	des non-fumeurs, -euses
une arrière-grand-mère	des arrière-grands-mères	un(e) Nord-Européen(ne)	des Nord-Européen(ne)s
un arrière-plan	des arrière-plans	un nouveau-né	des nouveau-nés
l'assurance-chômage / dépendance / maladie	des assurances-chômage / dépendance / maladie	un petit-fils	des petits-fils
l'avant-scène	des avant-scènes	un pique-nique	des pique-niques
un beau-fils	des beaux-fils	un self-service	des self-services
un best-seller	des best-sellers	un sous-sol	des sous-sols
un chef-d'œuvre	des chefs-d'œuvre	un sous-titre	des sous-titres
un chewing-gum	des chewing-gums	une station-service	des stations-service
un contre-jour	des contre-jours	un talk-show	des talk-shows
la contre-plongée	des contre-plongées	la télé-réalité	des télé-réalités
la demi-heure	des demi-heures	le tiers-monde	des tiers-mondes
un en-tête	des en-têtes	un timbre-poste	des timbres-poste
un essuie-glace	des essuie-glaces	un tour-opérateur	des tour-opérateurs
un haut-parleur	des haut-parleurs	un(e) vice-président(e)	des vice-président(e)s
un hit-parade	des hit-parades	un week-end	des week-ends
de la main-d'œuvre	des mains-d'œuvre		
un micro-onde	des micro-ondes		

3. Ohne Veränderung im Plural:

un / des faire-part
un / des flash-back
un / des gratte-ciel
un / des hors-d'œuvre
un / des lave-vaisselle
un / des lèche-vitrines
un / des porte-monnaie
un / des porte-parole
un / des sans-abri
un / des sans-papiers
un / des tête-à-tête

4. Ohne Plural:

un / une après-midi
le bien-être
la libre-entreprise
le non-respect
le plein-emploi
le tiers-monde (pluriel quasi inusité)

2.4 Angleichung und Stellung der Adjektive

Attributiver und prädikativer Gebrauch

S. 229 Vergleiche und Steigerungen

Adjektive stehen entweder direkt bei ihrem Bezugsnomen als **Attribut** (dt. „Beifügung") – attributiver Gebrauch –, oder sie stehen mit Bezug auf ein Nomen bei einem Verb – **prädikativer Gebrauch**.

attributiver Gebrauch
J'aime cette **belle** photo **mystérieuse**.
vor oder nach dem Nomen

prädikativer Gebrauch
Elle est **impressionnante**.
nach dem Verb

Les films **fantastiques** sont de plus en plus **populaires**.

Angleichung des Adjektivs

Adjektive **richten sich in Genus und Numerus** immer nach ihrem Bezugsnomen oder -pronomen:

Maskulinum Singular
un beau tableau ancien
le tableau est beau et ancien

Femininum Singular
une belle photo ancienne
la photo est belle et ancienne

Maskulinum Plural
de **beaux** tableaux **anciens**
les tableaux sont **beaux** et **anciens**

Femininum Plural
de **belles** photos **anciennes**
les photos sont **belles** et **anciennes**

Sur ce **vieux** tableau représentant Saint-Paul-de-Vence,
on voit au premier plan de la photo une **vieille** rue.
On constate aussi que tout est **vieux** :
la fontaine est **vieille** et
toutes les maisons sont très **vieilles**.

Bezieht sich ein Adjektiv auf **mehrere Nomen**, so steht es im Plural und richtet sich bei gleichem Genus der Bezugsnomen nach deren Genus:
Cette histoire a été racontée dans un livre et un film **passionnants**.
Sa fille et sa petite-fille sont **blondes** toutes les deux.

Bei **unterschiedlichem Genus** der Bezugsnomen steht das Adjektiv im **Maskulinum**:
Sa grand-mère et son grand-père **maternels** viennent du même village.
Ce pull et cette jupe sont **bleus** et non pas **noirs**.

Beziehen sich **zwei Adjektive auf ein Nomen im Plural**, stehen beide im Singular:
Le baroque comprend les dix-septième et dix-huitième siècles.

Stellung des attributiven Adjektivs nach dem Bezugsnomen

In der Regel steht das attributive Adjektiv **nach seinem Bezugsnomen**.

- **mehrsilbigen Adjektive**
  une jeunesse **malheureuse**
- Adjektive, welche die **Zugehörigkeit zu einer Nation, Stadt, Konfession** oder **politischen Strömung** bezeichnen
  la banlieue **parisienne**
- **Farbadjektive**
  les espaces **verts**
- Adjektive, die sich von einem **Partizip Präsens** oder einem **Partizip Perfekt** herleiten
  une marche **fatigante**
  un sommet **enneigé**

TIPP
Vergleichen Sie:
frz.: *un climat agréable*
engl.: *a pleasant climate*
sp.: *un clima agradable*
dt.: *ein angenehmes Klima*

Stellung vor dem Bezugsnomen

Einige wenige attributive Adjektive stehen **vor ihrem Bezugsnomen**.

- **kurze und häufig verwendete Adjektive**
  une **belle** / **jolie** voix
  une **bonne** / **mauvaise** affaire
  un **jeune** homme / les **vieilles** personnes
  une **longue** / **courte** histoire
  ma **nouvelle grosse** voiture
  un **petit** / **grand** appartement
- **Ordnungszahlen**
  la **première** fois
  le **sixième** sens

Beim ersten einer Dynastie (Herrscher und Päpste) stehen die **Ordnungszahlen** hinter dem Namen: François Ier

Bei den anderen werden die **Grundzahlen** nachgestellt, geschrieben in römischen Ziffern: Louis XIV

In der **formellen** Sprache vor einem Adjektiv und vor ***autres*** und ***tel(le)*** steht ***de / d'***:
Cela leur a causé de **grands** problèmes.
Dans d'**autres** cas, il aurait réagi différemment. Aber: Ils s'occupent des **autres** cas. = *de + les*
Je vais vous expliquer les raisons pour lesquelles l'auteur a fait de **telles** citations.

Wenn **Adjektiv + Nomen** eine **Sinneinheit** bilden, steht **in bejahten Sätzen** immer nur ***des***:
des grandes surfaces *(Supermärkte)*, des grands magasins *(Kaufhäuser)*,
des gros plans *(Nahaufnahmen)*, des jeunes filles *(Mädchen)*, des jeunes gens *(Jugendliche)*,
des nouveaux pauvres *(Neue Arme)*, des nouveaux riches *(Neureiche)*,
des petites annonces *(Kleinanzeigen)*, des petits commerçants *(Einzelhändler)*,
des petits pains *(Brötchen)*, des petits pois *(Erbsen)*

Bedeutungswechsel bei Stellungswechsel

Normalerweise **nachgestellte Adjektive** können auch **vor dem Nomen** stehen. Sie erhalten dadurch eine besondere Betonung oder einen **besonderen affektiven Wert**.

Elle a fait un **excellent** travail. = Son travail a été vraiment excellent.	Elle portait une **magnifique** robe rouge. = Sa robe rouge était vraiment très belle.

Etliche Adjektiven haben **je nach Stellung** eine **unterschiedliche Bedeutung**:

une **ancienne** église	*ehemalig*	un château **ancien**	*alt*
une **certaine** allure*	*gewiss*	un poste **certain**	*sicher*
un **cher** ami	*lieb, teuer*	une voiture **chère**	*teuer*
un **curieux** récit	*seltsam, merkwürdig*	une voisine **curieuse**	*neugierig*
une **drôle** d'idée	*komisch, seltsam*	une BD **drôle**	*lustig, komisch*
le **dernier** chapitre	*letzte(r, s)*	la semaine **dernière**	*vorig, vergangen*
les **différents** aspects*	*verschieden*	des avis **différents**	*auseinandergehend*
les **divers** sens du mot*	*verschieden*	des opinions **diverses**	*unterschiedlich*
d'**importantes** sommes	*beträchtlich, erheblich*	un livre **important**	*wichtig, bedeutend*
une **fausse** nouvelle	*falsch*	un résultat **faux**	*fehlerhaft*
un **grand** politicien	*groß, bedeutend*	un footballeur **grand**	*groß(gewachsen)*
un **haut** fontionnaire	*hoch, hochgestellt*	une tour **haute**	*hoch*
un **jeune** garçon	*jung*	la musique **jeune**	*jugendlich, Jugend-*
un **nouvel** entraîneur	*neu*	un produit **nouveau**	*neuwertig, neuartig*
une **pauvre** femme	*bedauernswert*	une famille **pauvre**	*arm*
ses **propres** mots	*eigen*	une énergie **propre**	*sauber*
un **sacré** tricheur	*verdammt (gut)*	les livres **sacrés**	*heilig*
un **sale** temps	*Mist-*	du linge **sale**	*schmutzig*
son **seul** espoir	*einzig*	une personne **seule**	*einsam*
un **triste** rôle	*armselig; kümmerlich*	un quartier **triste**	*traurig, deprimierend*
un **vrai** diamant	*wirklich, echt*	une histoire **vraie**	*wahr*

S. 128 Indefinite Begleiter

*Diese Adjektive haben **im Plural ohne Begleiter** die Funktion von indefiniten Begleitern.

Kombination mehrerer attributiver Adjektive

Stehen **zwei Adjektive** bei einem Nomen zusammen, behalten sie ihren **ursprünglichen Platz**. Stehen sie nebeneinander, werden sie mit ***et*** verbunden:

nach dem Nomen
faire le portrait **physique et moral** d'une personne
un portrait physique – un portrait moral

vor dem Nomen
écrire une **longue et belle** histoire
une longue histoire – une belle histoire

vor und nach dem Nomen
une **jeune** fille **heureuse**
une jeune fille – une fille heureuse

Drei oder **mehr Adjektive** in einer Aufzählung stehen immer **nach dem Nomen**:
Elle a écrit une histoire **longue, belle et intrigante**.

Prädikatives Adjektiv

Das **prädikative Adjektiv** kommt am häufigsten im Zusammenhang mit dem Verb ***être*** vor.
Das Adjektiv wird **dem Subjekt angeglichen**.

- ***être*** + Adjektiv
  La France **est** hexagonale.

Das Adjektiv bezieht sich auf das Subjekt

Das **prädikative Adjektiv** kommt auch im Zusammenhang mit **anderen Verben** vor.

- ***devenir*** + Adjektiv
  Ils sont **devenus** vieux ensemble.
- ***se montrer*** + Adjektiv
  Elle ne **se montre** pas très coopératrice.
- ***paraître*** + Adjektiv
  Cette solution **paraît** un peu compliquée.
- ***arriver*** + Adjektiv
  Elle **est arrivée** contente.
- ***rentrer*** + Adjektiv
  Elle **est rentrée** abattue.
- ***sortir*** + Adjektiv
  Elle **est sortie** fâchée.
- ***rester*** + Adjektiv
  Avec leurs petits-enfants, ils **restent** jeunes.
- ***se révéler*** + Adjektiv
  L'histoire **se révèle** inattendue.
- ***sembler*** + Adjektiv
  Les relations **semblent** solides.
- ***entrer*** + Adjektiv
  Elle **est entrée** mouillée.
- ***partir*** + Adjektiv
  Ils **sont partis** satisfaits.

Man sagt auch: Elle est tombée amoureuse. *(Sie hat sich verliebt.)*

Das Adjektiv bezieht sich auf das direkte Objekt

Nach bestimmten Verben muss das Adjektiv **dem direkten Objekt angeglichen** werden.

- ***croire*** + Adjektiv
  Les gens la **croient** douée.
- ***trouver*** + Adjektiv
  Il la **trouve** très gentille.
- ***rendre*** + Adjektiv
  Cela va la **rendre** furieuse.
- ***juger*** + Adjektiv
  On **a jugé** ces efforts inutiles.
- ***laisser*** + Adjektiv
  Ces événements la **laissent** froide.

Bei **allgemeinen Aussagen** steht das Adjektiv im **Maskulinum Singular**:
C'est à en devenir **fou**.
Ils trouvent bon de ne pas en parler.

3

ÜBER GEGENWÄRTIGES SPRECHEN

Imperativ
S. 154

Écoute !
Écoutons !
Écoutez !

Tais-toi !

Aie, ayons, ayez…
Sois, soyons, soyez
Sachez…
Veuillez…

Vas-y !
Parles-en !

Bildung und Gebrauch des *Présent*
S. 150

- Verben auf *-er: j'écoute, tu écoutes…*
- Verben auf *-ir: je réussis, nous réussissons…* *je sors, nous sortons*
- Verben auf *-re: j'attends, il attend…*

j'ai, je suis, je vais, je fais

je peux, je veux, je dois, je sais

- Verben auf *-oir(e): j'aperçois, vous voyez, nous croyons…*

je me repose, tu t'assois,…

je suis en train de faire…

Über Gegenwärtiges sprechen

3.1 Bildung und Gebrauch des *Présent*

Verben auf *-er*

Stamm des Infinitivs + ***-e, -es, -e, -ons, -ez, -ent***

écouter

j'écout**e**
tu écout**es**
il / elle / on écout**e**
nous écout**ons**
vous écout**ez**
ils / elles écout**ent**

Orthographische Änderungen:
changer : nous chang**eons** de (auch andere Verben auf *-ger*: corriger, partager, …)
commencer : nous commen**çons** (auch andere Verben auf *-cer*: annoncer, prononcer, …)

acheter : j'ach**è**te, tu ach**è**tes, il ach**è**te, nous achetons, vous achetez, ils ach**è**tent
(auch: amener, élever, enlever, se lever, mener, se promener, ramener, …)
appeler : j'appe**ll**e, tu appe**ll**es, il appe**ll**e, nous appelons, vous appelez, ils appe**ll**ent
(auch: jeter « je jette », se rappeler, …)
préférer : je préf**è**re, tu préf**è**res, il préf**è**re, nous préférons, vous préférez, ils préf**è**rent
(auch: compléter, espérer, exagérer, posséder, protéger, répéter, …)
essayer : j'essa**i**e, tu essa**i**es, il essa**i**e, nous essayons, vous essayez, ils essa**i**ent
(auch: employer, payer, s'ennuyer, …)

Verben auf *-ir* mit Stammerweiterung im Plural

Stamm + [Erweiterung: ***-ss*** im Plural] ***-s, -s, -t, -ons, -ez, -ent***

réussir

je réussi**s**
tu réussi**s**
il / elle / on réussi**t**
nous réussi**ssons**
vous réussi**ssez**
ils / elles réussi**ssent**

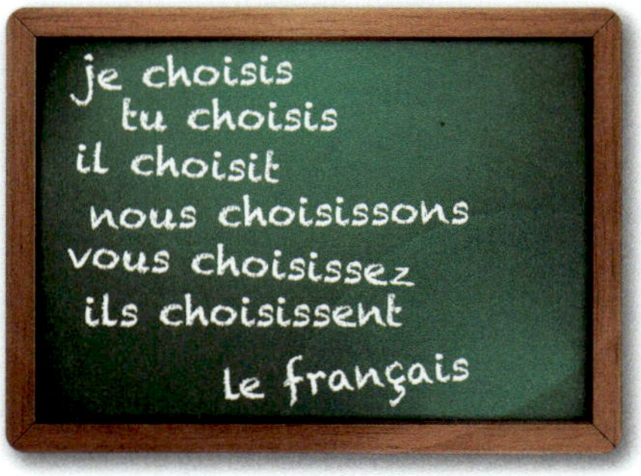

Wichtigste Verben:
agir (nous agissons), applaudir (nous applaudissons), choisir (nous choisissons), finir (nous finissons), grandir (nous grandissons), se nourrir (nous nous nourrissons), obéir (nous obéissons), réagir (nous réagissons), réfléchir (nous réfléchissons), rougir (nous rougissons)

Verben auf *-ir* mit Stammverkürzung im Singular

Stamm des Infinitivs + [Verkürzung im Singular +] ***-s, -s, -t, -ons, -ez, -ent***

sortir

je sor**s**
tu sor**s**
il / elle / on sor**t**
nous sort**ons**
vous sort**ez**
ils / elles sort**ent**

Wichtigste Verben: dormir (je dors), mentir (je mens), partir (je pars), sentir (je sens), servir (je sers)
Unregelmäßige Verben:
acquérir *(erwerben)* **:** j'acquiers, tu acquiers, il acquiert, nous acquérons, vous acquérez, ils acquièrent
courir : je cour**s**, tu cour**s**, il cour**t**, nous courons, vous courez, ils courent
(déc)ouvrir : j'ouvr**e**, tu ouvr**es**, il ouvr**e**, nous ouvrons, vous ouvrez, ils ouvrent
(de)venir : je viens, tu viens, il vient, nous venons, vous venez, ils viennent
mourir : je meurs, tu meurs, il meurt, nous mourons, vous mourez, ils meurent
offrir : j'offr**e**, tu offr**es**, il offr**e**, nous offrons, vous offrez, ils offrent (auch: souffrir)
(re)tenir : je tiens, tu tiens, il tient, nous tenons, vous tenez, ils tiennent

Verben auf *-re*

Stamm des Infinitivs + ***-s, -s, --, -ons, -ez, -ent***

attendre

j'attend**s**
tu attend**s**
il / elle / on attend
nous attend**ons**
vous attend**ez**
ils / elles attend**ent**

Wichtige Verben

confondre *(verwechseln)* (je confonds),
défendre (je défends),
descendre (je descends),
entendre (j'entends), pendre (je pends),
perdre (je perds), rendre (je rends),
répondre (je réponds),
suspendre *(aufhängen; unterbrechen)*
(je suspends), vendre (je vends)

Unregelmäßige Verben: **prendre :** je prends, tu prends, il prend, nous **prenons**, vous **prenez**,
ils **prennent** (auch: apprendre, comprendre, reprendre)
peindre : je peins, tu peins, il peint, nous pei**gnons**, vous pei**gnez**, ils pei**gnent**
conduire : je conduis, tu conduis, il condui**t**, nous condui**sons**, vous condui**sez**, ils condui**sent**
dire : je dis, tu dis, il di**t**, nous di**sons**, vous di**tes**, ils di**sent**
connaître : je conn**ais**, tu conn**ais**, il conn**aît**, nous conn**aissons**, vous conn**aissez**, ils conn**aissent**
(auch: paraître, reconnaître)
(per)mettre : je mets, tu mets, il met, nous me**tt**ons, vous me**tt**ez, ils me**tt**ent
vivre : je vi**s**, tu vi**s**, il vi**t**, nous vivons, vous vivez, ils vivent (auch: suivre)
écrire : j'écri**s**, tu écri**s**, il écri**t**, nous écri**vons**, vous écri**vez**, ils écri**vent**
lire : je li**s**, tu li**s**, il li**t**, nous li**sons**, vous li**sez**, ils li**sent**
(sou)rire : je ri**s**, tu ri**s**, il ri**t**, nous rions, vous riez, ils rient

avoir, être, aller, faire

avoir, être, aller, faire sind ganz **unregelmäßig**

avoir	être	aller	faire
j'ai	je suis	je vais	je fais
tu as	tu es	tu vas	tu fais
il, elle a	il, elle est	il va	il fait
nous avons	nous sommes	nous allons	nous faisons
vous avez	vous êtes	vous allez	vous faites
ils ont	ils sont	ils vont	ils font

Achten Sie auf die genaue **Aussprache** der **3. Person Plural,** sie entscheidet über die Bedeutung:
ils ont – ils sont [ilzɔ̃] – [ilsɔ̃]
ils vont – ils font [ilvɔ̃] – [ilfɔ̃]

Modalverben *pouvoir, vouloir, devoir* und *savoir*

S. 203 Abfolge der Objektpronomen

Die Modalverben ***pouvoir, vouloir, devoir*** und ***savoir*** sind auch ganz **unregelmäßig**:

pouvoir	vouloir	devoir	savoir
je peux	je veux	je dois	je sais
tu peux	tu veux	tu dois	tu sais
il peut	il veut	il doit	il sait
nous pouvons	nous voulons	nous devons	nous savons
vous pouvez	vous voulez	vous devez	vous savez
ils peuvent	ils veulent	ils doivent	ils savent

S. 170 *Futur composé*

Nach diesen Verben steht immer der Infinitiv:

Les élèves	peuvent reformuler veulent répondre à doivent discuter de savent réagir à	leurs questions.

TIPP
Quand deux verbes se suivent, le deuxième se met à l'infinitif.

Verben auf *-oir(e)*

Die **Verben auf *-oir(e)*** sind alle **unregelmäßig.** Anbei die wichtigsten im Überblick:

apercevoir : j'aperçois, tu aperçois, il aperçoit, nous apercevons, vous apercevez, ils aperçoivent
boire : je bois, tu bois, il boit, nous buvons, vous buvez, ils boivent
croire : je crois, tu crois, il croit, nous croyons, vous croyez, ils croient
recevoir : je reçois, tu reçois, il reçoit, nous recevons, vous recevez, ils reçoivent
valoir : je vaux, tu vaux, il vaut, nous valons, vous valez, ils valent
voir : je vois, tu vois, il voit, nous voyons, vous voyez, ils voient

Diese zwei Verben kommen nur in der **3. Person** vor:
falloir *(müssen)* **:** il faut
pleuvoir *(regnen)* **:** il pleut

Die reflexiven Verben

S. 202 Reflexivpronomen

Die **Reflexivpronomen** sind für alle reflexive Verben gleich.

	Reflexivpronomen	se reposer	se détendre	se nourrir	s'asseoir
je	**me / m'**	repose	détends	nourris	assois
tu	**te / s'**	reposes	détends	nourris	assois
il / elle / on	**se / s'**	repose	détend	nourrit	assoit
nous	**nous**	reposons	détendons	nourrissons	asseyons
vous	**vous**	reposez	détendez	nourrissez	asseyez
ils / elles	**se / s'**	reposent	détendent	nourrissent	assoient

Gebrauch des *Présent*

S. 236 Zeitliche Beziehungen

S. 176 *si*-Sätze

S. 195 Indirekte Rede

Das ***Présent*** wird in folgenden Fällen benutzt:

- bei **allgemeinen Aussagen**
  La terre est ronde.
- bei Handlungen in der **Gegenwart** und in der **nahen Zukunft**
  Maintenant, je me repose et après, je fais mes devoirs.
- beim **historischen *Présent***
  En 1257, Robert de Sorbon fonde le collège de la Sorbonne à Paris.

Will man deutlich machen, dass eine Handlung **gerade stattfindet**, wird ***être en train de*** + **Infinitiv** verwendet:

Désolé, pour le moment, je ne peux pas venir,
je suis **en train de faire** mes devoirs !

3.2 Der Imperativ

Bildung und Gebrauch

S. 192 Indirekte Rede

Alle Verben haben beim Imperativ **drei Formen**:

- **2. Person Singular *Présent*** = Aufforderung an ein Gegenüber
  Écoute bien ! — écouter
  Ne dors pas ! — dormir
  Prends le bon livre ! — prendre

- **1. Person Plural *Présent*** = Aufforderung an die eigene Gruppe
  Écoutons bien !
  Ne dormons pas !
  Prenons le bon livre !

- **2. Person Plural *Présent*** = Aufforderung an mehrere Gegenüber oder höfliche Anrede
  Écoutez bien !
  Ne dormez pas !
  Prenez le bon livre ! *(Nehmen Sie …)*
  Im Unterschied zum Deutschen wird in der Höflichkeitsform das Subjektpronomen *vous* nicht übernommen

Faites vos jeux ! Rien ne va plus !

S. 202 Reflexivpronomen

S. 206 unverbundene Pronomen

- Bei den **reflexiven Verben** tritt das unverbundene **Pronomen hinter** den Imperativ.
  Tais-**toi** !
  Asseyons-nous ici !
  Dépêchez-vous !

Bei Verben auf ***-er*** verliert die 2. Person Singular das ***-s***:
Regarde bien devant toi ! regarder = tu regardes
Va faire les courses ! aller = tu vas

Auch bei den **unregelmäßigen Verben** verliert die 2. Person Singular das ***-s, wenn die « tu »-Form im Présent mit -es endet***:
Découvre avec moi les merveilles de la nature ! découvrir = tu découvres
Ouvre la fenêtre, j'ai chaud ! ouvrir = tu ouvres
Offre-lui des fleurs pour son anniversaire ! offrir = tu offres
Ne **souffre** pas trop de chaleur cet été ! souffrir = tu souffres

Sonderformen:
avoir : aie, ay**ez**, ay**ons** — **savoir :** ⊗, sach**ez**, ⊗
être : sois, soy**ez**, soy**ons** — **vouloir :** ⊗, veuill**ez**, ⊗

TIPP
Beachten Sie folgende häufige Wendungen!
Va à la porte … Vas-y !
Parle-moi de tes problèmes !
aber: *Parle de tes problèmes … Parles-en !*

4

ÜBER VERGANGENES SPRECHEN

Über Vergangenes sprechen

Passé récent

S. 166

je viens de + Infinitiv

Imparfait

S. 156

Stamm der 1. Person Plural *Présent*
+ -ais, -ais, -ait, -ions, -iez, -aient

nous discutons → je discutais
nous réussissons → tu réussissais

j'étais
nous mangions
nous commencions

d'habitude
à l'époque
il y avait une fois

je voulais te demander…
et si on faisait…

Plus-que-parfait

S. 165

être oder *avoir* im *Imparfait + Participe passé*

j'étais resté(e)
j'avais mangé

avant hier, la veille, la semaine dernière
avant, déjà

Passé composé

S. 158

avoir oder *être* im *Présent*
+ Participe passé des Verbs

j'ai mangé, je suis resté(e)
j'ai agi, je suis sorti(e)
j'ai attendu, je suis descendu(e)

Tes lunettes? – Je les ai vues sur ton bureau.

Ils se sont écrit.
On parle des mails qu'elles se sont écrits.

Elle est sortie de l'école.
Elle a déjà sorti son smartphone.

La police a arrêté quelqu'un.
Les manifestants se sont arrêtés de protester.

un jour, soudain, alors, tout à coup

Passé simple

S. 164

Stamm des Infinitivs
+ Endungen des *Passé simple*

il écouta, il changea, il commença
il réussit
il attendit
il voulut

4.1 Das *Imparfait*

Bildung

Stamm der 1. Person Plural *Présent* + *-ais, -ais, -ait, -ions, -iez, -aient*

Infinitiv	*Présent*		*Imparfait*
• auf *-er*			
discuter :	nous **discut**ons	→	je discut**ais**
se reposer :	nous nous **repos**ons	→	ils se repos**aient**
• auf *-ir*			
réussir :	nous **réussiss**ons	→	tu réussiss**ais**
sortir :	nous **sort**ons	→	il / elle / on sort**ait**
• auf *-re*			
attendre :	nous **attend**ons	→	nous attend**ions**
• andere			
aller :	nous **all**ons	→	tu all**ais**
avoir :	nous **av**ons	→	j'av**ais**
faire :	nous **fais**ons	→	il / elle / on fais**ait**
voir :	nous **voy**ons	→	vous voy**iez**
vouloir :	nous **voul**ons	→	ils / elles voul**aient**

Sonderformen:

être =	j'**ét**ais, tu étais, il était, nous étions, vous étiez, ils étaient
manger =	nous man**gions** (aber: nous man**geons** im *Présent*)
commencer =	nous commen**cions** (aber: nous commen**çons** im *Présent*)
falloir =	il fall**ait**
valoir =	il val**ait**
pleuvoir =	il pleuv**ait**

Gebrauch

S. 109 rédiger

Das ***Imparfait*** eignet sich:

- zur Darstellung von **Wiederkehr und Gewohnheit** in der Vergangenheit auch bei einer Abfolge von Handlungen
  Le matin, elle **prenait** le bus pour aller au travail.
  Le midi, elle **déjeunait** toujours dans le restaurant d'à côté.
  Le soir, elle **s'endormait** souvent devant la télé.

S. 237 Zeitliche Beziehungen

TIPP
Weitere Signalwörter:
d'habitude (gewöhnlich)
en général
une fois par semaine
tous les mois
une fois par an

- zur Schilderung von **Verhältnissen** oder **Zuständen** in der Vergangenheit
  Au Moyen-Âge, les gens **se déplaçaient** en charrette.

Weitere Signalwörter:
autrefois *(früher)*, à l'époque *(damals)*

S. 42
décrire

zur Personenbeschreibung in der Vergangenheit

(La Belle et la Bête)

« Il y **avait** une fois un marchand qui **était** extrêmement riche. Il **avait** six enfant, trois garçons et trois filles … Ses filles **étaient** très belles ; mais la cadette surtout se **faisait** admirer, et on ne l'**appelait**, quand elle **était** petite, que la belle enfant … »

TIPP
Weitere Signalwörter:
avant
il y a longtemps
dans le passé
à cette époque-là
dans les années 80
de mon temps
dans sa jeunesse
pendant la guerre…
Quand j'étais petit(e),…
Quand il/elle était jeune,…

S. 42
caractériser

zu **Stimmungs- und Verhaltensschilderungen**
Il **avait** l'air content / furieux.
Il **paraissait** triste / calme.
Il y **avait** quelque chose de mystérieux dans son allure.

zur Wiedergabe von – auch parallel stattfindenden – **Verläufen in der Vergangenheit**
Schilderung des Zustands:
Pendant le week-end, il **pleuvait** tout le temps. Le ciel **était** gris. Tout le monde **restait** à la maison. Beaucoup ne **savaient** pas trop bien quoi faire. D'autres **trouvaient** à s'occuper.
Parallel verlaufende Handlungen:
Les parents **lisaient** un livre, la fille **regardait** une BD, le fils **s'ennuyait** et le chien **voulait** jouer !

S. 219
tzverkürzende
onstruktionen

Bei **gleichem Subjekt** kann bei parallelen Verläufen ***pendant que*** oder das ***Gérondif*** verwendet werden:
Ils **lisaient** un livre et **souriaient** en même temps.
= Ils **lisaient** un livre **en souriant**. = Pendant qu'ils **lisaient** un livre, ils **souriaient**.

S. 195
ndirekte Rede

S. 177
si-Sätze

zum Ausdruck einer **höflichen Bitte**
Je **voulais** te demander de me rendre mon dictionnaire.

zum Ausdruck eines **Vorschlags**
Et si on **faisait** la traduction ensemble ?

4.2 Das *Passé composé*

Bildung

avoir oder ***être*** im ***Présent*** + ***Participe passé*** **des Verbs**

Participe passé **der Verben auf *-er***
manger = j'ai mang**é**
rester = je suis rest**é(e)**

Participe passé **der Verben auf *-ir***
agir = j'ai ag**i**
sortir = je suis sort**i(e)**

Participe passé **der Verben auf *-re***
attendre = j'ai atten**du**
descendre = je suis descen**du(e)**

Je suis venu,
j'ai vu,
j'ai vaincu !

Wichtigste Sonderformen des *Participe passé*:

acquérir	j'ai acquis	lire	j'ai lu	rire	j'ai ri
avoir	j'ai eu	mettre	j'ai mis	s'asseoir	je me suis assis(e)
boire	j'ai bu	mourir	je suis mort(e)	savoir	j'ai su
conduire	j'ai conduit	naître	je suis né(e)	se taire	je me suis tu(e)
courir	j'ai couru	ouvrir	j'ai ouvert	suffire	il a suffi
croire	j'ai cru	peindre	j'ai peint	suivre	j'ai suivi
devoir	j'ai dû (due, du(e)s)	plaire	j'ai plu	valoir	il a valu
dire	j'ai dit	pleuvoir	il a plu	venir	je suis venu(e)
écrire	j'ai écrit	pouvoir	j'ai pu	vivre	j'ai vécu
être	j'ai été	prendre	j'ai pris	voir	j'ai vu
faire	j'ai fait	recevoir	j'ai reçu	vouloir	j'ai voulu
falloir	il a fallu	résoudre	j'ai résolu		

Hilfsverb *avoir*

avoir ist das **meistgebrauchte** Hilfsverb beim ***Passé composé.***

avoir* + *Participe passé

Cet été, ma sœur **a visité** Paris.
Elle **a rencontré** une ancienne copine et elles **ont mangé** des macarons.
Après, elle **a dormi** chez elle : elles **ont été** alors surprises de si bien s'entendre après toutes ces années.

bei Verben der **Bewegungsart**, der **Veränderung** oder des **Wechsels**

Il **a couru** pour attraper le TGV. Celui-ci **a démarré** juste après.

Nur wenn **ein direktes Objekt vorausgeht**, ist das ***Participe passé*** **veränderlich** und **gleicht sich** in Geschlecht und Zahl (Genus und Numerus) dem **Objekt an:**

Tes lunettes? – Je **les** ai vu**es** sur ton bureau.	Objektpronomen
On parle toujours de **la lettre que** le président a écrit**e** à l'ONU.	Relativpronomen
Quelles mesures a-t-il pris**es** contre le chômage ?	Fragebegleiter
On se demande **combien de fautes** il a fait**es**.	Fragewort

S. 203 Abfolge der Objektpronomen

Einige Verben der **Bewegungsart**, **Veränderung** oder des **Wechsels**:
Im Französischen kommt ausschließlich ***avoir*** als Hilfsverb vor, im Deutschen *sein*.

avancer	*(vorrücken)*	**nager**	*(schwimmen)*
conduire	*(Auto fahren)*	**pâlir**	*(erblassen)*
courir	*(laufen)*	**rajeunir**	*(jünger werden)*
démarrer	*(anfahren)*	**rougir**	*(erröten, rot werden)*
déménager	*(umziehen)*	**rouler**	*(rollen)*
disparaître	*(verschwinden)*	**sauter**	*(springen)*
errer	*(umherirren)*	**suivre**	*(folgen)*
fuir	*(fliehen)*	**surgir**	*((plötzlich) auftauchen, auftreten)*
grandir	*(wachsen)*	**vieillir**	*(altern)*
grimper	*((hinauf)klettern)*	**voler**	*(fliegen)*
grossir	*(zunehmen (mit haben))*	**voyager**	*(reisen)*
marcher	*(gehen)*		

Hilfsverb *être* bei Bewegungsverben

S. 161 *avoir* oder *être*

Verben der **Bewegungsrichtung** und des **Verweilens** und die daraus abgeleiteten Verben bilden die mit dem *Participe passé* zusammengesetzten Verbformen mit ***être***.

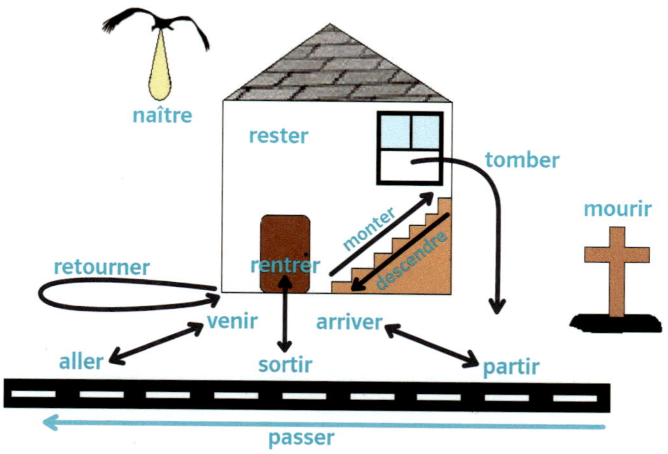

Das ***Participe passé* gleicht sich** in Geschlecht und Zahl (Genus und Numerus) dem **Subjekt an.**
À la fin de son année Érasmus, elle **est rentrée** chez elle : entre-temps, elle **est devenue** une jeune femme.

- Bei ***on*** als *nous*-Ersatz kann sich das *Participe passé* analog zu der *nous*-Form verändern:
  On **est allé(es)/(s)** lui rendre visite tout de suite.
- Bei ***on*** = „man" bleibt es immer unverändert:
  On en **est** toujours **revenu** à la même conclusion : le temps passe !
- Bei ***vous*** als die Höflichkeitsform („Sie"), kann der Singular Maskulinum oder Femininum stehen.

Hilfsverb *être* bei reflexiven Verben

S. 162
avoir oder *être*

Bei den **reflexiven Verben** kommt ausschließlich ***être*** als Hilfsverb vor.

Reflexivpronomen + *être* + *Participe passé*
je me suis connecté(e)
tu t'es connecté(e)
il s'est connecté
elle s'est connectée
on s'est connecté(es)/(s)
nous nous sommes connecté(e)s
vous vous êtes connecté(e)s
ils se sont connectés
elles se sont connectées

S. 202
Reflexivpronomen

Auch hier **gleicht sich** das ***Participe passé*** in Geschlecht und Zahl (Genus und Numerus) **dem direkten Objekt an**.

Das *Participe passé* der reflexiven Verben wird allerdings **nicht angeglichen**, wenn das Reflexivpronomen ein **indirektes Objekt** ist. Vergleichen Sie:

Ils **se** sont concerté**s**. — ***se:*** direktes Objekt

Ils se sont échang**é** **des messages**. — ***se:*** indirektes Objekt – ***des messages:*** direktes Objekt

Bei einem **vorausgehenden direkten Objekt** aber wird bei den reflexiven Verben das *Participe passé* immer angeglichen. Vergleichen Sie:

Ils se sont écrit. — ***se:*** indirektes Objekt – *écrire **à** qn*

On parle **des mails qu**'elles se sont écrit**s**. — ***que:*** direktes Objekt

TIPP
Von der Form her können die **Reflexivpronomen** sowohl **direktes Objekt** als auch **indirektes Objekt** (Verbanschluss mit ***à, de***) sein.

Ihre Funktion ergibt sich aus dem Zusammenhang.

Folgt dem Verb ein direktes Objekt, kann es sich bei dem Reflexivpronomen nur um ein indirektes Objekt handeln.

avoir oder *être* als Hilfsverb?

S. 159 Bewegungsverben

Bestimmte Verben können die mit dem *Participe passé* zusammengesetzten Formen sowohl mit ***être*** als auch mit ***avoir*** (**mit direktem Objekt**) bilden. Sie haben dann unterschiedliche Bedeutungen.

Elle **est montée** dans le train.
(einsteigen)

Elle **a monté** sa valise.
(etw. hineinbringen)

Elle **est descendue** de la voiture.
(aussteigen)

Elle **a** aussi **descendu** son bébé.
(etw. herausholen)

Elle **est rentrée** à la maison à cause de la pluie.
(zurückkommen)

Elle **a** aussi **rentré** ses bottes.
(etw. hereinbringen)

Elle **est sortie** de l'école.
(verlassen)

Elle **a** déjà **sorti** son smartphone.
(etw. hervorholen)

Elle **est retournée** à la boîte aux lettres.
(zurückfahren)

Elle **a retourné** la lettre à l'expéditeur.
(etw. zurückschicken)

S. 202 Reflexivpronomen

Eine Reihe Verben können sowohl transitiv (**mit direktem Objekt** = Hilfsverb ***avoir***) als auch **reflexiv** (Hilfsverb ***être***) sein.

Hilfsverb *avoir* (mit direktem Objekt)		**Hilfsverb *être*** (Reflexivverb)	
achever qc	*(vollenden)*	**s'achever**	*(zu Ende gehen)*
appeler qn	*(nennen, rufen)*	**s'appeler**	*(heißen)*
arrêter qc	*(anhalten, festnehmen)*	**s'arrêter**	*(stehen bleiben, anhalten)*
attendre qn	*(erwarten)*	**s'attendre à**	*(sich gefasst machen auf)*
coucher qc	*(hinlegen)*	**se coucher**	*(sich hinlegen, zu Bett gehen)*
décourager qn	*(entmutigen)*	**se décourager**	*(mutlos werden)*
éteindre qc	*(löschen, ausmachen)*	**s'éteindre**	*(ausgehen, erlöschen, sterben)*
fatiguer qn	*(ermüden)*	**se fatiguer**	*(müde werden)*
lever qc	*(auf-, hoch-, erheben)*	**se lever**	*(aufstehen, sich erheben)*
promener qn	*(spazieren führen)*	**se promener**	*(spazieren gehen)*
réveiller qn	*(wecken)*	**se réveiller**	*(aufwachen)*
taire qc	*(verschweigen)*	**se taire**	*(schweigen)*
terminer qc	*(beenden)*	**se terminer**	*(zu Ende gehen)*

Pendant la pièce, je **me suis appelée** Juliette, et lui, je l'**ai appelé** Roméo.

La police **a arrêté** un jeune homme mais les manifestants ne **se sont** pas **arrêtés** de protester.

On **s'est levées** et on **a** tout de suite **levé** les bras en l'air.

J'**ai terminé** mon dernier livre :
je suis contente, l'histoire **s'est** bien **terminée** !

Gebrauch

S. 110 rédiger

S. 176 *si*-Sätze

S. 195 Indirekte Rede

Das ***Passé composé*** dient zur Darstellung von **(einmaligen) Handlungen / Geschehen in der Vergangenheit.**

- wenn sie als **abgeschlossen** betrachtet werden
  La prise de la Bastille **a eu lieu** le 14 juillet 1789.

Signalwörter für das *Passé composé*:
un jour, soudain, alors, tout à coup, tout de suite, à ce moment-là, à un moment donné, immédiatement

- wenn **parallel geschehende Ereignisse** zueinander in Beziehung gesetzt werden
  La population voulait prendre des armes dans la prison de la Bastille.
  Quand les gardes lui **ont refusé** l'entrée, la population **a attaqué** la Bastille et l'**a détruite**.

Wichtige Signalwörter:
Le jour où… Au moment où…
Lorsque… *(als…)*
Alors que… *(als…, während…)*

S. 238 Zeitliche Beziehungen

- wenn sie als aufeinander folgend in einer **Handlungskette** gesehen werden

À 7 h, ils **se sont réveillés**.
À 8 h, ils **sont allés** travailler.
À 16 h, ils **ont fait** du vélo.
À 17h, ils **ont sorti** le chien.
À 19 h, ils **sont allés** au cinéma.
À 21 h, ils **ont mangé** au restaurant.

S. 37 résumer

Die Handlungskette kann durch **Adverbien** oder **adverbiale Wendungen** strukturiert werden:
D'abord,… Puis,… Après,… Ensuite,… Plus tard,… Enfin,… Finalement,…

Verben mit unterschiedlichen Bedeutungen in *Imparfait* und *Passé composé*
Einige Verben erhalten durch die unterschiedliche Verwendung **unterschiedliche Bedeutungen**, die im Deutschen mit verschiedenen Wörtern wiedergegeben werden:

	Imparfait		*Passé composé*	
avoir	j'avais faim	*(haben)*	j'ai eu faim	*(bekommen)*
apprendre	j'apprenais le français	*(lernen)*	j'ai appris que…	*(erfahren)*
savoir	je savais que…	*(wissen)*	j'ai su que…	*(erfahren)*
connaître	je ne connaissais rien	*(kennen)*	je l'ai connu(e) en…	*(kennen lernen)*
se taire	ils se taisaient	*(schweigen)*	ils se sont tus	*(verstummen)*

4.3 Das *Passé simple*

TIPP
Sie müssen diese Formen nicht aktiv benutzen: das *Passé simple* kommt hauptsächlich in der 3. Person Singular oder Plural in der geschriebenen Sprache vor.

Bildung

Stamm des Infinitivs + Endungen des *Passé simple*

Verben auf ***-er***

j'écout**ai**
tu écout**as**
il / elle / on écout**a**
nous écout**âmes**
vous écout**âtes**
ils / elles écout**èrent**

Verben auf ***-ir*** und ***-re***

je réuss**is**	j'attend**is**
tu réuss**is**	tu attend**is**
il / elle / on réuss**it**	il / elle / on attend**it**
nous réuss**îmes**	nous attend**îmes**
vous réuss**îtes**	vous attend**îtes**
ils / elles réuss**irent**	ils / elles attend**irent**

Orthographische Änderungen:
changer : chang**e**ai, chang**e**as, chang**e**a, chang**e**âmes, chang**e**âtes, changèrent (auch andere Verben auf *-ger:* corriger, partager,…)
commencer : commen**ç**ai, commen**ç**as, commen**ç**a, commen**ç**âmes, commen**ç**âtes, commencèrent (auch andere Verben auf *-cer:* annoncer, prononcer,…)

Unregelmäßige Verben

Einige Verben haben die Endungen ***-us, -us, -ut, -ûmes, -ûtes, -urent***

Verben en ***-oir(e)***

b**oire** : je b**us**, tu b**us** il / elle b**ut**, nous b**ûmes**, vous b**ûtes**, ils / elles b**urent**
cr**oire** : je cr**us**, tu cr**us**, il / elle cr**ut**, nous cr**ûmes**, vous cr**ûtes**, ils / elles cr**urent**
voul**oir** : je voul**us**, tu voul**us**, il / elle voul**ut**, nous voul**ûmes**, vous voul**ûtes**, ils / elles voul**urent**
fall**oir** : il fall**ut**
val**oir** : il val**ut**

Wichtigste Sonderformen:

(ap)prendre : il / elle (ap)prit, ils / elles (ap)prirent
s'asseoir : il / elle s'assit, ils / elles s'assirent
avoir : il / elle eut, ils / elles eurent
connaître : il / elle connut, ils / elles connurent
devoir : il / elle dut, ils / elles durent
dire : il / elle dit wie im *Présent*, ils / elles dirent
écrire : il / elle écrivit, ils / elles écrivirent
être : il / elle fut, ils / elles furent
faire : il / elle fit, ils / elles firent
lire : il / elle lut, ils / elles lurent
mettre : il / elle mit, ils / elles mirent
mourir : il / elle mourut, ils / elles moururent
naître : il / elle naquit, ils / elles naquirent
pleuvoir : il plut
pouvoir : il / elle put, ils / elles purent
savoir : il / elle sut, ils / elles surent
se taire : il / elle se tut, ils / elles se turent
venir : il / elle vint, ils / elles vinrent
vivre : il / elle vécut, ils / elles vécurent
voir : il / elle vit, ils / elles virent

4.4 Das *Plus-que-parfait*

Bildung

S. 158 *Passé composé*

être oder ***avoir*** im ***Imparfait*** + ***Participe passé***

mit Hilfsverb ***être***
- rester = j'**étais** rest**é(e)**
- sortir = nous **étions** sort**i(e)s**
- descendre = ils / elles **étaient** descend**u(e)s**

mit Hilfsverb ***avoir***
- manger = j'**avais** mang**é**
- agir = nous **avions** agi
- attendre = ils / elles **avaient** attend**u**

Gebrauch

S. 111 rédiger

S. 236–237 Zeitliche Beziehungen

S. 176 *si*-Sätze

S. 195 Indirekte Rede

Das ***Plus-que-parfait*** drückt die **Vorvergangenheit** aus, d. h. die Vergangenheit in der Vergangenheit. Sie liegt noch eine Zeitstufe weiter zurück.

Plus-que-parfait	***Imparfait / Passé composé***	***Présent***
Avant-hier, je n'**avais** pas encore tout **révisé**.	Hier, je me faisais du souci, j'ai travaillé toute la journée.	Aujourd'hui, je passe mon examen.

Wichtigste Signalwörter:
- (deux) jours plus tôt, la veille, ce jour-là, avant-hier, la semaine précédente, la semaine dernière

Hier, j'ai raté le métro. À quelle heure **était**-il **passé** avant-hier ?

- avant, quand, lorsque, après, déjà

Quand il est arrivé, le métro **avait** déjà **fermé** ses portes.

- Weiterer Anlass, die Vorvergangenheit zu verwenden:
  Il a raté son métro parce qu'il **avait oublié** de regarder l'heure.

S. 219 atzverkürzende Konstruktionen

TIPP
Bei gleichem Subjekt ist es stilistisch eleganter, eine Infinitivkonstruktion zu benutzen:
Après avoir beaucoup révisé, j'ai réussi mon examen.

Das *Passé récent*

Das ***Passé récent*** drückt die **unmittelbare Vergangenheit** aus.

- Vergangenheit der Gegenwart
  Il attend son amie qui **vient de** rentrer de voyage.

- Vergangenheit der Vergangenheit
  Hier, il attendait son amie qui **venait de** rentrer de voyage.

TIPP

Das ***Passé récent*** ist die unmittelbare Vergangenheit sowohl der Gegenwart (***je viens de***) als auch der Vergangenheit (***je venais de***). Das Deutsche hat dazu keine Entsprechung und behilft sich gegebenenfalls mit dem Perfekt/Plusquamperfekt + den Zeitadverbien „gerade", „soeben" oder „vor kurzem".

5

ÜBER ZUKÜNFTIGES SPRECHEN

Über Zukünftiges sprechen

être sur le point de

S. 172

je suis sur le point de + Infinitiv

Futur simple

S. 168

1. Person Singular *Présent*
+ -r +-ai, -as, -a, -ons, -ez, -ont

j'écouterai
j'achèterai
je préfèrerai
j'irai

Stamm des Infinitivs
+ -ai, -as, -a, -ons, -ez, -ont

je réussirai
je sortirai
je viendrai

Stamm des Infinitivs bis zum *-R*
+ -ai, -as, -a, -ons, -ez, -ont

j'attendrai
je serai
je ferai

je pourrai
je voudrai
j'aurai

un jour, dans… ans, quand
j'espère que

Futur antérieur

S. 171

être oder *avoir* im *Futur simple + Participe passé*
je serai resté(e)
j'aurai mangé

avant, dès que, quand
après avoir/(s')être + Participe passé

Futur composé

S. 170

je vais + Infinitiv

maintenant, tout de suite,
d'ici quelques minutes/heures

5.1 Bildung und Gebrauch des *Futur simple*

TIPP
- Im Französischen wird über Zukünftiges überwiegend im ***Futur simple*** oder ***Futur composé*** gesprochen.
- Nur wenn die Durchführung eines Geschehens als sicher oder fest beabsichtigt gilt, kann auch im Französischen das ***Présent*** stehen. Dazu bedarf es in der Regel einer Zeitangabe:
Je vais au cinéma ce soir. Ils partent demain matin à huit heures.
In der geschriebenen Sprache überwiegt das *Futur simple.*

Verben auf *-er*

1. Person Singular *Présent* + *-r* + *-ai, -as, -a, -ons, -ez, -ont*

écouter
j'écoute**rai**
tu écoute**ras**
il / elle / on écoute**ra**
nous écoute**rons**
vous écoute**rez**
ils / elles écoute**ront**

Sonderformen:
aller : j'**ir**ai
envoyer : j'enve**rr**ai

unregelmäßigen Stammformen
j'ach**è**te**rai**
auch: *j'amènerai, j'élèverai, j'enlèverai, je me lèverai, je mènerai, je me promènerai, je ramènerai,…*
j'appe**ll**e**rai**
auch: *je jetterai, je me rappellerai,…*
je préf**è**re**rai**
auch: *je complèterai, j'espèrerai, j'exagèrerai, je possèderai, je protègerai, je répèterai,…*
j'essa**i**e**rai**
auch: *j'emploierai, je paierai, je m'ennuierai,…*

TIPP
Die Endungen des *Futur simple* entsprechen den Formen bzw. Endungen des *Présent* von *avoir.*

Verben auf *-ir*

Infinitiv + *-ai, -as, -a, -ons, -ez, -ont*

réussir
je réussir**ai**
tu réussir**as**
il / elle / on réussir**a**
nous réussir**ons**
vous réussir**ez**
ils / elles réussir**ont**

Sonderformen:
accueillir : j'accueill**er**ai
tenir : je **tiend**rai
venir : je **viend**rai

sortir
je sortir**ai**
tu sortir**as**
il /elle /on sortir**a**
nous sortir**ons**
vous sortir**ez**
ils /elles sortir**ont**

Verben auf ***-rir***:
acquérir : j'acqu**err**ai
courir : je cou**rr**ai
mourir : je mou**rr**ai

Verben auf *-re*

Stamm des Infinitivs bis zum *-R* + *-ai, -as, -a, -ons, -ez, -ont*

attendre
j'attendr**ai**
tu attendr**as**
il / elle / on attendr**a**
nous attendr**ons**
vous attendr**ez**
ils / elles attendr**ont**

auch: boire : je boir**ai**
croire : je croir**ai**

Wichtigste Verben
confondre *(verwechseln)* (je confondrai),
défendre (je défendrai),
descendre (je descendrai),
entendre (j'entendrai),
pendre (je pendrai),
perdre (je perdrai),
rendre *(zurückgeben)* (je rendrai),
répondre (je répondrai),
suspendre *(aufhängen, unterbrechen)* (je suspendrai),
vendre (je vendrai)

Sonderformen: **être :** je **ser**ai, **faire :** je **fer**ai

Verben auf *-oir*

Die **Verben auf *-oir*** sind alle **unregelmäßig.** Anbei die wichtigsten im Überblick:

-rr
pouvoir : je **pourr**ai
voir : je **verr**ai

-dr
falloir : il **faudr**a
valoir : il **vaudr**a, ils **vaudr**ont
vouloir : je **voudr**ai

-vr
apercevoir : j'**apercevr**ai
devoir : je **devr**ai
recevoir : je **recevr**ai
pleuvoir : il **pleuvr**a

-r
s'asseoir : je m'**assiér**ai
avoir : j'**aur**ai
savoir : je **saur**ai

Gebrauch

S. 112 rédiger

Das *Futur simple* wird verwendet, wenn die **zukünftige Handlung** oder das zukünftige Geschehen von der Gegenwart losgelöst ist.

S. 176 *si*-Sätze

S. 235 Zeitliche Beziehungen

S. 195 Indirekte Rede

bei **Zukunftshandlungen oder -geschehen**
Un jour, vous **serez** contents de savoir parler le français.

Weitere Signalwörter: dans … ans, quand…

bei **Zukunftsplänen** oder geplanten Veränderungen
Après mes études, je **me marierai**.

bei **Prognosen**

Dans l'après-midi, il **pleuvra** sur une grande partie de la France.

nach ***espérer que***

On espère que le sommet du G20 **produira** des résultats concrets.

bei **Versprechen**, deren Verwirklichung garantiert ist
Toutes les dépenses **seront** remboursées.

statt eines Imperativs
Vous **rangerez** la salle avant de partir.

5.2 Das *Futur composé*

Bildung

konjugierte Form von *aller* + Infinitiv

je **vais**
tu **vas**
il / elle / on **va**
nous **allons**
vous **allez**
ils / elles **vont**

aller poser leurs bagages à l'hôtel avant de visiter le Sacré-Cœur.

Auch ***aller*** bildet das *Futur composé* mit ***aller***:
Elle **va aller** au Cameroun avec Médecins sans frontières. *(Sie geht…)*

Gebrauch

Das ***Futur composé*** steht zwingend:

- bei **direkt bevorstehenden** Handlungen oder Ereignissen
  die Verwirklichung ist logisch oder evident

C'est heure, le train **va** bientôt **arriver**.

Weitere Signalwörter:
maintenant, tout de suite,
d'ici quelques minutes / heures

- bei **Informationen** über ein Vorhaben oder eine Entscheidung

Le 24, je **vais partir** en voyage à Paris.

Auch in **zurückblickender Perspektive** kann das *Futur composé* verwendet werden, und zwar im ***Imparfait***. Andere Formen sind nicht möglich.

Le film **venait de se terminer**.	Vergangenheit in der Vergangenheit
Le public **sortait** de la salle de cinéma.	Vergangenheit
Certains **allaient** encore **manger** au restaurant.	Zukunft in der Vergangenheit

S. 166 *Passé récent*

5.3 Das *Futur antérieur*

Bildung

S. 158 *Passé composé*

être oder ***avoir*** im ***Futur simple*** + ***Participe passé***

- mit Hilfsverb ***être***
  rester = je **serai** rest**é(e)**
  sortir = nous **serons** sort**i(e)s**
  descendre = ils / elles se**ront** descend**u(e)s**

- mit Hilfsverb ***avoir***
  manger = j'**aurai** mang**é**
  agir = nous **aurons** agi
  attendre = ils / elles **auront** attendu

Gebrauch

S. 236 Zeitliche Beziehungen

S. 195 Indirekte Rede

Das ***Futur antérieur*** drückt die **abgeschlossene Zukunft** aus, d.h. die Vergangenheit in der Zukunft. Sie liegt vor einem weiteren zukünftigen Geschehen.

- ***Présent***
  Aujourd'hui, je passe mon examen.
- ***Futur simple***
  Demain, je me **reposerai** toute la journée.
- ***Futur antérieur***
  Après-demain, j'**aurai fini** de me faire du souci.

- nach ***quand, dès que***
  Il y aura des changements de structure (Zukunft)
  dès que *(sobald)* l'entreprise **aura introduit** les nouvelles techniques.
  (abgeschlossenen Zukunft)

- bei ***avant de*** + Infinitiv
  bei gleichem Subjekt von Haupt- und Nebensatz
  Avant d' *(bevor)* ouvrir la nouvelle usine, l'entreprise **aura introduit** les nouvelles techniques.

- bei ***avant*** + Nomen
  L'entreprise **aura introduit** les nouvelles techniques
  avant *(vor)* **l'ouverture** de la nouvelle usine.

- **Annahmen** oder **Vermutungen**

On a vu passer les pompiers.
Il y **aura eu** un feu.

S. 219 Satzverkürzende Konstruktionen

Die abgeschlossene Zukunft kann auch mit **après avoir / (s')être** + *Participe passé* ausgedrückt werden:
Après avoir introduit les nouvelles techniques, (abgeschlossene Zukunft)
l'entreprise **ouvrira** la nouvelle usine. (Zukunft)

TIPP
Im Deutschen verwendet man zur Äußerung einer Hypothese, die sich auf vergangenes Geschehen bezieht das Futur II oder das Perfekt mit dem Zusatz „wohl“:
Da wird es einen Unfall gegeben haben / Da hat es wohl einen Unfall gegeben.

être sur le point de *(im Begriff sein)*

être sur le point de kann **zwei** verschiedene **Perspektiven** auf Sachverhalte ausdrücken:

- in der Gegenwart = **ein unmittelbar bevorstehendes Geschehen**
  Présent von *être*

Il **est sur le point de** réussir.

- in der Vergangenheit = **eine nicht stattgefundene Handlung**
  Imparfait von *être*

Elle **était sur le point de** tomber quand sa maman l'a retenue.

TIPP

Mit ***être sur le point de*** kann man sowohl für die Gegenwart (***je suis sur le point de***) als auch für die Vergangenheit (***j'étais sur le point de***) ein unmittelbar bevorstehendes Geschehen beschreiben.
Das Deutsche hat dazu keine Entsprechung und behilft sich mit „wollen" im Präsens/Imperfekt + dem Zeitadverb „gerade" oder der Umschreibung „steht/stand kurz davor zu …".

6

ÜBER HYPOTHETISCHES SPRECHEN

Über Hypothetisches sprechen

Konditionalsatz

S. 176

Typ I : *si + Présent* oder *Passé composé* → Hauptsatz im *Présent* oder *Futur*
Si j'ai le temps, je viendrai avec vous.

Typ II : *si + Imparfait* → Hauptsatz im *Conditionnel présent*
Si j'avais le temps, je viendrais avec vous.

Typ III : *si + Plus-que-parfait* → Hauptsatz im *Conditionnel passé*
Si j'avais eu le temps, je serais venu avec vous.

Conditionnel passé

S. 175

avoir oder *être* im *Conditionnel présent*
+ *Participe passé* des Verbs

j'aurais mangé
je serais resté(e)

j'aurais agi
je serais sorti(e)

j'aurais attendu
je serais descendu(e)

Conditionnel présent

S. 174

Stamm des *Futur simple*
+ -ais, -ais, -ait, -ions, -iez, -aient

j'écouterais
j'achèterais
je préfèrerais
j'irais

je réussirais
je sortirais
je viendrais

j'attendrais
je serais
je ferais

je pourrais
je voudrais
j'aurais

6.1 Das *Conditionnel présent*

TIPP
Das *Conditionnel présent* wird mit **denselben Stämmen** gebildet wie die Formen des ***Futur simple***.
Es werden die **Endungen** des ***Imparfait*** angehängt.

Bildung

S. 168
Futur simple

Stamm des *Futur simple* + *-ais, -ais, -ait, -ions, -iez, -aient*

Verben auf *-er*
j'écoute**rais**

j'achète**rais**
j'appelle**rais**
je préfère**rais**
j'essaie**rais**

j'**irais**
j'enve**rrais**

Verben auf *-ir*
je réussi**rais**

je sorti**rais**

j'accueille**rais**
j'acque**rrais**
je **tiendrais**
je cou**rrais**
je **viendrais**
je mou**rrais**

Verben auf *-re*
j'attend**rais**

je **serais**
je **ferais**

Verben auf *-oir*
je **pourrais**
je **verrais**

il **faudrait**
il **vaudrait**,
ils **vaudraient**
je **voudrais**

j'**apercevrais**
je **devrais**
je **recevrais**
il **pleuvrait**

je m'**assiérais**
j'**aurais**
je **saurais**

Gebrauch

S. 97
peser le pour
et le contre

S. 195
Indirekte Rede

Das ***Conditionnel présent*** wird in folgenden Fällen benutzt:

bei Wünschen

Je **voudrais** parler au responsable, s'il vous plaît.

bei Vorschlägen

On **pourrait** aller au cinéma, qu'est-ce que tu en penses ?

bei Ratschlägen
Vous **devriez** prendre plus de soin.

bei Empfehlungen
Il **faudrait** trouver une autre solution.

bei höflichen Bitten
Vous **pourriez** me prêter un stylo ?

bei Vermutungen
Avec elle, on **passerait** tout le temps à regarder les vitrines.

bei rhetorischen Floskeln

Je **voudrais** revenir sur ce point important : …

bei Wiedergaben nicht bestätigter Nachrichten
D'après notre envoyé spécial, le président **voyagerait** en train.

6.2 Das *Conditionnel passé*

Bildung

S. 158
Passé composé

avoir oder ***être*** im ***Conditionnel présent* + *Participe passé*** **des Verbs**

Participe passé **der Verben auf *-er***
manger = j'aurais mang**é**
rester = je serais rest**é(e)**

Participe passé **der Verben auf *-ir***
agir = j'aurais ag**i**
sortir = je serais sort**i(e)**

Participe passé **der Verben auf *-re***
attendre = j'aurais attend**u**
descendre = je serais descend**u(e)**

Gebrauch

S. 195
Indirekte Rede

Das ***Conditionnel passé*** dient zur Darstellung von nicht erfüllten Sachverhalten **in der Vergangenheit.**

bei **Vorwürfen**

Tu **aurais dû** faire attention et ne pas rouler si vite !

bei **Bedauern**

J'**aurais aimé** apprendre d'autres langues étrangères.

bei **Wiedergaben nicht bestätigter Nachrichten in der Vergangenheit**
Selon les sources, l'accident **aurait fait** 57 victimes.

6.3 Der Konditionalsatz

S. 98
peser le pour
et le contre

TIPP
- Im **si-Satz** kann **NIE** ein **Conditionnel** oder ein **Futur** vorkommen.
- Die Struktur der si-Sätze ist vergleichbar mit den *if-clauses* des Englischen.

Bildung der *si*-Sätze in der Gegenwart

S. 150 *Présent*
S. 158 *Passé composé*
S. 169 *Futur*

Typ I : ***si*** + ***Présent*** oder ***Passé composé*** → **Hauptsatz** im ***Présent*** oder ***Futur***

si + ***Présent*** → Hauptsatz im ***Présent*** oder ***Futur***

Si vous **regardez** bien,…
… vous **pouvez** voir le Mont-Saint-Michel au loin.
…vous **verrez** le clocher.
…vous **allez voir** de beaux vitraux.

si + ***Passé composé*** → Hauptsatz im ***Présent, Futur*** oder ***Passé composé***

Si vous n'**avez** pas **regardé** dans le guide,…
… vous ne **savez** rien de cette ville.
… vous n'en **noterez** pas les détails.
… vous **allez manquer** tout ce qui est intéressant.
… vous vous **êtes privé** d'informations essentielles.

SI = realistische Voraussetzung → HAUPTSATZ = mögliche bis sehr wahrscheinliche Erfüllung

S. 156 *Imparfait*

Typ II : ***si*** + ***Imparfait*** → **Hauptsatz** im ***Conditionnel présent***

si + ***Imparfait*** → Hauptsatz im ***Conditionnel présent***

Si la route n'**était** pas barrée,…
… on **pourrait** passer.

SI = **un**realistische Voraussetzung → HAUPTSATZ = mögliche aber **un**wahrscheinliche Erfüllung

Bildung der *si*-Sätze in der Vergangenheit

S. 165 *Plus-que-parfait*

Typ III : ***si*** + ***Plus-que-parfait*** → **Hauptsatz** im ***Conditionnel passé***

si + ***Plus-que-parfait*** → Hauptsatz im ***Conditionnel passé***

S'il avait **pris** un parapluie,…
… il ne se **serait** pas **mouillé**.

SI = **un**realistische Voraussetzung → HAUPTSATZ = **un**mögliche Erfüllung

Gebrauch

***si*-Sätze können für unterschiedliche **Sprechintentionen** verwendet werden:**

- **Ausreden**, **Bedauern** etc.:
  Si j'avais eu le temps, je serais venu avec vous.
- **Wunsch**, **Vorschlag**, **Aufforderung**
  Et si tu te renseignais un peu mieux la prochaine fois ?
- **Vorwürfe**

Si je m'étais levé plus tôt, je ne serais pas obligé de courir pour aller au lycée.

Ohne Hauptsatz, steht der ***si***-Satz im *Imparfait* oder *Plus-que-parfait*:
Si j'**avais su** ! Bedauern
Si pour une fois tu **étais** à l'heure ! Vorwurf
Et **si** on **allait** se promener dans le parc ? Vorschlag
C'est la basse saison. Tout est fermé. **Si** au moins le café **était** ouvert ! Wunsch

Alternativen für einen *si*-Satz

S. 221 atzverkürzende Konstruktionen

Mehrere Möglichkeiten bieten sich an:

S. 179 *Subjonctif*

- ***au / dans le cas où*** + ***Conditionnel présent***
  Au cas où ce **serait** fermé, téléphonez à …
  = si c'est fermé,…
- ***pourvu / à condition que*** + ***Subjonctif***
  Vous pouvez entrer **à condition** que ce **soit** ouvert.
  = si c'est ouvert,…

S. 218 *Gérondif*

- ***à condition de*** + **Infinitiv**
  Vous pouvez entrer **à condition de** respecter les heures d'ouvertures.
  = si vous respectez…
- ***Gérondif***
  En téléphonant avant, vous pourrez connaître les heures d'ouverture.
  = si vous téléphonez…

Sie verbessern durch diese alternativen Ausdrucksmöglichkeiten Ihren Stil!

si **= ob, falls, wenn, doch, so**

si kann sein:

S. 193 Indirekte Gesamtfrage

S. 206 Unverbundene Pronomen

- Einleitung eines **Konditionalsatzes**
  S'il fait beau, on sortira.
- **Entgegnung** auf einen vorausgehenden verneinten Satz
  Tu ne veux pas sortir ? – Mais **si** !
  Je ne veux pas sortir. – Moi **si** !
- Einleitung einer **indirekten Gesamtfrage**
  On ne sait pas **s**'il fera beau demain.
  vorausgehender Hauptsatz → kein Komma
- Verstärkung, als Alternative für ***tellement***
  Il fait **si** beau qu'on ne peut pas rester à la maison.

TIPP

Das ***konditionale si*** darf nicht verwechselt werden mit dem **si („ob")**, das eine indirekte Gesamtfrage einleitet:

L'article pose la question si le tourisme n'a pas été un danger plutôt qu'un avantage pour la vallée. [indirekte Frage]

La vallée serait déserte aujourd'hui si le tourisme n'avait pas procuré du travail pour la population. [Bedingungssatz]

TIPP

Dem deutschen ***„wenn"*** entsprechen im Französischen zwei inhaltlich völlig unterschiedliche Konjunktionen:

„wenn" = ***„falls"*** entspricht dem **si** eines Konditionalsatzes:
Si le lecteur a fait attention, il notera un changement de style.

„wenn" = ***„immer, wenn"*** entspricht dem ***quand*** oder ***à chaque fois que*** eines Temporalsatzes:
Quand/À chaque fois qu'ils venaient le voir, ils le trouvaient avec un livre.

7

SUBJONCTIF

nach Konjunktionen

S. 186

Absicht: *afin que, pour que*

Art und Weise: *sans que*

Bedingung: *à condition que, à supposer que, pourvu que, à moins que*

gewünschte Folge: *de façon que, de manière que, de sorte que*

Gegensatz: *bien que, quoique*

Grund: *de crainte que, de peur que*

Zeit: *avant que, en attendant que, jusqu'à ce que*

Subjonctif

Gebrauch des *Subjonctif*

S. 182

Notwendigkeit, Forderung
j'exige que tu apprennes
il faut que vous appreniez

Gefühl, Wertung
je crains/regrette que tu sois…
c'est amusant que tu sois…
c'est une honte que tu sois…
je trouve injuste que tu sois…
cela m'étonne que tu sois…
je suis contente que tu sois…

Sagen, Denken, Meinen
je ne crois pas que tu aies…
il ne me semble pas que tu aies…
je ne suis pas certaine que tu aies…
ce n'est pas sûr que tu aies…
Crois-tu que ce soit bien ?

Bitte, Vorschlag, Wunsch
je souhaite/propose/
veux bien que tu fasses…

j'espère que tu as fait…

Bildung des *Subjonctif présent*

S. 180

- ein Präsensstamm = Stamm der 3. Pers. Pl. *Présent*
  + *-e, -es, -e, -ions, -iez, -ent*
  il faut que je discute, que vous vous reposiez
  il faut que tu réussisses, qu'ils se nourrissent, qu'il sorte
  il faut que nous attendions
- zwei Präsensstämme = Stamm der 1. Pers. Pl. und 3. Pers. Pl. *Présent* + *-e, -es, -e, -ions, -iez, -ent*
  il faut que j'achète, que nous achetions
  il faut que je croie, que nous croyions
- *il faut que j'aie, que je sois, que j'aille, que je fasse*
  il faut que je puisse, que je veuille, que je doive, que je sache

7.1 Bildung des *Subjonctif présent*

Verben mit einem Pluralstamm im *Présent*

S. 150 *Présent*

Stamm der 3. Pers. Pl. *Présent* + *-e, -es, -e, -ions, -iez, -ent*

Infinitiv		*Présent*	*Subjonctif*
auf *-er*	**discuter**	ils **discut**ent	→ il faut que je discut**e**
	se reposer	ils se **repos**ent	→ il faut que vous vous repos**iez**
auf *-ir*	**réussir**	ils **réussiss**ent	→ il faut que tu réussiss**es**
	se nourrir	ils se **nourriss**ent	→ il faut qu'ils / elles se nourriss**ent**
	sortir	ils **sort**ent	→ il faut qu'il / elle / on sort**e**
auf *-re*	**attendre**	ils **attend**ent	→ il faut que nous attend**ions**

Manche Verbformen auf ***-e, -es*** *oder* ***-ent*** **sehen** im ***Présent*** und ***Subjonctif*** **gleich aus**:
Tu penses ! *(Présent)* Il faut que tu écoutes ! *(Subjonctif)*

Verben mit zwei Pluralstämmen im *Présent*

Stamm der 1. Pers. Pl. und 3. Pers. Pl. *Présent* + *-e, -es, -e, -ions, -iez, -ent*

Verben auf *-er*

Présent	*Subjonctif*
	il faut que j'achèt**e**
	il faut que tu achèt**es**
	il faut qu'il achèt**e**
nous ach**et**ons	il faut que nous achet**ions**
	il faut que vous achet**iez**
ils ach**èt**ent	il faut qu'ils achèt**ent**

Wichtigste Verben:

acheter	(auch: amener, élever, enlever, se lever, mener, se promener, ramener,…)	
appeler :	nous app**el**ons, ils app**ell**ent	→ il faut que j'appell**e**, que nous appel**ions**
	(auch: jeter « je jette », se rappeler,…)	
préférer :	nous pré**fér**ons, ils pré**fèr**ent	→ il faut que je préfèr**e**, que nous préfér**ions**
	(auch: compléter, espérer, exagérer, posséder, protéger, répéter,…)	
essayer :	nous essa**y**ons, ils essa**i**ent	→ il faut que j'essai**e**, que nous essay**ions**
	(auch: employer, payer, s'ennuyer,…)	

Verben auf *-ir*

Présent	*Subjonctif*
	il faut que je vienn**e**
	il faut que tu vienn**es**
	il faut qu'il vienn**e**
nous **ven**ons	il faut que nous ven**ions**
	il faut que vous ven**iez**
ils **vienn**ent	il faut qu'ils vienn**ent**

Verben auf *-re*

Présent	*Subjonctif*
	il faut que je prenn**e**
	il faut que tu prenn**es**
	il faut qu'il prenn**e**
nous **pren**ons	il faut que nous pren**ions**
	il faut que vous pren**iez**
ils **prenn**ent	il faut qu'ils prenn**ent**

Stamm der 1. Pers. Pl. und **3. Pers. Pl.** ***Présent + -e, -es, -e, -ions, -iez, -ent***

Verben auf *-oir(e)*

Présent	*Subjonctif*
	il faut que j'aperçoive
	il faut que tu aperçoives
	il faut qu'il aperçoive
nous apercevons	il faut que nous apercevions
	il faut que vous aperceviez
ils aperçoivent	il faut qu'ils aperçoivent

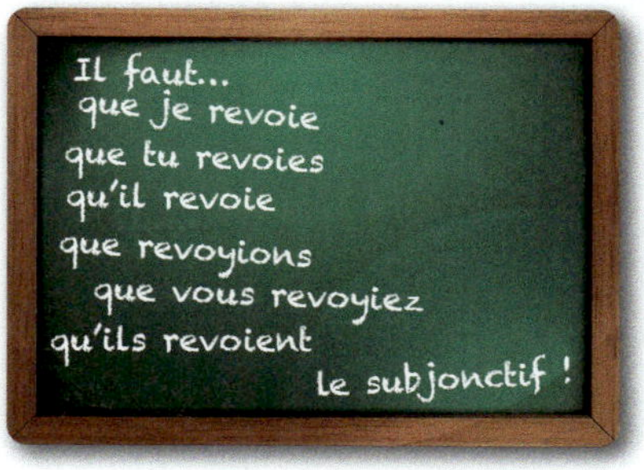

Wichtigste Verben:

boire	nous buvons, ils boivent	→ il faut que je boive, que nous buvions
croire	nous croyons, ils croient	→ il faut que je croie, que nous croyions
pleuvoir	il pleut	→ il faut qu'il pleuve
recevoir	nous recevons, ils reçoivent	→ il faut que je reçoive, que nous recevions
valoir	il vaut, ils valent	→ il faut qu'il vaille, qu'ils vaillent
voir	nous voyons, ils voient	→ il faut que je voie, que nous voyions

avoir, être, aller, faire

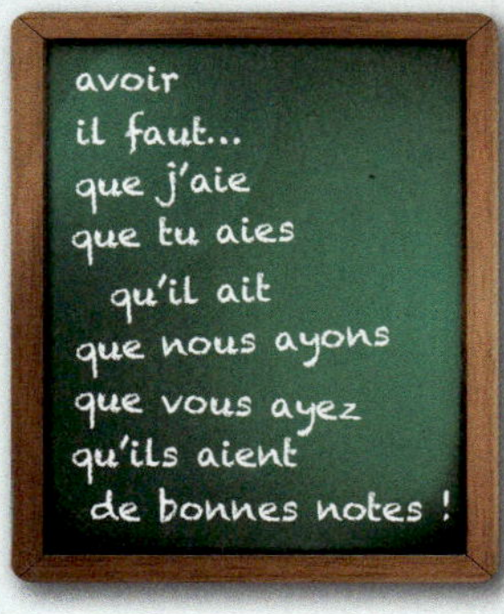

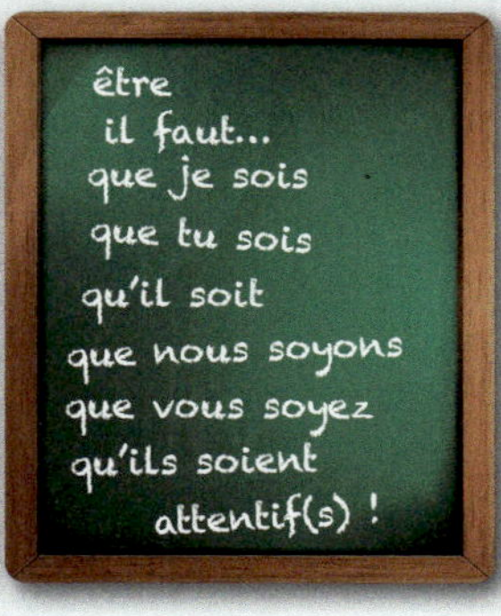

Achten Sie auf die genaue **Aussprache**:
il faut que j'aille [aj], il faut que nous allions [aljɔ̃] – il faut que j'aie [ɛ], il faut que nous ayons [ɛjɔ̃]

Modalverben *pouvoir, vouloir, devoir* und *savoir*

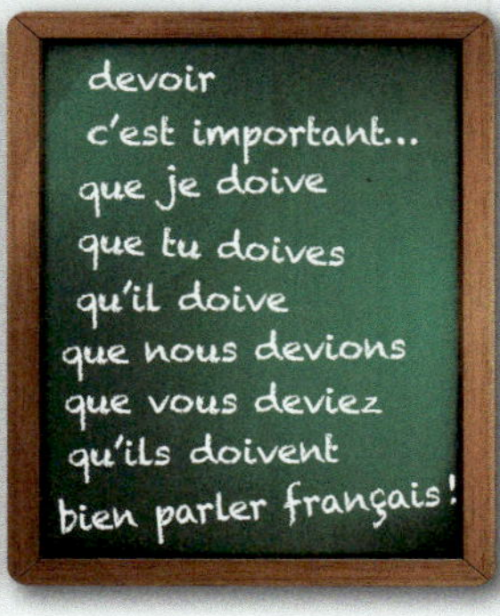

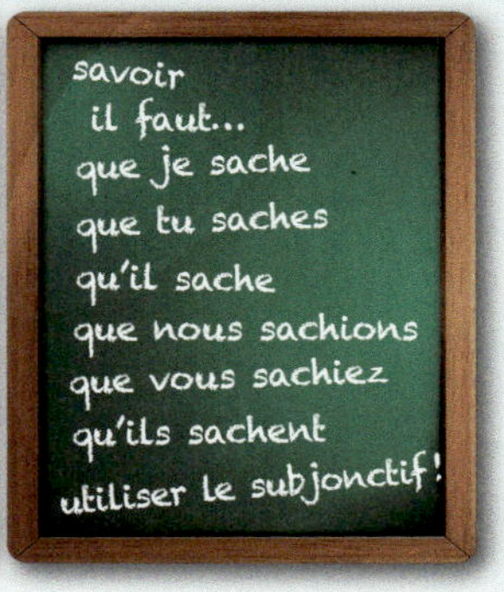

s'asseoir : il faut que je m'asseye, que nous nous asseyons

7.2 Gebrauch des *Subjonctif*

TIPP
- Mit dem *Subjonctif* drückt der Sprecher aus
  - was er fordert,
  - was er fühlt,
  - was er denkt und was er meint,
  - was er sich wünscht.
- Der *Subjonctif* kommt nur
  - in *que*-Nebensätzen,
  - nach Konjunktionen mit *que* und
  - in manchen Relativsätzen mit ***que/qui*** vor.

S. 211 Relativsätze

Ausdruck einer Notwendigkeit oder einer Forderung

S. 89 commenter

Folgende **Verben** und Ausdrücke einer **Notwendigkeit** oder einer **Forderung** sind *Subjonctif*-**Auslöser**:

Verben
- autoriser que *(erlauben)*
- défendre que *(verteidigen)*
- demander que *(verlangen)*
- exiger que *(verlangen)*
- faire en sorte que *(dafür sorgen)*
- interdire que
- ordonner que *(befehlen)*
- s'attendre à ce que *(erwarten)*

Mes parents n'ont pas interdit que je <u>lise</u> pendant la sieste.

unpersönliche Ausdrücke
- il arrive que *(es kommt vor)*
- il faut que *(man muss)*
- il importe que *(es ist erheblich)*
- il se peut que *(es kann passieren)*
- il est temps que
- il vaut mieux que *(es ist besser)*

Il vaut mieux que tu <u>apprennes</u> ton vocabulaire avant de faire tes devoirs !

S. 154 Imperativ

In der **Imperativform** lösen folgende Verben den *Subjonctif* aus:
<u>Dites-leur</u> qu'ils **fassent** bien leurs devoirs ! <u>Écrivez-leur</u> que les commandes **partent** à l'heure !

Il faut hat verschiedene Verwendungsmöglichkeiten:

il faut + Nomen	Dans la politique, il faut du courage.
il faut + Infinitiv	Parfois, il faut improviser. Il ne faut pas être têtu. = On ne doit pas être têtu.
il faut + indir. Pron. + Nomen	Il lui faudrait un peu d'élan.
il faut + indir. Pron. + Infinitiv	Il lui aurait fallu s'entraîner plus. = Il aurait dû s'entraîner plus.
il faut + que + Subjonctif	Il ne faut pas que tout le monde le sache.

Ausdruck eines Gefühls, einer Wertung

Folgende **Verben** und Ausdrücke eines **Gefühls** oder einer **Wertung** sind *Subjonctif*-**Auslöser**:

Ausdruck der Angst

je trouve dangereux que…
je crains que… *(fürchten)*
j'ai peur que…
je suis inquiet (-ète) que… *(beunruhigt)*

Ausdruck der Belustigung

Cela m'amuse que mon fils me peigne le visage !
auch mit Hervorhebung:
Ce qui m'amuse, c'est que mon fils me peigne le visage !

je trouve drôle, marrant que… *(witzig)*
c'est amusant que…

Ausdruck des Erstaunens

je trouve bizarre, étonnant que…
je suis étonné(e), surpris(e) que…
ça / cela m'étonne, me frappe *(beeindrucken)*, me surprend que…

Ausdruck der Zufriedenheit

j'admire, adore, aime, je comprends que…
je suis content(e), enchanté(e), fier (fière), heureux (-se), satisfait(e) que…
je trouve extraordinaire, fantastique, formidable, important, indispensable, intéressant, juste, mieux, nécessaire, normal, utile que…
c'est bien, génial, une chance que…
cela m'arrange, me rassure que…

Ausdruck des Bedauerns

je regrette que…
je suis désolé(e) que…
c'est bête, dommage, ennuyeux que…

Ausdruck der Empörung

C'est une honte *(Schande)* **qu'**il y ait tant de gens pauvres dans les pays riches.

j'ai honte que… *(sich schämen)*
je suis choqué(e), déçu(e) *(enttäuscht)* que…
c'est un malheur que…
c'est / je trouve désagréable, insupportable *(unerträglich)*, injuste, inutile que…
ça / cela m'agace *(auf die Nerven gehen)*, me déçoit *(enttäuschen)*, me déplaît, me dérange, m'énerve, m'ennuie, me gêne *(stören)*, m'inquiète que…

Ausdruck der Unzufriedenheit

je déteste, refuse *(ablehnen)*, supporte mal *(nur schwer ertragen)* que…
je suis fâché(e), furieux (-se), triste que…
c'est horrible, impossible, scandaleux que…

Ausdruck des Zweifels

je doute que…
c'est curieux, étrange, possible que…

Ausdruck des Sagens, des Denkens, des Meinens

Folgende **verneinte Verben** und **Ausdrücke** sind *Subjonctif*-**Auslöser**, weil sie dann eine **Unsicherheit** oder ein **Zweifel** ausdrücken:

Verben

Je n'ai pas l'impression que tu aies bien appris ta leçon !

Wichtigste Verben:
- ne pas admettre que *(annehmen)*
- ne pas aimer que
- ne pas croire que
- ne pas dire que
- ne pas être d'avis que
- ne pas penser que
- ne pas prétendre que *(behaupten)*
- ne pas trouver que ohne Adjektiv

unpersönliche Verben

Il ne me semble pas qu'il ait peur !
(es sieht nicht so aus als)

être + Adjektiv

Je suis convaincue que vous avez appris, mais **je ne suis pas sûre que** vous ayez bien compris !

Dazu passen Adjektive wie:
certain(e) *(sicher)*, convaincu(e) *(überzeugt)*, persuadé(e) *(überzeugt)*, sûr(e) *(sicher)*

unpersönliche Ausdrücke

C'est évident qu'il est content, mais ce n'est pas évident qu'il réussisse du premier coup !

Dazu passen Adjektive wie:
certain *(sicher)*, clair, évident *(offensichtlich)*, exact, probable *(wahrscheinlich)*, sûr, vrai

Auch bei **Fragen** wird der *Subjonctif* verwendet:
Crois-tu que ce soit bien ? **Penses-tu** qu'il ait raison ?

Nach der Aufforderung ***admettons que*** steht ebenfalls der *Subjonctif*:
Admettons que *(nehmen wir einmal an)* l'auteur de cet article se soit trompé.

Nach ***heureusement que*** und ***il paraît que*** steht der Indikativ:
Heureusement qu' *(ein Glück, dass)* / **Il paraît qu'** *(es heißt, dass)* } ils ne sont pas blessés !

Ausdruck einer Bitte, eines Vorschlags oder eines Wunsches

Folgende **Verben** des **Bittens**, des **Vorschlagens** oder des **Wünschens** sind *Subjonctif*-**Auslöser**:

accepter que *(damit einverstanden sein)*
aimer (mieux) que
attendre que
avoir envie que
je serais d'avis que
désirer que
permettre que *(gestatten)*
proposer que
préférer que
souhaiter que
supplier que *(anflehen)*
vouloir (bien) que

Je souhaite qu'on aille tous vivre dans une maison écologique.

Nach ***espérer que*** steht immer der Indikativ, und zwar das ***Futur simple***:
On **espère que** la faim dans le monde **sera** vaincue un jour.

Beim **selben Subjekt** wird der Nebensatz im *Subjonctif* durch eine **Infinitivkonstruktion** ersetzt:
Je propose que **tu** viennes avec nous. *Subjonctif*
Je propose de vous rejoindre quand j'aurai fini de travailler. = je propose et je rejoins

S. 217 Satzverkürzenden Konstruktionen

TIPP
Es gibt verschiedene Möglichkeiten, um den Nebensatz im Subjonctif zu ersetzen:
- eine **Nominalisierung**
  *Le théâtre doit être rénové **avant qu'il puisse réouvrir**.*
  *Le théâtre doit être rénové **avant sa réouverture**.*
- ein **Gérondif**
  ***Bien qu'il** ait du succès, il n'est pas heureux.*
  ***Tout en ayant** du succès, il…*
- eine **Infinitivkonstruktion**
  *Ils vont faire des efforts **afin qu'ils puissent** réussir leur examen.*
  *Ils vont faire des efforts **afin de pouvoir** réussir leur examen.*

Der *Subjonctif* nach mit *que* zusammengesetzten Konjunktionen:

à condition que, afin que, à moins que, à supposer que, avant que, bien que, de crainte que, de façon que, de manière que, de peur que, de sorte que, en attendant que, jusqu'à ce que, pour que, pourvu que, quoique, sans que

S. 89 commenter

S. 22 exposer, présenter

Folgende **mit *que* zusammengesetzte Konjunktionen** sind *Subjonctif*-**Auslöser**:

- Absicht: ***afin que, pour que*** *(damit)*

Le jeune homme aide la touriste **afin qu'**elle puisse trouver son chemin.

- Grund: ***de crainte que, de peur que*** *(aus Angst , dass)*

De peur / de crainte qu'il n'apprenne pas assez pour son examen, il ne sort plus.

- Bedingung: ***à condition que*** *(unter der Bedingung, dass)*, ***à supposer que*** *(vorausgesetzt, dass)*, ***pourvu que*** *(vorausgesetzt, dass)*, ***à moins que*** *(es sei denn)*

Les conducteurs protègeront l'environnement **à condition que** le convoiturage soit utilisé tous les jours.

- gewünschte Folge: ***de façon que, de manière que, de sorte que*** *(so, dass)*

Parlez plus fort **de sorte que** le public vous comprenne bien.

- Gegensatz: ***bien que, quoique*** *(obwohl)*

Bien que le médecin lui ait déconseillé, il a continué à faire du sport.

- Zeit: ***avant que*** *(bevor)*, ***en attendant que*** *(solange bis)*, ***jusqu'à ce que*** *(bis)*

Elle s'assoit **en attendant que** le train soit arrivé.

- Art und Weise: ***sans que*** *(ohne dass)*

Elle est partie **sans qu'**ils se disent au revoir.

autant que je sache = soviel ich weiß:
Autant que je sache, elle a un nouveau poste à Lyon, elle a déménagé la semaine dernière.

8

AKTIV UND PASSIV

Aktiv und Passiv

Passiv

S. 188

Van Gogh a peint ce tableau
→ *Ce tableau a été peint par Van Gogh*

il décrit qc → *qc est décrit par…*
il décrivait qc → *qc était décrit par…*
il décrivit qc → *qc fut décrit par…*
il décrira qc → *qc sera décrit par…*
il décrirait qc → *qc serait décrit par…*
il faut qu'il décrive qc → *il faut que qc soit décrit par…*

Passiversatz

S. 190

on trouve ce tableau au musée
ce tableau se trouve au musée

se laisser/se faire + Infinitiv

Vorgangs- und Zustandspassiv

S. 189

Vorgang = *le tableau fut peint par Van Gogh*
Zustand = *cette peinture est exposée à Amsterdam*

cette peinture est aimée de tous
les gens sont surpris du choix

8.1 Das Passiv

Aktiv- und Passivsatz

S. 48 décrire caractériser

Das **Passiv** wird mit ***être*** und dem ***Participe passé*** des Verbs aus dem Aktivsatz gebildet.
Das **Objekt des Aktivsatzes** wird **Subjekt des Passivsatzes**.

S. 158 *Passé composé*

Aktiv = Subjekt + Verb + direktes Objekt
Van Gogh **a peint** ce tableau en 1888.

Ce tableau **a été peint** **par** Van Gogh en 1888.
Passiv = Subjekt + *être + Participe passé* + *par*

Das Passiv kann nur mit **Verben mit direktem Objekt** (was, wen) gebildet sein.
Das ***Participe passé*** wird in Genus und Numerus **an das Subjekt angeglichen**:

Cette photo est pris**e** en plein jour. prendre une photo
Ces filles sont assis**es** l'une à côté de l'autre.
s'asseoir à côté de quelqu'un
Leurs cheveux sont décoiffé**s** par le vent.
le vent décoiffe leurs cheveux

Im Passiv übernimmt ***être*** die **Zeit des Verbes im Aktivsatz**:

S. 150	*Présent*	L'auteur **décrit** ce personnage en détail. → Ce personnage **est** décrit en détail par l'auteur.
S. 156	*Imparfait*	L'auteur **décrivait** toujours ses personnages en détail. → Ses personnages **étaient** toujours décrits en détail.
S. 164	*Passé simple*	L'auteur **décrivit** pour une fois ses personnages en détail. → Ses personnages **furent** pour une fois décrits en détail.
S. 168	*Futur simple*	L'auteur **décrira** dans son prochain roman ses personnages en détail. → Ses personnages **seront** décrits en détail dans son prochain roman.
S. 174	*Conditionnel présent*	S'il avait le temps, l'auteur **décrirait** ses personnages en détail. → S'il avait le temps, ses personnages **seraient** décrits en détail.
S. 180	*Subjonctif présent*	Il faut que l'auteur **décrive** ses personnages en détail. → Il faut que ses personnages **soient** décrits en détail.
S. 158	*Passé composé*	L'auteur **a décrit** pour une fois ses personnages en détail. → Ses personnages **ont été** pour une fois décrits en détail.
S. 165	*Plus-que-parfait*	Dans son premier roman, l'auteur **avait décrit** ses personnages en détail. → Dans son premier roman, ses personnages **avaient été** décrits en détail.
S. 171	*Futur antérieur*	Quand son roman sera fini, l'auteur **aura décrit** ses personnages en détail. → Quand son roman sera fini, ses personnages **auront été** décrits en détail.
S. 175	*Conditionnel passé*	S'il avait eu le temps, l'auteur **aurait décrit** ses personnages en détail. → S'il avait eu le temps, ses personnages **auraient été** décrits en détail.
S. 170	*Futur composé*	L'auteur **va décrire** dans son prochain roman ses personnages en détail. → Ses personnages **vont être** décrits en détail dans son prochain roman.
S. 166	*Passé récent*	Lauteur **vient de décrire** pour une fois ses personnages en détail. → Ses personnages **viennent d'être** pour une fois décrits en détail.

8.2 Vorgangs- und Zustandspassiv

Vorgangspassiv (im Deutschen mit *werden*) und **Zustandspassiv** (im Deutschen mit *sein*) werden beide mit ***être*** und dem ***Participe passé*** des Verbs aus dem Aktivsatz gebildet.

- Vorgangspassiv = ***être*** im ***Passé composé, Passé simple, Plus-que-parfait***

  Le tableau **a été** peint **par** Van Gogh.
  fut peint
  avait été peint

  par (+Urheber) wird hier immer hinzugefügt

- Zustandspassiv = ***être*** im ***Présent, Imparfait, Futur simple***

  Cette peinture **est** exposée à Amsterdam.
  Avant, cette toile n'**était** exposée dans aucun musée.
  Elle **sera** peut-être un jour exposée dans un autre musée.
  der Urheber wird nicht genannt

Das ***Participe passé*** wird an das **Subjekt angeglichen.**

Bei folgenden Verben wird der **Urheber** mit ***de*** angegeben:
Cette peinture **est aimée / connue / détestée / haïe / respectée de** tous.
Les gens **sont déçus / étonnés / surpris du** choix des couleurs.
À gauche du tableau, la chaise **est (re)couverte de** paille verte.
L'original du tableau **sera suivi d'**une deuxième version en 1889.
Accompagné de Paul Gauguin, Van Gogh souhaitait fonder un cercle d'artistes à Arles.

8.3 Passiversatz

S. 202 Reflexivpronomen

Das **Passiv** im Französischen wird oft **ersetzt** (im Deutschen = Passiv oder mit *man* wiedergegeben).

on + Verb in der 3. Person
On trouve une copie du tableau au musée d'Orsay à Paris.

reflexive Verbe
Une copie du tableau **se trouve** au musée d'Orsay à Paris.

der Urheber *(par)* wird nicht angegeben

***se laisser / se faire* + Infinitiv**
L'original a été abîmé. Van Gogh **s'est laissé convaincre par** son frère d'en réaliser une copie avant que l'original ne soit restauré.
En 1888, Van Gogh se coupe l'oreille et va **se faire soigner par** un médecin à Arles.

9

INDIREKTE REDE, INDIREKTE FRAGE

Indirekte Rede, Indirekte Frage

Zeitangaben
S. 196

hier → la veille
aujourd'hui → ce jour-là
demain → le lendemain

indirekte Rede
S. 192

Il dit : « Je te dis mon secret. »
→ Il dit qu'il me dit son secret.

Il ajoute que…
Il écrit que…
Il pense que…

Apprivoise-moi !
→ Il dit qu'on doit l'apprivoiser.
Il demande de l'apprivoiser.
Il veut / voudrait qu'on l'apprivoise.

Zeitenfolge
S. 195

- Hauptsatz im *Présent, Futur simple, Futur composé* = Indirekte Rede in derselben Zeit wie in der direkten Rede
- Hauptsatz im *Passé composé, Imparfait* oder *Passé simple* =
  Présent → Imparfait
  Passé composé → Plus-que-parfait
  Futur simple → Conditionnel présent
  Futur antérieur → Conditionnel passé

indirekte Frage
S. 193

« Les réseaux sociaux rendent-ils les ados dépressifs ? »
→ Il se demande si les réseaux sociaux rendent les ados dépressifs.

- Frage nach Personen = *qui* (Subjekt und Objekt)
  Qui est-ce qui est connecté ?
  → Il demande qui est connecté.
  Qui est-ce que les réseaux sociaux rendent dépressifs ?
  → Il demande qui les réseaux sociaux rendent dépressifs.
- Frage nach Sachen = *ce qui* (Subjekt)
  Qu'est-ce qui rend les ados dépressifs ?
  → Il demande ce qui rend les ados dépressifs.
- Frage nach Sachen = *ce que* (Objekt)
  Qu'est-ce que les parents doivent faire ?
  → Il demande ce que les parents doivent faire.

9.1 Die indirekte Rede

Satzstellung

S. 59 analyser

Die indirekte Rede wird eingeleitet durch einen **Hauptsatz** mit einem **redeeinleitenden Verb**, gefolgt von der Konjunktion ***que* ohne Komma**.
Die **Satzstellung** in der indirekten Rede ist immer die des **Aussagesatzes**.

Verb + ***que*** + **Aussagesatz**

Le Petit Prince dit : « Les grandes personnes sont décidément très très bizarres. »

direkte Rede mit Doppelpunkt und Anführungszeichen

↳ Le Petit Prince dit que les grandes personnes sont décidément très très bizarres.

indirekte Rede mit gleicher Satzstellung

Wichtigste **redeeinleitende** Verben des Sagens und Denkens (schriftlich und mündlich):
affirmer, apprécier, ajouter, dire, écrire, estimer, expliquer, penser, préciser, raconter, rajouter, répéter, savoir, trouver que

Anpassungen

S. 197 Objektpronomen

S. 137 Possessivbegleiter

Bei der indirekten Rede müssen die **Pronomen**, die **Verbendungen** und die **Begleiter** an die **berichtende Person angeglichen** werden.
Auch die **Zeitangaben** müssen **angepasst** werden (siehe S. 196).

Anpassung der **Pronomen**, **Verbendungen** und **Begleiter**

« Bien sûr, dit le renard… **Tu** n'**es** encore pour **moi** qu'un petit garçon… Adieu, dit le renard. Voici **mon** secret. Il est très simple : on ne voit bien qu'avec le cœur. »

↳ Le renard dit qu' **il** n'**est** encore pour **lui** qu'un petit garcon…
Le renard dit que **son** secret est très simple…

Die **Ortsangaben** bleiben unverändert. Nur ***ici*** wird zu ***là-bas***.

Imperativsatz

S. 154 Imperativ

Ein **Imperativsatz** in der direkten Rede wird durch einen Satz mit ***devoir***, einen **Infinitivsatz** oder einen Satz im ***Subjonctif*** wiedergegeben. Dabei ändern sich die **einleitenden Verben**.

« S'il te plaît… **apprivoise-moi** ! » dit-il.

Satz mit ***devoir***

↳ Il dit au Petit Prince qu'**il doit** l'apprivoiser.

Infinitivsatz

↳ Il demande au Petit Prince **de** l'**apprivoiser**.

S. 180 *Subjonctif*

Satz im ***Subjonctif***

↳ Il veut / voudrait que le Petit Prince l'**apprivoise**.

9.2 Die indirekte Frage

Die indirekte Gesamtfrage

S. 178
si

Die **indirekte Gesamtfrage** wird mit ***si*** eingeleitet.

↳ Dans cet article de journal, l'auteur se pose la question de savoir **si** les réseaux sociaux rendent les ados dépressifs.

Wichtigste frageeinleitende Verben:
(se) demander si
ignorer si *(nicht wissen)*
ne pas savoir si
vouloir savoir si
soulever *(aufwerfen)* / (se) poser la question de savoir si

Wie bei der indirekten Rede müssen die **Pronomen,** die **Verbendungen** und die **Begleiter** an die **fragende Person angeglichen** werden:
Un père demande : « Faut-il que j'oblige ma fille à déconnecter ? »
↳ Un père demande **s'il doit** obliger **sa** fille à déconnecter. Vor *il* wird *si* apostrophiert.

« Faut-il obliger les ados à déconnecter ? »
↳ On peut se demander **si** l'**on doit** obliger les ados à déconnecter. *On* nach *si* wird zu *l'on*.

Die indirekte Teilfrage

Mit der **indirekten Teilfrage** werden Fragen nach **Personen**, nach **Sachen** oder mit einem **Fragewort** wiedergegeben.

Fragen nach Personen = *qui*

L'Édition 11/01/2015
Qui (est-ce qui) est toujours connecté ?

↳ Le texte explique **qui** est toujours connecté.
Subjekt: **Les ados** sont toujours connectés.

L'Édition 11/01/2015
Qui est-ce que les réseaux sociaux rendent dépressifs ?
Qui les réseaux sociaux rendent-ils dépressifs ?

↳ Le texte soulève la question de savoir **qui** les réseaux sociaux rendent dépressifs.
Objekt: Les réseaux sociaux rendent **les ados** dépressifs.

S. 214 Relativpronomen

Fragen nach Sachen = *ce qui*

L'Édition 11/01/2015
Qu'est-ce qui rend les ados dépressifs ?

↳ Le texte explique **ce qui** rend les ados dépressifs.
Subjekt: **Les réseaux sociaux** rendent les ados dépressifs.

Fragen nach Sachen = *ce que*

L'Édition 11/01/2015
Qu'est-ce que les parents doivent faire ?
Que doivent faire les parents ?

↳ Le texte soulève la question de savoir **ce que** les parents doivent faire.
Objekt: Les parents doivent **les déconnecter**.

Fragen mit Fragewörtern

Les parents demandent : « **Comment, quand, pourquoi, où** sont-ils connectés ? »
↳ Les parents se demandent **comment, quand, pourquoi où** ils sont déconnectés.

TIPP
Die **Satzstellung** in der direkten Teilfrage ist immer die eines **Aussagesatzes**.

9.3 Die Zeitenfolge

Die indirekte Rede / Frage in der Gegenwart

Einleitungssatz im ***Présent***, ***Futur simple***, ***Futur composé*** = Indirekte Rede **in derselben Zeit** wie in der direkten Rede.

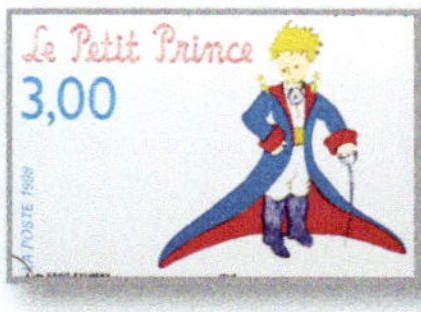

« Et j'**ai vu** un petit bonhomme (…) qui me **considérait** gravement. (…)
Mais mon dessin, bien sûr, **est** beaucoup moins ravissant que le modèle. (…)
J'**avais été découragé** dans ma carrière de peintre… »

↳ L'auteur écrit qu'il **a vu** un petit bonhomme qui le **considérait** gravement.
Il précise que son dessin, bien sûr, **est** beaucoup moins ravissant que le modèle.
Il explique qu'il **avait été découragé** dans sa carrière de peintre.

Die indirekte Rede / Frage in der Vergangenheit

S. 150 *Présent*
S. 156 *Imparfait*
S. 158 *Passé composé*
S. 165 *Plus-que-parfait*
S. 169 *Futur simple*
S. 171 *Futur antérieur*
S. 274 *Conditionnel présent*
S. 175 *Conditionnel passé*

Wenn der Einleitungssatz im ***Passé composé, Imparfait*** oder ***Passé simple*** steht, ergibt sich folgendes Zeitschema:

Le renard répondit : « Le langage **est** source de malentendus. »
Le renard dit : « Je ne **suis** pas **apprivoisé**. Ce **sera** merveilleux quand tu m'**auras apprivoisé** ! »

➧ ***Présent*** → ***Imparfait***
↳ Le renard a répondu que le langage **était** source de malentendus.

➧ ***Passé composé*** → ***Plus-que-parfait***
↳ Le renard a dit qu'il n'**était** pas **apprivoisé**.

➧ ***Futur simple*** → ***Conditionnel présent***
↳ Le renard a dit que ce **serait** merveilleux…

➧ ***Futur antérieur*** → ***Conditionnel passé***
↳ … quand il l'**aurait apprivoisé** !

In der Vergangenheitsform stehen bestimmte rede- bzw. frageeinleitende Verben eher im ***Passé composé*** (wie dire, affirmer, constater, préciser, répondre, déclarer, annoncer), andere eher im ***Imparfait*** (wie croire, penser, ignorer, ne pas savoir).

Imparfait, Plus-que-parfait und ***Conditionnel*** bleiben **unverändert**.
Eine Abweichung von der zwingenden Zeitenfolge ist nur dann möglich, wenn in der indirekten Rede eine **allgemeingültige Aussage** steht:

Mais celle-là **avait germé** un jour, d'une graine apportée d'on ne **sait** où,…

↳ L'auteur a raconté que cette fleur **avait germé** un jour, d'une graine apportée d'on ne **sait** où.

S. 180 *Subjonctif*

Der ***Subjonctif*** kommt nur vor, wenn das redeeinleitende Verb ein ***Subjonctif*-Auslöser** ist:
Le dessinateur a exigé que ses dessins ne **soient** jamais **utilisés** à des fins commerciales.

9.4 Die Zeitangaben

Die Zeitangaben müssen auch angepasst werden:

direkte Rede	indirekte Rede
Vergangenheit	
hier	la veille
avant-hier	deux jours avant
il y a deux jours	deux jours plus tôt
samedi dernier	le samedi précédent
la semaine / le mois / l'année dernier(-ère)	la semaine / le mois / l'année précédent(e)
Gegenwart	
maintenant	à ce moment-là
en ce moment	à ce moment-là
aujourd'hui	ce jour-là
ce matin / soir	ce matin / soir-là
cette semaine / année	cette semaine / année-là
Zukunft	
demain	le lendemain
après-demain	le surlendemain
dans deux jours	deux jours après
samedi prochain	le samedi suivant
la semaine / le mois / l'année prochain(e)	la semaine / le mois / l'année suivant(e)

TIPP

Siehe auch die zeitlichen Beziehungen S. 235

10

OBJEKTPRONOMEN, VERBERGÄNZUNGEN UND VERNEINUNG

Objektpronomen, Verbergänzungen und Verneinung

Verneinung
S. 204

ne … pas (encore)
ne … (plus) rien
ne … (plus) personne
ne … plus
ne … (plus) jamais
ne … encore jamais

ne … pas

pas un(e) seul(e), aucun(e), personne, rien

sans trac ni peur

direkte Objektpronomen
S. 198

me, m'
te, t'
le, la, l'
nous
vous
les

indirekte Objektpronomen bei Personen
S. 198

me, m'
te, t'
lui
nous
vous
leur

Abfolge Objektpronomen
S. 203

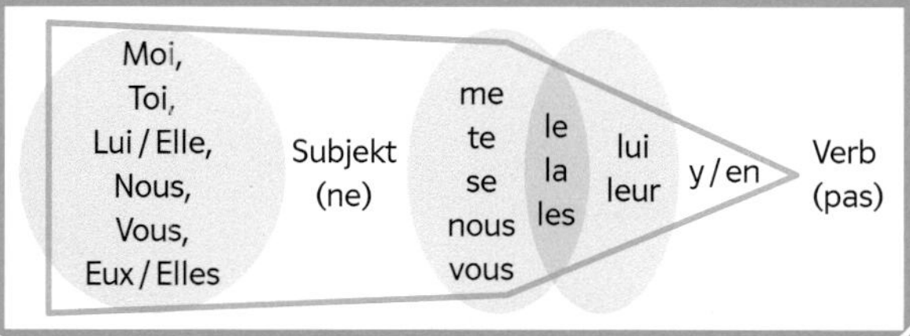

indirekte Objektpronomen bei Sachbezeichnungen: *y* und *en*
S. 200

j'y suis, j'y reste, j'y habite…
J'y pense souvent.

Ça y est ?
Allez-y !

J'arrive de Paris.
J'en parle souvent.

J'en ai un, beaucoup.
Je n'en ai pas.

Reflexivpronomen
S. 202

me, m'
te, t'
se, s'
nous
vous
se, s'

10.1 Die direkten Objektpronomen

Form

Direkte Objektpronomen ersetzen ein direktes Objekt (**Nomen** hinter Verben **ohne Präposition**).

➧ Singular
1. Pers. Sg. me
2. Pers. Sg. te
3. Pers. Sg. le Maskulinum
3. Pers. Sg. la Femininum

me, te, le und ***la*** werden **vor Vokal** und ***h muet*** **apostrophiert**

➧ Plural
1. Pers. Pl. nous
2. Pers. Pl. vous
3. Pers. Pl. les Maskulinum **und** Femininum

On = *nous* wird durch ***nous*** ersetzt:
On fait tous des choix écologiques,
les ampoules à basse consommation **nous** font utiliser 5 fois moins d'énergie.

Gebrauch

Me, te, nous und ***vous*** ersetzen **Personen**, ***le, la, les*** ersetzen **Personen** und **Sachbezeichnungen**.
Sie stehen in der Regel zwischen Subjekt(pronomen) und Verb.

➧ **zur Vermeidung von Wiederholungen**

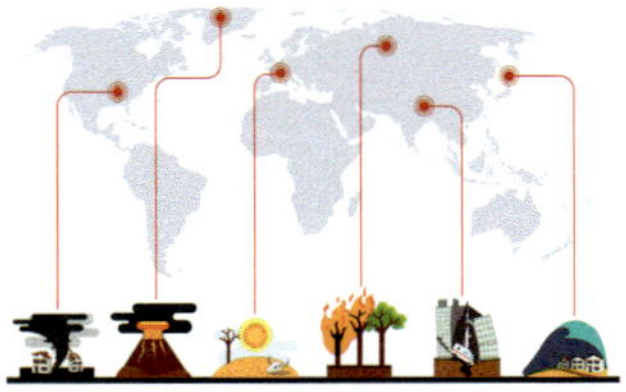

a. **Les** conséquences du changement climatique sont nombreuses.
b. **Ces** / **Ses** conséquences sont nombreuses.
↳ Cette illustration **les** décrit en détail.

➧ **vor *voici, voilà*** räumlich, zeitlich

Les températures ?
Les voici de nos jours…

… et **les voilà** dans quelques années !

le / l' (neutral) ersetzen einen Satz:
Les conséquences du changement climatique sont nombreuses.
↳ Tu l'avais déjà entendu ?

Französische Verben mit direktem Objekt – Deutsche Verben mit Dativ oder mit Präposition

aider qn:	Je **les** aide.	*(jdm helfen)*	écouter qn:	Je **les** écoute.	*(jdm zuhören)*
applaudir qn:	Je **l'**applaudis.	*(jdm applaudieren)*	féliciter qn:	Je **la** félicite.	*(jdm gratulieren)*
assister qn:	Je **les** assiste.	*(jdm beistehen)*	précéder qn:	Je **le** précède.	*(jdm vorangehen)*
attendre qn:	Je **les** attends.	*(auf jdn warten)*	remercier qn:	Je **la** remercie.	*(jdm danken)*
contredire qn:	Je **la** contredis.	*(jdm widersprechen)*	rencontrer qn:	Je **le** rencontre.	*(jdm begegnen)*
croire qn:	Je **le** crois.	*(jdm glauben)*	suivre qn:	Je **les** suis.	*(jdm folgen)*

10.2 Die indirekten Objektpronomen bei Personen

Form und Gebrauch

Diese **indirekten Objektpronomen ersetzen Personen**, die bei Verben **mit *à*** ein **indirektes Objekt** bilden. Sie stehen in der Regel auch zwischen Subjekt(pronomen) und Verb.

Singular

1. Pers. Sg. me
2. Pers. Sg. te
3. Pers. Sg. lui Maskulinum **und** Femininum

Elle **m'**a envoyé une invitation,
je vais **lui** écrire un mail pour la remercier.

me, te werden **vor Vokal** und ***h muet*** **apostrophiert, *lui* nicht!**

Plural

1. Pers. Pl. nous
2. Pers. Pl. vous
3. Pers. Pl. leur Maskulinum **und** Femininum

Je parle en français aux élèves.

↳ Je **leur** parle en français
… et ils **me** répondent individuellement !

Wichtigste Verben:

acheter qc à qn		montrer qc à qn	
apporter qc à qn		obéir à qn	*(jdm gehorchen)*
demander qc **à qn**	*(jdn etw. fragen)*	offrir qc à qn	
dire qc à qn		parler **à qn**	*(mit jdm sprechen)*
distribuer qc à qn	*(etw. an jdn verteilen)*	plaire à qn	*(jdm gefallen)*
donner qc à qn		prendre qc à qn	*(jdm etw. wegnehmen)*
écrire qc à qn		prêter qc à qn	*(jdm etw. leihen)*
emprunter qc **à qn**	*(etw. von jdm ausleihen)*	raconter qc à qn	
enlever qc à qn		rappeler qc **à qn**	*(jdn an etw. erinnern)*
envoyer qc à qn		rendre visite **à qn**	*(jdn besuchen)*
expliquer qc à qn		répondre **à qn / qc**	*(jdm / auf etw. antworten)*
faire envie **à qn**	*(jdn neidisch machen)*	servir à qn de qc	*(jdm als etw. dienen)*
manquer à qn		souhaiter qc à qn	
mentir **à qn**	*(jdn belügen)*	téléphoner **à qn**	*(jdn anrufen)*

S. 206 Unverbundene Pronomen

Bei diesen Verben werden die Personen durch die unverbundenen Pronomen ersetzt:

J'ai affaire **à eux**.	*(Ich habe es mit ihnen zu tun.)*
Je le compare **à moi**.	*(Ich vergleiche ihn mit mir.)*
Je fais attention **à elles**.	*(Ich passe auf sie auf.)*
Je pense **à toi**.	*(Ich denke an dich.)*
Je prends garde **à moi**.	*(Ich achte auf mich.)*
Je renonce **à eux**.	*(Ich verzichte auf sie.)*
Je songe **à toi**.	*(Ich denke an dich.)*
Je tiens **à elles**.	*(Ich hänge an ihnen.)*
Je m'adresse **à toi**.	*(Ich wende mich an dich.)*
Je m'attaque **à eux**.	*(Ich greife sie an.)*
Je me confie **à elles**.	*(Ich vertraue mich ihnen an.)*
Je m'intéresse **à elles**.	*(Ich interessiere mich für sie.)*
Je m'habitue **à toi**.	*(Ich gewöhne mich an dich.)*
Je me plains **à eux**.	*(Ich beschwere mich bei ihnen.)*

Elle pense à eux.

Il s'adresse à eux en français.

10.3 Die indirekten Objektpronomen bei Sachbezeichnungen: *y* und *en*

Gebrauch von *y*

S. 33
résumer

y ist Stellvertreter für alle **Ortsangaben mit *à*** sowie für alle **mit *à*** eingeleiteten Wortgruppen, wenn sie **Sachbezeichnungen** betreffen.

S. 249
Räumliche
Beziehungen

bei Ortsangaben mit *à, dans, en, sous, sur,...*

Je suis en ce moment à Nice.
↳ J'**y** suis pour un cours de langues.
J'habite dans une maison.
↳ J'**y** habite avec ma famille d'accueil.
Je reste donc en France.
↳ J'**y** reste deux semaines.
Nous mangeons souvent sur la terrasse.
↳ Nous **y** mangeons quand il fait beau.
Nous restons à l'ombre sous les arbres.
↳ Nous **y** restons lorsqu'il fait trop chaud.

bei mit *à* eingeleiteten Wortgruppen

Je pense déjà au métier que je ferai plus tard.
↳ J'**y** pense souvent.
Sachen

Je tiens à faire un autre stage l'année prochaine.
↳ J'**y** tiens vraiment, c'est super !
Infinitiv

Weitere Verben mit ***à*** + **Sachbezeichnungen**:
Je vais m'adapter à ce pays. Il faut que je **m'y adapte** !
Je ne comprends rien à cet exercice. Je n'**y comprends** vraiment rien !
Je vais me consacrer à ses études. Il faut que je **m'y consacre** dès aujourd'hui !
Est-ce que tu crois au destin ? Moi, j'**y crois** !
Je fais attention à l'orthographe, j'**y fais attention** pour ne pas faire de fautes.
Je m'habitue à ma nouvelle ville. Je m'**y suis habitué** plus vite que je ne le pensais !
– Tu t'intéresses à la politique ? • Oui, je **m'y intéresse** de plus en plus.
– Tu joues au volley ? • Oui, j'**y joue** plusieurs fois par semaine.
Je participe au colloque. J'**y participe** pour la deuxième fois.
Je réfléchis à son avenir. J'**y réfléchis** souvent.
Je ne renoncerai pas à mes études. Je n'**y renoncerai** jamais !
J'ai oublié de répondre à ce mail, j'**y réponds** tout de suite !
J'ai réussi à mon examen. J'**y** ai **réussi** après avoir beaucoup travaillé.
Je songe à mon stage. J'**y songe** tout le temps.

– **Ça y est ?**	*(Bist du soweit?)*
• Voilà, **j'y suis** !	*(Ich bin soweit!)*
Je **n'y suis pour rien !**	*(Ich kann nichts dafür!)*
Vas-y ! **Allez-y** !	*(Los!)*
Bien sûr que **je m'y connais** !	*(Ich kenne mich aus!)*

y kann nicht verwendet werden vor Verbformen von ***aller*** im *Futur simple* oder *Conditionnel simple:*
Il veut aller **au Brésil**. Il ira **là-bas** peut-être l'année prochaine… Il irait **là-bas** s'il avait l'argent.

Gebrauch von *en*

S. 33
résumer

en ist Stellvertreter für **Ortsangaben mit *de***, für **Sachbezeichnungen** als **indirektes Objekt mit *de*** und mit **unbestimmtem Artikel** oder dem **Teilungsartikel** und für **Besitzverhältnisse mit *de*.**
Es steht auch bei **Mengenangaben** und **Zahlwörtern**.

S. 249
Räumliche
Beziehungen

Ortsangaben mit *de*

- Tu viens <u>de</u> France ? Tu arrives <u>de</u> Paris ?
- Oui, j'**en** viens, j'**en** suis arrivé à 8 h 25.

Sachbezeichnungen als **indirektes Objekt mit *de***

- Salut ! Tu me <u>parles</u> un peu <u>de</u> ton voyage ?
- Salut ! Oui, je vais t'**en** parler en détail !

Sachbezeichnungen mit **unbestimmtem Artikel** Singular oder Plural

- Il y a eu <u>des</u> contrôles de passagers à l'arrivée ?
- Oui, j'**en** ai eu.

- Tu as pris <u>un</u> taxi pour rentrer chez toi ?
- Non, je n'**en** ai pas pris. J'ai pris le train.

Sachbezeichnungen mit dem **Teilungsartikel**

- Tu as eu <u>de la</u> chance que ton train soit à l'heure !
- Oui, pour une fois, j'**en** ai eu !

Besitzverhältnisse mit *de*

- Tu connaissais le chemin <u>de</u> la gare ?
- Oui, j'**en** connais le chemin car je l'ai déjà fait plusieurs fois.

S. 129
Mengen-
bezeichnungen

bei **Mengenangaben**

- Tu avais <u>beaucoup de</u> bagages ?
- Oui, j'**en** avais **beaucoup**.

bei **Zahlwörtern**

- Tu as <u>une</u> seule <u>nationalité</u> ?
- Non, j'**en** ai deux !

- Tu as aussi <u>un</u> passeport français ?
- Non, je n'**en** ai pas.

bei der Verneinung steht nur *en*, kein Zahlwort

TIPP
Achten Sie auf folgende Wendungen:
J'en ai assez ! (Mir reicht's!) *Tu m'en veux ?* (Bist du mir böse?)
Je n'en reviens pas ! (Ich fasse es nicht!) *Il n'en est pas question !* (Auf keinen Fall!)
Ne vous en faites pas ! (Machen Sie sich keine Sorge!)

10.4 Die Reflexivpronomen

Form

S. 160 und 162 Hilfsverb *être*

Reflexivpronomen stehen in **derselben Person** wie das **Subjekt**.
Sie stehen in der Regel auch zwischen Subjekt(pronomen) und Verb.

Singular
- 1. Pers. Sg. me
- 2. Pers. Sg. te
- 3. Pers. Sg. se Maskulinum **und** Femininum

Plural
- 1. Pers. Pl. nous
- 2. Pers. Pl. vous
- 3. Pers. Pl. se Maskulinum **und** Femininum

me, te, se werden **vor Vokal** und ***h muet*** **apostrophiert**

Je **m'**engage à éteindre la lumière et les appareils en veille.
Tu **t'**engages à ne pas gaspiller l'eau.
Il / Elle / On **s'**engage à privilégier le vélo.
Nous **nous** engageons à recycler nos déchets.
Vous **vous** engagez à utiliser les énergies renouvelables.
Ils / Elles **s'**engagent à consommer des produits locaux et de saison.

Gebrauch

Die **Reflexivpronomen** können **direktes** und **indirektes** Objekt sein.

direktes Objekt

À la COP 21, les pays **se** sont **concertés** pour aboutir à un accord international sur le climat.
Das *Participe passé « concerté »* wird mit dem vorangehenden direkten Objekt *se* angeglichen.

indirektes Objekt

Les pays **se** sont **posé des questions** pour savoir comment réduire les émissions de gaz à effet de serre.
se : indirektes Objekt
des questions : direktes Objekt

S. 190 Passiversatz

On wird im Passiv durch ***se*** ersetzt:
On fait des choix écologiques tous les jours.
Les choix écologiques **se** font tous les jours !

S. 206 Unverbundene Pronomen

Beim **Imperativ** werden die **unverbundenen Pronomen** verwendet:
Pose-toi la question : est-ce que tu agis pour la planète ?
Ne te pose pas de question et agis écologiquement !

10.5 Die Abfolge der Objektpronomen

Übersicht

Die **Objektpronomen** stehen in einer **strikten Reihenfolge**

Moi, Toi, Lui / Elle, Nous, Vous, Eux / Elles | Subjekt (ne) | me, te, se, nous, vous | le, la, les | lui, leur | y / en | Verb (pas)

TIPP

- Beim bejahten Imperativ kommen beide Pronomen nach dem Verb mit Bindestrichen: *Dis-le-lui ! Dites-le-leur !*
- *Me* wird zu *moi* und *te* zu *toi*. *Dis-le-moi ! Adresse-toi à elle !*

Einfache und mit dem *Participe passé* zusammengesetzte Verbformen

S. 188 *Passé composé*

Die Objektpronomen stehen **vor dem konjugierten Verb.**
y und ***en*** sind die einzigen, die **mit allen anderen** vorhergehenden in Verbindung treten können.
Die anderen Gruppen sind nur mit der jeweils folgenden Gruppe kombinierbar.
Die **Negation** schließt Pronomen und konjugiertes Verb ein.

Elles, elles ne **nous l'**ont pas dit.
On **le leur** a expliqué.
aber: Elle **nous** a présentés **à eux**.
présenter qn à qn

Nous, nous **nous en** sommes occupés.
Nous ne **les en** avons pas informés.
Nous ne **leur en** avons pas parlé.

y und ***en*** kommen nur in der Fügung ***il y en a*** zusammen: Il **y en** a beaucoup / plusieurs / deux etc…

Futur composé, passé récent und die Modalverben + Infinitiv

S. 152 Modalverben

Die Objektpronomen stehen **vor dem Infinitiv.**

L'auteure vient de terminer son nouveau livre. Elle veut **le** faire connaître au grand public.
Elle va **le lui** présenter lors de la foire du livre. Elle voudrait **leur en** expliquer le contenu.

Zu dieser Gruppe gehören auch die Fügungen ***il faut faire qc*** und ***aller / venir voir qn***.

Faire / Laisser und die Verben der Wahrnehmung + Infinitiv

Die Objektpronomen stehen **vor dem konjugierten Verb.**
y und ***en*** stehen vor dem Verb, auf das sie sich **inhaltlich beziehen.**

Elle a envie de manger du chocolat :
Je **l'ai** laissé **en** manger. (aber: je ne l'ai pas laissé **en manger**.)
Je **ne lui ai pas** fait remarquer que c'était les miens !

Bei ***faire / laisser*** **+ Infinitiv** wird das *Participe passé* nie verändert.

10.6 Die Verneinung

ne … pas, ne … plus, ne … jamais, ne … rien, ne … personne

S. 20 exposer, présenter

Die Verneinung besteht aus zwei Elementen: ***ne***, das **unmittelbar auf das Subjekt folgt**, und einem **zweiten Bestandteil**, der **nach dem konjugierten Verb** steht.

- ***ne … pas (encore)*** (noch) nicht
  Je **n**'ai **pas (encore)** compris !
- ***ne … plus*** nicht mehr
  Je **n**'ai **plus** eu le temps !
- ***ne … (plus) rien*** nichts (mehr)
  À la fin, je **n**'ai (**plus**) **rien** compris.
- ***ne … (plus) jamais*** nie (mehr)
  Je **n**'ai **(plus) jamais** eu le temps !
- ***ne … (plus) personne*** niemanden (mehr)
  Je **n**'ai **(plus)** vu **personne**.
- ***ne … encore jamais*** noch nie
  Je **n**'ai **encore jamais** entendu ça !

In der gesprochenen Sprache entfällt das ***ne*** in der Regel.

ne … que ist eine Einschränkung und gleichbedeutend mit ***seulement***:
Il **n**'arrive **qu**'à minuit. *(erst)* – Il **ne** connaît **que** son plaisir. *(nur)*

Verneinung unbestimmter Mengen

S. 130 Mengenbegleiter

Bei der Verneinung unbestimmter Mengen steht ***de*** nach der Negation, außer nach ***être***:

Tout le monde fait **des** fautes.
Elle **ne** fait **pas de** fautes.
Ce **ne** sont **pas des** fautes. nach *être*

pas un(e) seul(e), aucun(e), personne und *rien*

pas un(e) seul(e), aucun(e), personne und ***rien*** können Subjekt oder Objekt eines Satzes sein:

Rien / **Personne** / **Pas un seul** / **Aucun** **ne** – 'impressionne.

Il **ne** respecte – **rien**. / **personne**. / **pas un seul** / **aucun** d'entre eux.

Da es sich bei ***pas un(e) seul(e)*** und ***aucun(e)*** um (negative) Mengenangaben handelt, muss in den Fällen, in denen sie als direktes Objekt für Sachen stehen, vor dem Verb ***en*** stehen:
Elle n'accepte pas un seul **argument**. Elle **n'en** accepte **pas un seul**.

aucun(e) und ***personne*** können auch ohne die Partikel ***ne*** in Kurzantworten verwendet werden:
– Combien de livres as-tu achetés ? • **Aucun.**

sans

Eine Verneinung kann auch durch ***sans*** ausgedrückt werden:

Elle parle en public **sans** trac **ni** peur. *(ohne Lampenfieber noch Angst)*

11

PRONOMEN

Pronomen

indefinite Pronomen
S. 209

quelqu'un
personne ne … / ne… personne
beaucoup (viele)
n'importe qui
tout le monde
on

quelque chose
rien ne … / ne… rien
beaucoup (viel(es))
n'importe quoi
tout (alles)

aucun, aucune ne…
= pas un seul, pas une seule ne…
un autre, une autre
l'autre
chacun, chacune

tous, toutes (alle)
les autres
d'autres
quelques-uns, quelques-unes
certains, certaines
plusieurs
la plupart
beaucoup (viele)

unverbundene Pronomen
S. 206

moi
toi
lui, elle
nous
vous
eux, elles

soi

Demonstrativpronomen
S. 207

celui à, avec, de, sur…
celle-ci, celle-là
ceux qui, que…
celles dont, où…

ce, c'
ceci
cela, ça

Possessivpronomen
S. 208

c'est / ce sont…
le(s) mien(s), la/les mienne(s)
le(s) tien(s), la/les tienne(s)
le(s) sien(s), la/les sienne(s)
le(s) nôtre(s)
le(s) vôtre(s)
le(s) leur(s)

11.1 Die unverbundenen Pronomen

Form

Neben den direkt mit dem Verb verbundenen Subjektpronomen *(je, tu, il / elle / on, nous, vous, ils / elles)* gibt es noch die **unverbundenen Pronomen**.

Singular
- 1. Pers. Sg. moi
- 2. Pers. Sg. toi
- 3. Pers. Sg. lui Maskulinum
- 3. Pers. Sg. elle Femininum

Plural
- 1. Pers. Pl. nous
- 2. Pers. Pl. vous
- 3. Pers. Pl. eux Maskulinum
- 3. Pers. Pl. elles Femininum

Soi kann nur in unbestimmten Ausdrücken ohne konkrete Person verwendet werden:
Il ne faut jamais penser qu'à soi-même. *(an sich denken)* Chacun pour soi ! *(Jeder für sich!)*
On est toujours bien chez soi. *(bei sich zu Hause)* Cela va de soi ! *(Das ist selbstverständlich!)*

Gebrauch

Die unverbundenen Pronomen stehen **allein**, beim **Vergleich**, im **Imperativsatz**, nach **Präpositionen**, nach ***être*** und zur **Verstärkung**.

S. 229 Vergleiche

allein

- Qui connaît la réponse ? **Toi** ? *(Du?)*
- Oui, **moi** ! *(Ich!)*
- **Moi** aussi ! *(Ich auch!)*
- Non, pas **moi** ! ohne *ne* *(Ich nicht!)*

auch: Moi si ! *(Ich doch!)*
Moi non plus ! *(Ich auch nicht!)*

beim Vergleich

L'homme à gauche est petit, l'homme à droite est beaucoup **plus** grand **que lui**.

S. 154 Imperativ

im Imperativsatz

Réponds-**moi** !

nach Präpositionen

- Tu te souviens **d'elle** ?
- Oui, bien sûr, je me souviens **de toi** !

nach *être*

Oui, c'est **moi(-même)** !
c'est nous, c'est vous
aber: *ce sont eux, ce sont elles*

zur Verstärkung als Subjekt oder Objekt
mit einem Komma abgetrennt

Moi, je vais présenter l'auteur et **toi, tu** pourras alors parler de l'histoire.
(ich, du betont)

Lui, je le laisse travailler tout seul.
À elles, je leur explique encore une fois.

Mit dem Subjekt ***on*** wird ***nous*** als Verstärkung verwendet: **Nous, on** est contents.

11.2 Die Demonstrativpronomen

Form

S. 60 analyser

Die **Demonstrativpronomen** ersetzen ein vorher erwähntes Nomen oder einen Sachverhalt. Sie richten sich nach **Genus und Numerus ihres ersetzten Nomens.**

S. 132 Demonstrativbegleiter

- ***celui*** (Maskulinum Singular)
  L'auteur mentionne un grave problème, à savoir celui du quart-monde.
- ***celle*** (Femininum Singular)
  – Quelle est la meilleure énergie ?
  • Celle qui est la plus propre.
- ***ceux*** (Maskulinum Plural)
  – Est-ce que ce sont tes arguments ?
  • Non, ce sont ceux de l'auteur.
- ***celles*** (Femininum Plural)
  Je pense que ses idées sont absurdes, celles qu'il développe à la fin de son discours.
- ***ce, c'*** (vor Vokal)
  neutral, unveränderlich
  Subjekt vor *être*
  – **C'**est juste ?
  • Non, **ce** n'est pas tout à fait juste.
- ***ceci***
  neutral, unveränderlich
  folgender Gegenstand oder Sachverhalt

Ceci est une réflexion sur les rapports entre mot et représentation.

- ***cela, ça*** (gesprochen)
  neutral, unveränderlich
  Cela fait une semaine qu'il est parti.
  Je ne pense qu'à **cela**.
  Bonjour, comment **ça** va ?
  Je n'ai jamais vu **ça** !
- ***ceci, cela***
  neutral, unveränderlich
  Gegenüberstellung
  Dans une discussion, un tel pense **ceci**, un autre pense **cela**.

Gebrauch

Die Demonstrativpronomen können **nie allein** verwendet werden.

- mit ***-ci / -là***
  Celui-ci s'appelle Philippe (näher) et **celui-là**, c'est Driss (weiter).

- mit einer **Präposition *à, avec, de, sur,...***
  Celui de gauche, c'est Philippe, **celui sur** l'affiche à droite s'appelle Driss.

S. 214 Relativpronomen

- mit einem **Relativpronomen *qui, que, dont, où***

Le G8 regroupe plusieurs pays.
Parmi **ceux qui** font partie de l'UE, on retrouve la France et l'Allemagne.

Kommen in einem Satz **Personal-** und **Demonstrativpronomen** vor, ersetzt ***celui-ci, celle ci*** immer das **Objekt**.
Magritte a peint ce tableau. Il a appelé celui-ci *La trahison des images*.

11.3 Die Possessivpronomen

Form und Gebrauch

S. 134 Possessivbegleiter

S. 192 Indirekte Rede

Die **Possessivpronomen** ersetzen ein Nomen. Sie drücken eine **Zuordnung** oder eine **Zugehörigkeit zu** einer **Person** oder **Sache** aus, dies kann auch ein Besitz sein.
Sie richten sich nach **Genus und Numerus ihres ersetzten Nomens**.

Maskulinum Singular

mon livre	c'est le mien
ton livre	c'est le tien
son livre	c'est le sien
notre livre	c'est le nôtre
votre livre	c'est le vôtre
leur livre	c'est le leur

Femininum Singular

ma télé	c'est la mienne
ta télé	c'est la tienne
sa télé	c'est la sienne
notre télé	c'est la nôtre
votre télé	c'est la vôtre
leur télé	c'est la leur

Maskulinum Plural

mes livres	ce sont les miens
tes livres	ce sont les tiens
ses livres	ce sont les siens

Femininum Plural

mes télés	ce sont les miennes
tes télés	ce sont les tiennes
ses télés	ce sont les siennes

Plural bei mehreren Besitzern

- ce sont les nôtres
- ce sont les vôtres
- ce sont les leurs

Anders als im Deutschen richtet sich das **Genus** des Possessivbegleiters **ausschließlich nach dem Nomen**, vor dem er steht. Das Genus des „Besitzers" spielt dagegen keine Rolle.
Gleiches gilt auch für die **Possessivpronomen**. Diese werden immer mit ***le, la*** oder ***les*** verwendet:

La chef n'a pas pris son portable,
mais la secrétaire a pris **le sien**.
= le portable de la secrétaire (Gegenstand im Maskulinum, weibliche Besitzerin)

La fille n'a pas encore de tablette, alors son père lui prête **la sienne**.
= la tablette du père (Gegenstand im Femininum, männlicher Besitzer)

Beachten Sie die Aussprache:
notre maison [nɔtrə] – la nôtre [notr]
votre maison [vɔtrə] – la vôtre [votr]

11.4 Die indefiniten Pronomen

Undefinierte Menge

S. 127 Indefinite Begleiter

S. 204 Verneinung

Diese **indefiniten Pronomen** setzen den Bezug auf eine **undefinierte Menge** voraus. Sie können sich auf **Personen** oder auf **Sachen** beziehen. Sie sind **unveränderlich**.

Person(en)		Sache(n)
quelqu'un *(jemand)*	⟷	quelque chose *(etwas)*
personne ne … / ne … personne *(niemand)*	⟷	rien ne … / ne … rien *(nichts)*
beaucoup *(viele)*	⟷	beaucoup *(viel(es))*
n'importe qui *(jeder, irgendjemand)*	⟷	n'importe quoi *(alles, irgendetwas)*
tout le monde *(alle)*	⟷	tout *(alles)*
on *(man)*		

Quelqu'un / Personne, quelque chose / rien können mit einem Adjektiv oder den Adverbien ***bien*** und ***mal*** durch ***de*** verbunden werden:

Mon nouvel employé est **quelqu'un de** bien *(jemand Gutes)*.
En fait, il n'y a **personne de** désagréable dans mon équipe *(niemand Unangenehmes)*.

Dans les nouvelles tendances, il n'y a pas vraiment **quelque chose de** nouveau *(etwas Neues)*,
pour ainsi dire **rien d'**intéressant *(nichts Interessantes)*.

Außer bei ***beaucoup*** (viele) steht das Verb im Singular:
Beaucoup sont du même avis. *(Viele sind derselben Meinung.)*
Tout le monde en parle. *(Alle reden davon.)*

Das indefinite ***on*** darf nicht verwechselt werden mit dem Ersatzpronomen für ***nous***:
On ne peut pas tout savoir. *(Man kann nicht alles wissen.)*
On s'est bien amusé(e)(s). *(Wir haben uns gut amüsiert.)*

Mit Ausnahme von ***on*** können die indefiniten Pronomen auch als Objekt stehen:
N'importe qui peut faire **n'importe quoi**.

Wenn ***personne*** und ***rien*** allein verwendet werden, entfällt ***ne***:
– Il n'y a vraiment personne de désagréable ? • Non, **personne**.
– Il n'y a vraiment rien d'intéressant ? • Non, **rien**.

Bezug auf eine Gruppe

Diese **indefiniten Pronomen** setzen den Bezug auf **eine (gedachte oder vorher erwähnte) Gruppe** voraus. Sie können sich sowohl auf Personen als auch auf Sachen beziehen. Sie sind **veränderlich**.

Singular		Plural
aucun, aucune ne … *(kein(e))* = pas un seul, pas une seule ne … *(kein(e) einzige(r, s))*	⟷	tous, toutes *(alle)*
un autre, une autre *(ein(e) andere(r, s))* l'autre *(der / die / das andere)*	⟷	les autres *(die anderen)* d'autres *(andere)*
chacun, chacune *(jede(r, s))*	⟷	quelques-uns, quelques-unes *(einige)* certains, certaines *(ein paar)* plusieurs *(mehrere)* la plupart *(die meisten)* beaucoup *(viele)*

Wenn ***aucun(e)*** und ***pas un(e) seul(e)*** allein verwendet werden, entfällt ***ne***:
– Tu as lu ces romans ? • Non, **aucun**.
– Tu as rencontré tes copines ? • Non, **pas une seule**.

Die gedachte oder vorher erwähnte **Gruppe** kann nach ***aucun(e)*** und ***pas un(e) seul(e)*** auch durch ***de*** ausgedrückt werden:
Aucun / Pas un seul de ces romans ne m'a plu. Je n'ai lu **aucune / pas une seule de** ces histoires.

Nach Präpositionen kann nur ***aucun(e)*** stehen:
– Tu as chatté avec tes copines ? • Non, **avec aucune**.

Alle die oben genannten Pronomen können vor einem **Relativpronomen** stehen, außer ***chacun(e)***. Dafür wird ***tous ceux qui / que***, ***toutes celles qui / que*** verwendet:
Toutes celles avec qui j'ai chatté étaient sympas mais il n'y en a **aucune qui** ait pensé à mon anniversaire.

Die gedachte oder vorher erwähnte **Gruppe** kann nach ***quelques-un(e)s***, ***certain(e)s***, ***plusieurs***, ***la plupart*** und ***beaucoup*** auch durch ***de*** ausgedrückt werden:
Plusieurs / La plupart / Beaucoup de mes élèves sont très bons en français.
Après le bac, je revois souvent **certains d'entre eux**. *entre* + unverbundene Pronomen
J'**en** ai revu **certains** après le bac.

Alle – der, die, das ganze …
alle: **Tous** sont venus. / Ils sont **tous** venus. [tus]
alle: **Toutes** sont parties. / Elles sont **toutes** parties. [tut]
alle, jeder: **Tout le monde** est parti. [tu]
alles: **Tout** s'est bien passé. [tu]
alle: **Tous les** professeurs sont compétents. [tu]
alle: **Toutes les** matières sont intéressantes. [tut]
das ganze: **Tout le** lycée est content. [tu]
die ganze: **Toute la** classe est contente. [tut]

TIPP
S. 128 *tout le, toute la …*
S. 227 *tout als Adverb*

12

RELATIVSÄTZE

Relativsätze

Subjonctif im Relativsatz
S. 216

C'est le meilleur film que j'aie jamais vu.

Ils ne voient personne qui puisse…

J'aimerais trouver un emploi où je puisse travailler…

C'est le seul groupe écologique qui est actif
J'espère pouvoir appliquer les connaissances que j'ai acquises…
Ils ne voyaient personne qui aurait pu les supporter.

Relativpronomen *qui* und *que*
S. 212

qui = Subjekt
L'article qui est paru dans…

qui = nach Präpositionen für Personen
l'homme avec qui je parle

que = Objekt
L'atmosphère que l'auteur évoque

Relativpronomen *dont*
S. 213

Les moyens dont l'auteur se sert… (se servir de)

Relativpronomen *lequel*
S. 215

nach Präpositionen = *lequel*
(laquelle, lesquels, lesquelles)

à + lequel = auquel
à + laquelle = à laquelle
à + lesquels = auxquels
à + lesquelles = auxquelles

de + lequel = duquel
de + laquelle = de laquelle
de + lesquels = desquels
de + lesquelles = desquelles

Hervorhebung
S. 213

c'est moi qui suis…

c'est le résultat que tu dois trouver

c'est le livre dont ils ont besoin

ce qui/que …, c'est/ce sont…

Relativpronomen *ce qui, ce que, ce dont* und *celui qui, celui que, celui dont*
S. 214

ce qui = Subjekt
ce que = Objekt
ce dont = Objekt mit *de*

celui/celle/ceux/celles qui = Subjekt
celui/celle/ceux/celles que = Objekt
celui/celle/ceux/celles dont = Objekt mit *de*

12.1 Die Relativpronomen *qui* und *que*

qui, que

S. 34 résumer

Relativsätze verschmelzen **zwei Sätze** zu einem, indem sie **ein Nomen durch ein Relativpronomen ersetzen**.

qui = Subjekt (Sachen)

L'article présente des idées nouvelles. **Cet article** est paru dans….

↳ **L'article qui** est paru dans… présente des idées nouvelles.
↳ **L'article qui** présente des idées nouvelles est paru dans…

qui = Subjekt (Personen)

La photo montre **des femmes**. **Ces femmes** sont très engagées.

↳ La photo montre des **femmes qui** sont très engagées.

que = Objekt (Sachen)

L'auteur évoque **une atmosphère**. **Cette atmosphère** fait frissonner le lecteur.

↳ **L'atmosphère que** l'auteur évoque fait frissonner le lecteur.

que = Objekt (Personen)

L'illustrateur dessine **les personnages**. **Ces personnages** ont tous des caractères individuels.

↳ **Les personnages que** l'illustrateur dessine ont tous des caractères individuels.

Nach Präpositionen wird ***qui*** für Personen benutzt:

Le reporter a parlé avec **un réfugié. Ce réfugié** était timide.

↳ **Le réfugié avec qui** le reporter a parlé était timide.

S. 160 Hilfsverb *être*

Da das **Relativpronomen *que*** als direktes Objektpronomen **dem Verb vorangeht**, **gleicht sich** das *Participe Passé* seinem Bezugsnomen an:

On parle toujours de **la lettre que** le président a adressé**e** à l'ONU. → il a adressé une lettre

On parle toujours **des lettres que** les présidents se sont adressé**es**. → ils se sont adressé des lettres

S. 207 Demonstrativpronomen

Der Relativsatz präzisiert auch **Demonstrativpronomen**:

Beaucoup de jeunes ont participé à la manifestation.
Ceux qui y participaient faisaient partie d'un groupe écologique.

12.2 Das Relativpronomen *dont*

dont

S. 34
résumer

Dont ist im Relativsatz der einfachste und kürzeste Stellvertreter für **Ergänzungen** mit ***de.***

- vertritt ***Verben mit de***
  Les moyens **dont** l'auteur se sert sont polémiques. (se servir de)
- vertritt ***Nomen mit de***
  Il décrit un parti **dont** la majorité est contre la loi. (la majorité de)
- vertritt ***Adjektive mit de***
  Il parle d'événements **dont** il n'est pas du tout content. (être content de)
- vertritt ***Zahlwörter mit de***
  Il parle du grand nombre des délégués **dont** seulement cinq ont voté contre. (cinq des)

Dont ist **unveränderlich** und bezieht sich auf Personen und Sachen.
Die Satzstellung nach *dont* ist die des Aussagesatzes.

S. 215
duquel

TIPP
Le procédé
dont se sert le poète… → se servir de
à l'aide duquel le poète explique… → à l'aide de

12.3 Die Hervorhebung

c'est / ce sont … qui / que / dont

c'est / ce sont … qui / que / dont hebt ein Satzelement hervor.

- ***c'est… qui*** = Subjekt
  C'est le résultat **qui** compte.
  → le résultat compte
- ***c'est… que*** = Objekt
  C'est le résultat **que** tu dois trouver.
  → tu dois trouver le résultat
- ***c'est… dont*** = Objekt mit *de*
  C'est le livre **dont** ils ont besoin.
  → ils ont besoin du livre

Bei ***c'est / ce sont … qui*** muss auf die **Übereinstimmung von Subjekt und Verb** geachtet werden:
Ce n'est pas **moi** qui **suis** responsable. C'est **toi** qui **es** responsable.
C'est **lui / elle** qui **est** responsable. C'est **nous** qui **sommes** responsables.
C'est **vous** qui **êtes** responsables. Ce sont **eux / elles** qui **sont** responsables.

ce qui / que … , ***c'est / ce sont*** dient der verstärkten **Hervorhebung**:
Ce qui pose des problèmes, **ce sont** les prix montants. → les prix montants posent des problèmes
Ce que l'article souligne, **c'est** le rôle de … → l'article souligne le rôle de

12.4 Die Relativpronomen *ce qui, ce que, ce dont* und *celui qui, celui que, celui dont*

ce qui, ce que, ce dont

S. 194 Indirekte Teilfrage

Sätze mit ***ce qui / que / dont*** hängen von einem **Verb** oder einer **Adjektivergänzung** ab.

ce qui = **Subjekt** vom Verb im Relativsatz
Je ne savais pas **ce qui** m'attendait.
= ***was*** *mich erwartete*
→ quelque chose m'attendait

ce que = **Objekt** vom Verb im Relativsatz
Elle est fière de **ce qu'**elle a fini.
= *stolz darauf,* ***was*** *sie…*
→ elle a fini quelque chose

ce dont = **Objekt** vom Verb mit *de* im Relativsatz
Je ne sais plus **ce dont** on a parlé. → on a parlé de quelque chose

Sie können durch ***tout*** verstärkt werden:
Elle est fière de **tout ce qu'**elle a fini.

Ce qui / que / dont können auch auf einen **vorangehenden Satz** verweisen:
Pendant la lecture, elle note les mots nouveaux
…, **ce qu'elle** fait régulièrement. → elle note régulièrement les mots nouveaux
…, **ce qui** l'aidera à apprendre le lexique. → noter les mots nouveaux l'aidera à apprendre le lexique
…, **ce dont** elle parlera à son professeur. → elle parlera de ceci à son professeur

celui qui, celui que, celui dont

Welche(r,s) oder *der / die / das* = ***celui / celle qui / que / dont*** und ***ceux / celles qui / que / dont***

qui = **Subjekt** im Relativsatz

Voici les filles Verneuil : ce sont **celles qui** sont mariées avec des hommes d'origines et de confessions diverses.

Voici les parents Verneuil : ce sont **ceux qui** n'acceptent pas la situation.

Voici la plus jeune des filles Verneuil : c'est **celle qui** veut se marier avec un Ivoirier.

Voici Charles : c'est **celui qui** est catholique et comédien.

que ist **Objekt** im Relativsatz
Celui que nous voyons en bas à droite, c'est Charles.
Celle que nous voyons en bas à gauche, c'est la plus jeune des filles Verneuil.
Ceux que nous voyons en haut à droite, ce sont les parents Verneuil.
Celles que nous voyons en haut à gauche, ce sont les filles Verneuil.

dont ist **Objekt** im Relativsatz bei Verben mit *de*
Celui dont / Celle dont / Ceux dont / Celles dont on parle joue(nt) dans le film *Qu'est-ce qu'on a fait au Bon Dieu ?*

Im Plural können sie durch ***tous, toutes*** verstärkt werden:
Le film fait appel à (tous) **ceux qu'**on n'a pas encore pu persuader.
Il s'adresse à (toutes) **celles qui** veulent choisir leur mari.
Il fait allusion à (tous) **ceux dont** les parents ont des préjugés.

12.5 Das Relativpronomen *lequel (laquelle, lesquels, lesquelles)*

Relativpronomen nach Präpositionen außer *à* und *de*

Nach Präpositionen außer *à* und *de* werden folgende Formen verwendet:

- ***lequel*** (Maskulinum Singular)
  sur **lequel**
- ***laquelle*** (Femininum Singular)
  dans **laquelle**
- ***lesquels*** (Maskulinum Plural)
  devant **lesquels**
- ***lesquelles*** (Femininum Plural)
  par **lesquelles**

Je suis contre l'idée **selon laquelle** il faudrait introduire l'uniforme scolaire.
La raison pour laquelle il en parle c'est qu'il s'agit d'un sujet important. → pour la raison

Relativpronomen nach *à*

Die Präposition ***à*** **verschmilzt mit** dem Relativpronomen ***lequel***.

- ***à + lequel*** (Maskulinum Singular)
  = ***auquel***
  le poème **auquel** je pense (penser à)
- ***à + laquelle*** (Femininum Singular)
  wird nicht verschmolzen
  l'histoire **à laquelle** je fais allusion
  (faire allusion à)
- ***à + lesquels*** (Maskulinum Plural)
  = ***auxquels***
  des arguments grâce **auxquels** je peux convaincre (grâce à)
- ***à + lesquelles*** (Femininum Plural)
  = ***auxquelles***
  les femmes auxquelles j'ai parlé
  (parler à)

Le film **auquel** cette photo fait référence est le plus grand succès de l'année 2014 en France.

Relativpronomen nach Präpositionen mit *de*

S. 248 Räumliche Beziehungen

Bei **Präpositionen mit *de* verschmilzt *de* mit** dem Relativpronomen ***lequel***.

- ***de + lequel*** (Maskulinum Singular)
  = ***duquel***
  le pont au-dessous **duquel** coule la Seine (au-dessous de)
- ***de + laquelle*** (Femininum Singular, wird nicht verschmolzen)
  la photo au centre **de laquelle** on voit la Seine (au centre de)
- ***de + lesquels*** (Maskulinum Plural)
  = ***desquels***
  les arbres au travers **desquels** on voit la Seine (au travers de)
- ***de + lesquelles*** (Femininum Plural)
  = ***desquelles***
  les maisons autour **desquelles** coule la Seine (autour de)

Wenn es sich um **Personen** handelt, steht nach ***parmi*** und ***entre*** das Relativpronomen ***lequel***:
Les manifestants **entre / parmi lesquels** se trouvaient des politiciens ont chanté l'hymne national.

12.6 Der *Subjonctif* im Relativsatz

Subjonctif und Superlativ, Wünsche, Verneinung oder Einschränkung

S. 180 *Subjonctif*

Der ***Subjonctif*** wird wie folgt angewendet:

- nach **Superlativen**, superlativischen Wendungen und Übertreibungen

C'est le **meilleur** film que j'**aie** jamais **vu**.

S. 204 Verneinung

- nach einer **Verneinung** oder **Einschränkung**:
  Ils **ne** voient **personne qui puisse** détester ce film.
  Il y a **peu** de monde **qui puissent** détester ce film.

- wenn eine **erwünschte Eigenschaft** formuliert wird

J'**aimerais** trouver un emploi **où** je **puisse** travailler dans les médias.

Typische Einleitungsverben:
On **(re)cherche** quelqu'un qui **sache** tenir une caméra.
Il (nous) **faut** un thème qui **soit** actuel.
On **a besoin / envie de** quelque chose qui **puisse** attirer du public.
On **rêve de** quelqu'un qui **aie** beaucoup de talent.
J'**espère / aimerais trouver** quelqu'un qui **fasse** rire le public.
Connaissez-vous quelqu'un qui ne **boive** pas d'alcool ?

Indikativ statt *Subjonctif*

Der **Indikativ** wird wie folgt angewendet:

- bei einer **Tatsache**
  C'est le **seul** groupe écologique **qui est** actif dans cette région.

- bei tatsächlich **vorhandenen Eigenschaften**
  J'**espère** pouvoir appliquer les connaissances **que j'ai acquises** pendant mes études.

- bei **tatsächlichen Gegebenheiten**
  Ils **ne** voyaient **personne qui pouvait / aurait pu** les supporter.
  Verb des Hauptsatzes in der Vergangenheit

13

SATZVERKÜRZENDE KONSTRUKTIONEN

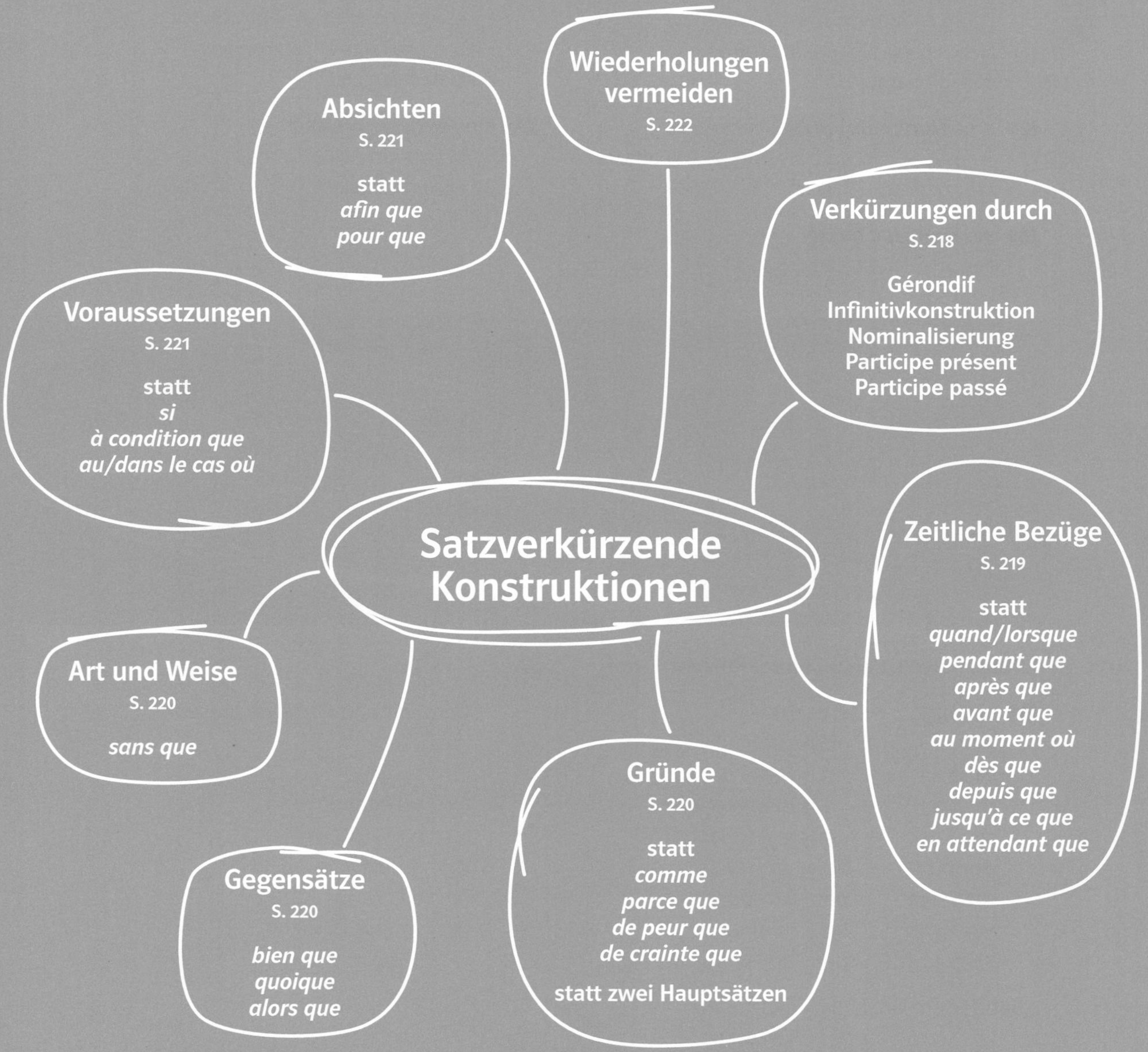

13.1 Verkürzen

Verkürzungsstrategien

S. 35 résumer

Nebensätze können verkürzt werden durch:

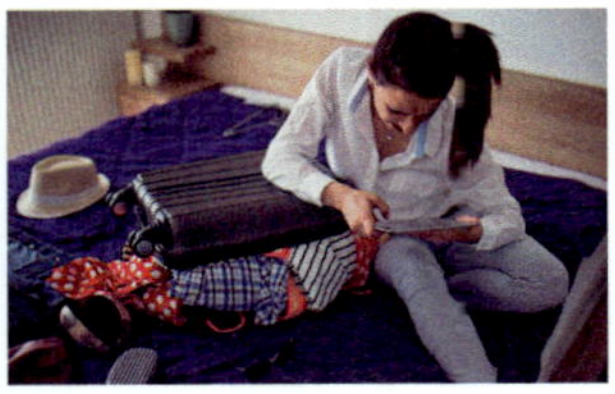

Elle est stressée **pendant qu'**elle prépare ses affaires pour l'échange scolaire.

- das ***Gérondif***
  … en préparant ses affaires
  Haupt- und Nebensatz haben dasselbe Subjekt
- eine **Infinitivkonstruktion**
  … au moment de préparer ses affaires
  Haupt- und Nebensatz haben dasselbe Subjekt
- eine **Nominalisierung**
  … pendant la préparation de ses affaires
  Präposition + Nomen
- ein ***Participe présent***
  … préparant ses affaires
  nicht veränderlich
- ein ***Participe passé***
  ses affaires préparées, elle part
  veränderlich

TIPP
- Sie verbessern durch diese alternativen Ausdrucksmöglichkeiten Ihren Stil.
- Beachten Sie nur das Tempus des Hauptsatzes.
- Der *Subjonctif* lässt sich oft vermeiden.

Bildung des *Gérondif* und des *Participe présent*

S. 69 expliquer

Stamm der 1. Person Plural Présent + *-ant*

Infinitiv	*Présent*		*Gérondif* und *Participe présent*
aller :	nous **all**ons	→	(en) all**ant**
faire :	nous **fais**ons	→	(en) fais**ant**
manger :	nous **mange**ons	→	(en) mange**ant**
grandir :	nous **grandiss**ons	→	(en) grandiss**ant**
dormir :	nous **dorm**ons	→	(en) dorm**ant**
attendre :	nous **attend**ons	→	(en) attend**ant**
vouloir :	nous **voul**ons	→	(en) voul**ant**
se nourrir :	nous nous **nourriss**ons	→	(en) se nourriss**ant**

Sonderformen: avoir = **(en) ayant**
être = **(en) étant**
savoir = **(en) sachant**

Verkürzung bei zeitlichen Bezügen

Mehrere Möglichkeiten bieten sich an:

statt ***quand / lorsque***

Elle écoute de la musique **quand / lorsqu'**elle travaille.
en travaillant. *(beim Arbeiten)*
pendant son travail.

statt ***pendant que***

Ils jouent / jouaient aux cartes **pendant qu'**ils regardaient une discussion politique à la télé.
en regardant une discussion politique à la télé.
pendant une discussion politique à la télé.

statt ***après que***

Ils ont lancé la nouvelle pièce **après qu'ils ont** longuement discuté.
après avoir longuement discuté.
après de longues discussions.

statt ***avant que***

Le théâtre doit être rénové **avant qu'il** puisse réouvrir. *Subjonctif*
avant de réouvrir
avant sa réouverture.

statt ***au moment où***

Il l'a vue **au moment où** il partait en train.
au moment de partir en train.
au moment de son départ.

statt ***dès que***

Elle cherche une place à l'université **dès que** son enfant est né.
dès la naissance de son enfant.

statt ***depuis que***

Elle a recommencé à travailler **depuis que** son enfant a eu le bac.
depuis le bac de son dernier enfant.

statt ***jusqu'à ce que***

Elle a encore beaucoup de temps **jusqu'à ce qu'**elle soit arrivée à Marseille. *Subjonctif*
jusqu'à son arrivée à Marseille.

statt ***en attendant que***

Elle s'assoit **en attendant que** le train soit arrivé. *Subjonctif*
en attendant l'arrivée du train.

Verkürzungen bei kausalen Bezügen

Mehrere Möglichkeiten bieten sich an:

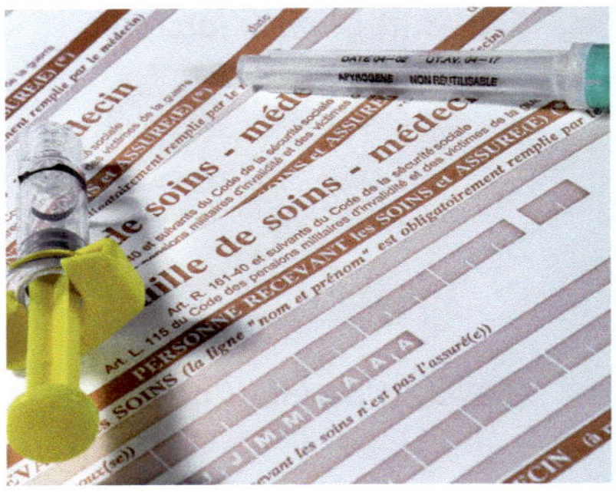

➜ statt ***comme / parce que***

- **Comme** il est malade, il se fait du soucis.
- Il se fait du soucis **parce qu'**il est malade.
  Étant malade, il…
  À cause de sa maladie, il…

- **Comme** elle est contrainte *(gezwungen)* par la maladie de son enfant, elle prend un congé sans solde *(unbezahlter Urlaub)*.
- Elle prend un congé sans solde **parce qu'**elle est contrainte par la maladie de son enfant.
  Contraint(e) par la maladie …

- **Comme** elle a pris un congé sans solde, elle a subi une réduction de salaire.
- Elle a subi une réduction de salaire **parce qu'**elle a pris un congé sans solde.
  Pour avoir pris un congé sans solde, elle…

➜ statt ***de peur / de crainte que***

De peur / de crainte qu'il n'apprenne pas assez pour son examen, il ne sort plus. *Subjonctif*
De peur / de crainte de ne pas assez apprendre pour son examen, …

➜ statt **zwei Hauptsätzen**

Il laisse traîner ses études. **Il** risque d'échouer à son examen.
En laissant traîner ses études, il risque d'échouer à son examen. *(indem / dadurch, dass)*

Gegensätze

➜ statt ***bien que / quoique / alors que***

Bien qu' / quoiqu' / alors qu'il ait du succès, il n'est pas heureux.
Tout en ayant du succès, il…
En dépit de / malgré son succès, il… *(trotz)*

Art und Weise

➜ statt ***sans que***

Elle est partie **sans qu'**elle dise au revoir. *Subjonctif*
sans dire au revoir.

Verkürzungen bei Voraussetzungen

Mehrere Möglichkeiten bieten sich an:

- statt *si*

On peut réussir **si** on travaille ensemble.
en travaillant ensemble.
à force / condition de travailler ensemble.

- statt *à condition que*

Les conducteurs protègeront l'environnement
à condition qu'ils utilisent le convoiturage. *Subjonctif*
à condition d'utiliser le convoiturage.

- statt *au / dans le cas où*

Il faut appeler le SAMU **au / dans le cas où** vous en auriez besoin.
en cas de besoin.

Verkürzungen bei Absichten

Diese Nebensätze können durch eine **Infinitivkonstruktion** verkürzt werden.

- statt *afin que*

Ils vont faire des efforts **afin qu**'ils puissent gagner le concours. *Subjonctif*
afin de pouvoir gagner le concours.

- statt *pour que*

Notre club fait tout **pour qu**'il puisse gagner le tournoi de foot. *Subjonctif*
pour pouvoir gagner le tournoi de foot. *(um … zu)*

13.2 Wiederholungen vermeiden

Die Pronomen

Die **Pronomen** eignen sich auch, um Wiederholungen zu vermeiden.

- die unverbundenen Pronomen (moi, toi, lui, elle, nous, vous, eux, elles)
  L'auteur a décrit son point de vue mais je ne suis pas du même avis que **lui**.

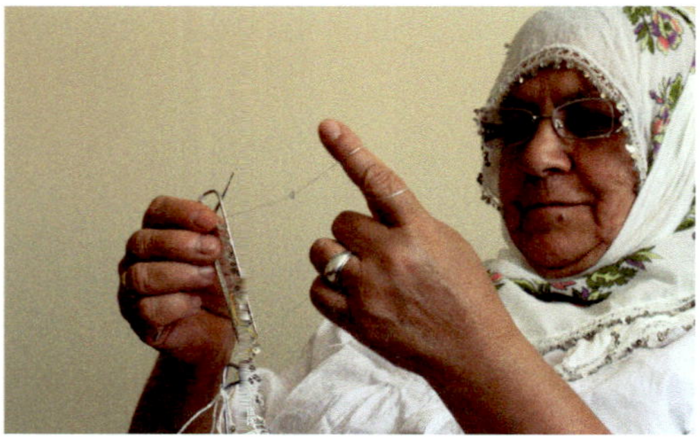

S. 207 Demonstrativpronomen

- die Demonstrativpronomen
  Les valeurs des jeunes beurs sont différentes
  de **celles** de leur famille d'origine.

S. 208 Possessivpronomen

- die Possessivpronomen
  Les valeurs des parents des jeunes beurs sont différentes
  des **leurs**.

14

ADVERBIEN

Adverbien

Das von Adjektiven abgeleitete Adverb
S. 224

amical *amicale* *amicalement*
absolu *absolument*
rapide (Adjektiv) ⟷ *vite* (Adverb)

bon(ne) ⟷ *bien*
meilleur(e) ⟷ *mieux*
mauvais(e) ⟷ *mal*

Stellung des Adverbs
S. 228

De temps en temps, elle lui téléphone.
Elle lui téléphone de temps en temps.

C'est un très bon résultat.
Il faut écrire bien lisiblement.

Il aura sûrement du succès.

Ce récit m'a profondément impressionné(e).

Adjektive ohne entsprechendes Adverb
S. 225

célèbre
moderne
jeune

d'un air étonné
en noir

tout als Adverb
S. 227

elle est toute honteuse
elle est tout heureuse

Adjektive mit Adverbfunktion
S. 226

parler allemand/français
travailler dur

très und *beaucoup*
S. 226

très bien, très bon
plaire beaucoup, beaucoup plus que

14.1 Das von Adjektiven abgeleitete Adverb

S. 46 décrire, caractériser

S. 20 exposer / présenter

TIPP
Die Endung *-ment* entspricht *-weise* im Deutschen: *heureusement* = glücklicherweise *-mente* im Spanischen und *-ly* im Englischen.

Adverbien auf *-ment*

S. 140 Adjektive

Die **Adverbien** werden wie folgt **abgeleitet**:

Femininform + *-ment*
amicale → amicalement
complète → complètement
longue → longuement

aber: gentil → gentiment

Maskulinform + *-ment*
wenn das Adjektiv auf einen Vokal endet
véritable → véritablement
vrai → vraiment
absolu → absolument
aber: gai → gaiement

Maskulinform auf *-ent*
→ Adverb auf ***-emment***:
apparent → apparemment [apaʀamɑ̃]
évident → évidemment [evidamɑ̃]

Maskulinform auf *-ant*
→ Adverb auf ***-amment***:
constant → constamment
suffisant → suffisamment

Sonderformen: Diese Adverbien werden mit ***é*** gebildet:
bref, brève → brièvement
confuse → confusément
précise → précisément
profonde → profondément
grave → gravement / grièvement
nur in grièvement blessé / brûlé / touché / atteint
conforme → conformément
énorme → énormément
forcé → forcément
intense → intensément

Die Adverbien auf ***-ment*** sind im Allgemeinen Adverbien der **Art und Weise** oder **Satzadverbien**:

Normalement, je me serais levé(e) plus tôt.	Satzadverb
Mais cette nuit-là, j'ai dormi **profondément**.	Adverb der Art und Weise

TIPP
Dem Adjektiv ***rapide*** entsprechen zwei Adverbien: ***rapidement*** und ***vite***:
*Elle a toujours des **réactions rapides**.* = Adjektiv
*La nouvelle **se répand rapidement/vite**.* = Adverb

Achten Sie auf folgende Wendungen:
Pas si vite ! Fais vite ! Je vais faire au plus vite ! Allez, plus vite que ça !

bon / bien, meilleur / mieux, mauvais / mal

S. 233–234 Steigerung

Folgende Adjektive bilden ein **eigenes Adverb**:

- ***bon** → **bien***
  C'est un **bon article,...**
  C'est une **bonne idée,...**
  → ... on peut **bien** le / la **comprendre.**

- ***meilleur** → **mieux***
  Utilise un **meilleur argument**,...
  Utilise une **meilleure explication,...**
  → ... on pourra **mieux** te **comprendre.**

- ***mauvais** → **mal***
  C'est un **mauvais exemple,...**
  C'est une **mauvaise idée,...**
  → ... on peut **mal s'imaginer** ce que tu penses.

Diese Adverbien können (**nach *être***) auch **wie Adjektive** verwendet werden:
Ce film n'**est** pas **mal**.
Voilà, c'**est** déjà **mieux**.

Cet appartement **est** vraiment **bien**, on le prend.

Adjektive ohne entsprechendes Adverb

S. 46 décrire

Man behilft sich stattdessen mit einer **adverbialen Umschreibung.**

- Bezeichnungen von **politischen Richtungen**
  Dans cette région, on vote plutôt **à gauche**.

- Bezeichnungen von **Farben**

Les jeunes s'habillent souvent **en noir**.

- Andere Adjektive
  Elle le regardait **d'un air étonné / fâché / fatigué / inquiet / content.**
  Elle s'habille **d'une / de façon (peu) originale / moderne**.
  On doit lire cet article **d'un œil critique**.
  L'auteur discute ce sujet **d'une / de manière intéressante**.
  Les protagonistes bavardent d'une **manière fatigante**.

Adjektive mit Adverbfunktion

S. 145 Prädikative Adjektive

In diesen **festen Wendungen** sind die **Adjektive unveränderlich**:

aller tout droit	*geradeaus gehen*
calculer / deviner juste	*richtig rechnen / raten*
chanter juste / faux	*richtig / falsch singen*
compter double	*doppelt zählen*
coûter / payer cher	*viel kosten / bezahlen*
gagner gros	*viel verdienen*
lire tout haut	*laut lesen*
voler haut / bas	*hoch / tief fliegen*
parler bas / fort	*leise / laut reden*
parler allemand / français	*Deutsch / Französisch sprechen*
acheter français / allemand	*nur französische / deutsche Waren kaufen*
sentir bon / mauvais / fort	*gut / schlecht / stark riechen*
tenir bon	*durchhalten*
travailler dur	*schwer / hart arbeiten*
y voir clair	*durchblicken*
s'habiller jeune / vieux	*sich jugendlich / alt kleiden*
s'habiller court / long	*kurz / lang tragen*
acheter neuf / ancien	*neu / alt kaufen*
peser lourd	*schwer wiegen*

En **travaillant dur**, on peut arriver à de meilleurs résultats.
Tous ces arguments **sonnent faux**.

très und *beaucoup*

S. 231 Komparativ

sehr mit **Adjektiv** oder **Adverb** = ***très*** ↔ *sehr* mit **Verb** = ***beaucoup***

très **+ Adjektive, Adverbien und Wendungen** mit ***avoir***
elle chante **très bien** Adverb
son intonation est **très bonne** Adjektiv
elle **a très peur** du public *avoir* + Nomen

beaucoup + **Verben**
le jazz lui **plaît beaucoup**

S. 234 *mieux, moins*

Merken Sie sich: ***beaucoup + plus, moins, trop, mieux***:
Elle aime le jazz **beaucoup plus** que son copain.
Son copain aime le jazz **beaucoup moins** qu'elle.
Pour lui, le jazz est **beaucoup trop** bruyant.
Faire du jazz, c'est **beaucoup mieux** que faire de la musique classique.

TIPP
Elle a ***énormément*** travaillé pour jouer bien. (sehr viel)
Elle est ***extrêmement*** ambitieuse. (überaus)

tout als Adverb

S. 210
tout als indefinites Pronomen

S. 128
tout le, toute la…

Tout als Adverb ist im Prinzip **unveränderlich**,
mit Ausnahme **vor femininen Adjektiven**, die **mit Konsonant oder *h aspiré* beginnen**.

tout = unveränderlich
Singular vor maskulinem Adjektiv
il est **tout** content
il est **tout** élégant
il est **tout** heureux

tout = unveränderlich
Plural vor maskulinem Adjektiv
ils sont **tout** contents
ils sont **tout** élégants
ils sont **tout** heureux

tout = unveränderlich
vor femininem Adjektiv
mit Vokal oder *h aspiré*
elle est **tout** élégant**e**,
elles sont **tout** élegant**es**
Vokal
elle est **tout** heureuse,
elles sont **tout** heureus**es**
kein *h aspiré*: l'heureuse nouvelle

toute(s) = veränderlich
vor femininem Adjektiv
mit Konsonant oder *h aspiré*
elle est **toute c**ontente,
elles sont **toutes c**ontentes
Konsonant
elle est **toute h**onteuse,
elles sont **toutes h**onteuses
la honte = h aspiré

Elles sont toutes contentes kann zweierlei bedeuten:

Sie sind ganz zufrieden.	Adverb
Sie sind alle zufrieden.	indefinites Pronomen

Merken Sie sich:

Je vais prendre un de ces **tout** petits gâteaux. *(ganz klein)*
Adverb [tu]

Dans cette pâtisserie, les gâteaux sont **tous** petits. *(alle klein)*
indefinites Pronomen [tus]

14.2 Die Stellung des Adverbs

S. 245 Räumliche Beziehungen

S. 235 Zeitliche Beziehungen

Die Stellung des Adverbs hängt mit der **Form** des zu modifizierenden Wortes zusammen.

- **Anfang** oder **Ende** eines **Satzes**
  De temps en temps, elle lui téléphone.
  durch Komma abgetrennt
  Elle lui téléphone **de temps en temps**.

- **nach** einer **einfachen Verbform**
  Je me promenais **souvent** dans le parc.

- **vor** einem **Adjektiv** oder **Adverb**
  C'est un **très** bon résultat.
  Il faut écrire **bien** lisiblement.

- **nach** dem **konjugierten Verb**
  bei zusammengesetzten Verbformen
  und Modalverben

La manifestation m'a **profondément** impressionné(e).
Ils vont **probablement** continuer à protester.
Les réfugiés veulent **surtout** vivre en paix.

15

VERGLEICHE UND STEIGERUNGEN

Vergleiche und Steigerungen

bien, beaucoup, peu
S. 234

bien, aussi bien que, mieux que, le mieux (de)
beaucoup, autant que, plus que, le plus (de)
peu, aussi peu que, moins que, le moins (de)

Gleichheit
S. 230

aussi + Adjektiv/Adverb + *que*
autant de + Menge + *que*
Verb + *autant que*

bon, mauvais, petit
S. 233

bon, aussi bon que, meilleur que, le meilleur (de)

mauvais, aussi mauvais que, pire/plus mauvais que, le pire/plus mauvais (de)

petit, aussi petit que, moindre/plus petit que, le moindre/plus petit (de)

Komparativ
S. 231

plus/moins + Adjektiv/Adverb + *que*
plus/moins de + Menge + *que*
Verb + *plus/moins que*

Superlativ
S. 232

le/la/les + *plus/moins* + Adjektiv
le/la/les + *plus/moins* + Adjektiv + *de* + Artikel + Nomen
le plus/moins + Adverb

graduelle Steigerung
S. 231

de plus en plus/de moins en moins + Adjektiv/Adverb
Verb + *de plus en plus/de moins en moins*
de plus en plus/de moins en moins de + Nomen

15.1 Die Gleichheit

aussi… que

S. 79 comparer

aussi… que bei **Adjektiven** und **Adverbien** drückt eine **qualitative Gleichheit** aus.

aussi + Adjektiv + ***que*** *(so… wie)*
En France, l'essence (n')est (pas) **aussi chère qu'**en Allemagne.

aussi + Adverb + ***que***
Elle (ne) parle (pas) l'allemand **aussi bien que** le français.

Im **verneinten Vergleichssatz** kann auch ***si*** stehen:
En France, l'essence **n'**est **pas si** chère qu'en Allemagne.
Elle **ne** parle **pas** l'allemand **si** bien que le français.

autant (de…) que

autant (de…) que bei **Nomen** und **Verben** drückt eine **quantitative Gleicheicht** aus.

autant de + Menge + ***que*** *(so viel… wie)*
Elle n'a pas **autant de contacts** dans les réseaux sociaux **que** ses camarades de classe.
vor Nomen

Verb + ***autant que***
Les femmes **travaillent autant que** les hommes, mais dans des secteurs différents.
nach Verben

Im **verneinten Vergleichssatz** kann auch ***tant (de)… que*** stehen:
En préretraite, on **ne** travaille **pas tant que** les collègues.

TIPP
Das deutsche „wie" entspricht
- bei wertenden Vergleichen mit *aussi* oder *autant* der Partikel *que*:
  Les femmes sont aussi touchées par le chômage que les hommes.
  Il y a autant de chômage chez les femmes que chez les hommes.
- bei nicht wertenden Vergleichen, die auf eine Ähnlichkeit hinzielen, dem Adverb *comme*:
  Ils sont frisés comme des moutons et se ressemblent comme deux gouttes d'eau.

15.2 Der Komparativ

plus/moins… que

S. 42 décrire

S. 79 comparer

plus / moins… que bei **Adjektiven** und **Adverbien** drückt eine **qualitative Ungleichheit** aus.

- ***plus / moins*** + Adjektiv + ***que***
  Aujourd'hui, il est **plus / moins prudent qu'**il y a quelques années.

- ***plus / moins*** + Adverb + ***que***
  Elle réfléchit **plus / moins sérieusement** à son avenir **qu'**auparavant.

plus / moins + Adjektiv (**ohne *que***) steht in der Regel nach dem Nomen:
Avec ses problèmes de santé, il cherche une **occupation moins fatigante**.
Adjektive, die generell **vor Nomen** stehen, können auch im Komparativ davor stehen:
Un **(plus) grand** problème occupe les habitants du quartier : c'est…
beaucoup plus / moins + Adjektiv steht **nach dem Nomen**:
Depuis hier, ils ont un problème **beaucoup plus grand**.

S. 226 *très* und *beaucoup*

plus/moins (de…) que

plus / moins (de…) que bei **Nomen** und **Verben** drückt eine **quantitative Ungleicheicht** aus.

- ***plus / moins de*** + Menge + ***que***
  Dans l'industrie, il y a **plus d'emplois que** dans l'agriculture.
  vor Nomen

- Verb + ***plus / moins que***
  Les femmes **gagnent** toujours **moins que les hommes**.
  nach Verben

15.3 Die graduelle Steigerung

de plus en plus/de moins en moins (de)

S. 54 analyser des statistiques

de plus en plus / de moins en moins (de) wird **ohne *que*-Anschluss** benutzt.

- ***de plus en plus / de moins en moins*** + Adjektiv
  Aujourd'hui, il est **de plus en plus prudent**.

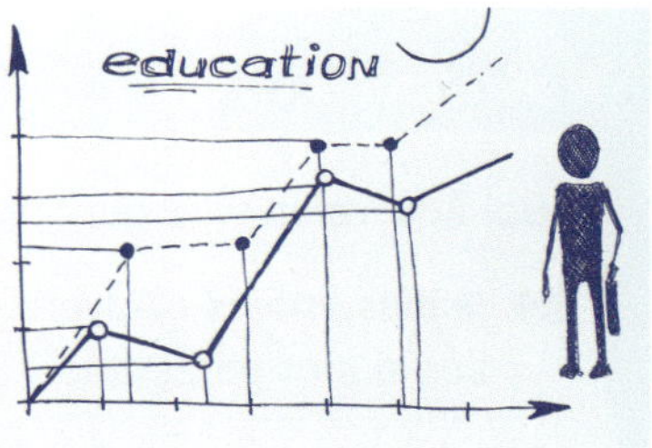

- Verb + ***de plus en plus / de moins en moins***
- ***de plus en plus / de moins en moins*** + Adverb
  Elle **réfléchit de moins en moins sérieusement** à son avenir.

- ***de plus en plus / de moins en moins de*** + Nomen
  De plus en plus de pays africains considèrent que l'éducation joue un rôle important.

de plus en plus / de moins en moins + Adjektiv / Adverb = *immer* + Komparativ.
de plus en plus / de moins en moins de + Nomen = *immer mehr / weniger* + Nomen
Verb + ***de plus en plus / de moins en moins*** = Verb + *immer mehr / weniger*

15.4 Der Superlativ

le/la/les + plus/moins

S. 79 comparer

S. 140 Adjektive

Der Superlativ ist der **höchste Grad** der Steigerung. Bei **Adjektiven** wird er mit ***le/la/les + plus/moins*** ausgedrückt.

➡ ***le/la/les + plus/moins*** + Adjektiv
L'Europe a accueilli **le plus grand** nombre de réfugiés.
Superlativ vor dem Nomen

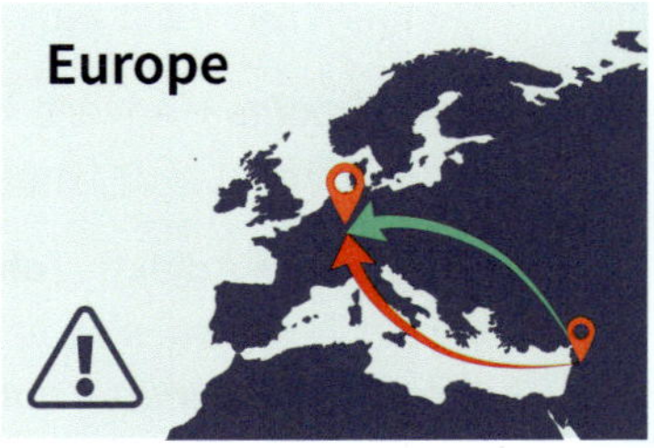

Wird der Superlativ **nachgestellt**, wird der **Artikel wiederholt**:
C'était pour elle le défi **le plus grand** pendant les dernières années.
Bei **anderen Begleitern** behält der **nachgestellte Superlativ** den **bestimmten Artikel** bei:
Les associations sportives font beaucoup pour leurs sportifs **les plus talentueux**.

le/la/les + plus/moins ... de

Bei **Vergleichen** wird das **Nomen** mit ***de*** **+ Artikel** verbunden.

➡ ***le/la/les + plus/moins*** + Adjektiv + ***de*** + Artikel + Nomen
Les réfugiés d'Afrique sont arrivés sur Lampedusa,
la plus proche des îles européennes.

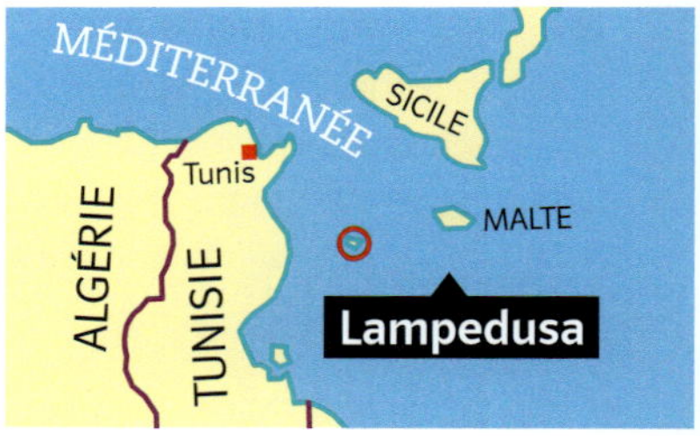

Nach ***de*** kann auch ein **anderer Begleiter** stehen:
Les plus doué(e)s de ces étudiant(e)s auront une bourse pour l'étranger.

le plus/moins ... (de)

S. 223 Adverbien

Bei **Adverbien** wird der Superlativ durch vorangestelltes ***le plus/moins*** ausgedrückt.

➡ ***le plus/moins*** + Adverb
Les jeunes passent leur temps libre **le plus souvent** avec leurs copains.

Der Superlativ ***+ possible*** bezeichnet das vorstellbare **Höchst-** bzw. **Mindestmaß**:
Il faut qu'on y réagisse **le plus vite possible**.
Il veut utiliser la voiture **le moins souvent possible**.
J'essaie d'arriver **le plus tôt possible**.
Elle a résolu le problème **le mieux possible**.

15.5 bon, mauvais, petit

bon, meilleur, le meilleur

S. 180 Subjonctif

Adjektiv	Gleichwertig	Komparativ (+)	Superlativ (++)
➔ ***bon***(ne)(s)	➔ ***aussi*** bon(ne)s ***que***	➔ ***meilleur***(e)(s) ***que***	➔ ***le/la/les meilleur***(e)(s) ***(de)***

Marion Cotillard a reçu l'Oscar de **la meilleure actrice** pour le film « La Môme ».
Elle était **meilleure que** les autres concurrentes.
C'est la **meilleure** actrice **que** j'aie jamais vue. *Subjonctif*

mauvais, pire / plus mauvais, le pire / le plus mauvais

Adjektiv	Gleichwertig	Komparativ (+)	Superlativ (++)
➔ ***mauvais***(e)	➔ ***aussi*** mauvais(e)(s) ***que***	➔ ***plus*** mauvais(e)(s) ***que*** *schlechter* ➔ ***pire***(s) ***que*** *schlimmer*	➔ ***le/la/les plus mauvais***(e)(s) ***(de)*** *der/die/das schlechteste* ➔ ***le/la/les pire***(s) ***(de)*** *der/die/das schlimmste*

Le sondage montre que le produit est **plus mauvais que** celui de la concurrence.
C'est **le plus mauvais**.

Pour l'entreprise, c'est **pire que** tout.
C'est **la pire** chose qui puisse arriver.

petit, moindre/plus petit, le moindre/le plus petit

Adjektiv	Gleichwertig	Komparativ (+)	Superlativ (++)
➔ ***petit***(e)(s)	➔ ***aussi*** petit(e)(s) ***que***	➔ ***plus*** petit(e)(s) ***que*** *kleiner* ➔ ***moindre***(s) ***que*** *geringer, minder*	➔ ***le/la/les plus petit***(e)(s)***(de)*** *der/die/das kleinste* ➔ ***le/la/les moindre***(s) ***(de)*** *der/die/das geringste*

L'homme à gauche de la photo est **plus petit que** celui à droite.
C'est **le plus petit**.

Je trouve les dialogues de **moindre** qualité **que** dans ses romans précédents. *(von geringerer Qualität)*
L'auteur décrit la scène jusque dans **les moindres** détails. *(bis in die kleinsten Details)*

15.6 *bien, beaucoup, peu*

bien, mieux, le mieux

S. 226 *très* und *beaucoup*

Adverb	Gleichwertig	Komparativ (+)	Superlativ (++)
bien	***aussi*** bien ***que***	***mieux que***	***le mieux (de)***

Cette année,
= il travaille **aussi bien que** l'année dernière.
\+ il travaille **mieux que** l'année dernière.
++ c'est lui qui travaille **le mieux (de toute sa classe)**.

S. 180 *Subjonctif*

il vaut mieux : mit **Infinitiv-** oder ***que***-Anschluss = *es ist besser*
Il vaut mieux se taire **que** (de) dire des bêtises.
Il aurait mieux valu lire les instructions d'abord.
Il vaudrait mieux qu'il / elle réfléchisse avant d'agir **que** de commencer immédiatement.

beaucoup, plus, le plus

Adverb	Gleichwertig	Komparativ (+)	Superlativ (++)
beaucoup	***autant que***	***plus que*** [plys]	***le plus (de)*** [plys]

Cette année,
= il travaille **autant que** l'année dernière.
\+ il travaille **plus que** l'année dernière.
++ c'est lui qui travaille **le plus (de toute sa classe)**.

TIPP
Der Positiv-Vergleich von beaucoup lautet autant.
~~Aussi beaucoup~~ gibt es nicht!
Est-ce qu'il y a autant de calories dans un burger que dans une pomme ?

peu, moins, le moins

Adverb	Gleichwertig	Komparativ (–)	Superlativ (– –)
peu	***aussi*** peu ***que***	***moins que***	***le moins (de)***

Cette année,
= il travaille **aussi peu que** l'année dernière.
– il travaille **moins que** l'année dernière.
– – c'est lui qui travaille **le moins (de toute sa classe)**.

16

ZEITLICHE BEZIEHUNGEN

Zeitliche Beziehungen

Zeitliche Abfolge in der Gegenwart

S. 236

avant-hier → hier → aujourd'hui → demain → après-demain

Plus-que-parfait → Imparfait/Passé composé → Présent → Futur simple → Futur antérieur

Zeitliche Abfolge in der Vergangenheit

S. 237

deux jours plus tôt → la veille → ce jour-là → le lendemain → deux jours après

Plus-que-parfait → Plus-que-parfait → Imparfait/Passé composé → Imparfait → Imparfait

Präpositionen und präpositionale Ausdrücke der Zeit

S. 240

à trois heures, à cette époque, en janvier, en début d'année, le 25 décembre

vers/autour de 8 heures, vers le/autour du 1er mai

à partir de/dès 8 heures, à partir de/dès demain

il y a une heure, il y a quelques minutes

dans quelques minutes, dans deux jours

avant/après 8 heures, avant le 1er mai

pendant/durant les vacances,
au cours de/dans le courant de/lors de notre séjour,
trois fois en un an,
pour dix mois
dans la matinée, dans l'après-midi
pendant le jour, pendant la nuit

entre 9 heures et 17 heures, de 9 heures à 17 heures
depuis lundi, depuis 5 ans
d'ici lundi, d'ici trois jours

Weitere Adverbien und adverbiale Bestimmungen der Zeit

S. 238

avant → de nos jours → plus tard
Imparfait → Présent → Futur simple

d'abord ... ensuite ... puis ... finalement
= Passé composé

Imparfait ... soudain/tout à coup
= Passé composé ... Imparfait

jamais → rarement → de temps en temps → fréquemment → toujours

le matin, le mercredi, tous les lundis

à/de nouveau, à plusieurs reprises, encore, plusieurs fois

16.1 Zeitliche Abfolge in der Gegenwart

S. 102 rédiger

S. 20 exposer

TIPP

Aujourd'hui, hier, demain etc. können ausschließlich mit Bezug auf das Heute und im Hinblick auf ein vorhandenes oder vorgestelltes direktes Gegenüber verwendet werden.

- So werden Gespräche geführt,
- aktuelle Berichte und Ankündigungen (Zeitung, Radio etc.) angefertigt,
- Briefe (auch E-Mails) geschrieben und
- Tagebücher (auch Blogs) geführt.

hier, aujourd'hui, demain

In Berichten über die **Gegenwart** werden folgende **Ausdrücke der Zeit** benutzt:

früher		jetzt	zukünftig	
avant-hier	hier	**aujourd'hui**	demain	après-demain
la semaine précédente	la semaine dernière	**cette semaine**	la semaine prochaine	la semaine suivante
le mois précédent	le mois dernier	**ce mois-ci**	le mois prochain	le mois suivant
l'année précédente	l'année dernière	**cette année**	l'année prochaine	l'année suivante

früher

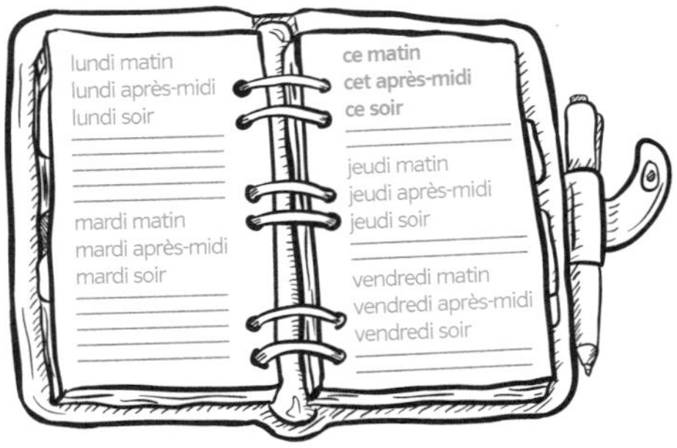

künftig

Gebrauch der Zeiten

In Berichten über die **Gegenwart** werden folgende **Zeiten** benutzt:

früher		jetzt	zukünftig	
Plus-que-parfait	***Imparfait / Passé composé***	***Présent***	***Futur simple***	***Futur antérieur***
Avant-hier, je n'**avais** pas encore tout **révisé**.	Hier, je me **faisais** du souci, j'**ai travaillé** toute la journée.	Aujourd'hui, je **passe** mon examen.	Demain, je me **reposerai** toute la journée.	Après-demain, j'**aurai fini** de me faire du souci.

16.2 Zeitliche Abfolge in der Vergangenheit

S. 109 rédiger

TIPP
In Berichten über die Vergangenheit ist eine typische Einleitung für „damals" *à cette époque-là*.

la veille, ce jour-là, le lendemain

S. 133 Demonstrativbegleiter

In Berichten über die **Vergangenheit** werden folgende **Ausdrücke der Zeit** benutzt:

davor		**damals**	danach	
deux jours plus tôt	la veille	**ce jour-là**	le lendemain	deux jours après
deux jours plus tôt, le matin / soir	la veille au matin / soir	**ce matin / soir-là**	le lendemain matin / soir	deux jours après, le matin / soir
deux jours plus tôt, dans l'après-midi	la veille dans l'après-midi	**cet après-midi-là**	le lendemain après-midi	deux jours après, dans l'après-midi
deux semaines / années plus tôt	la semaine / l'année précédente	**cette semaine / année-là**	la semaine / l'année suivante	deux semaines / années plus tard
deux mois plus tôt	le mois précédent	**ce mois-là**	le mois suivant	deux mois plus tard

Gebrauch der Zeiten

S. 156 *Imparfait*

In Berichten über die **Vergangenheit** werden folgende **Zeiten** benutzt:

früher		**jetzt**	zukünftig	
Plus-que-parfait	***Plus-que-parfait***	***Imparfait / Passé composé***	***Imparfait***	***Imparfait***
Deux années plus tôt, je n'**avais** pas encore **commencé** à écrire.	L'année précédente, j'**avais travaillé** tous les jours.	**Cette année-là,** j'**ai passé** le bac et j'**étais** soulagé.	L'année suivante, je **sortais** mon premier roman.	Deux années plus tard, j'**étais** connu par tout le monde.

Caspar Thiemann

16.3 Weitere Adverbien und adverbiale Bestimmungen der Zeit

früher, jetzt, später

Chronologie der **Adverbien der Zeit:**

passé	présent	futur

il y a longtemps ↳ avant ↳ plus tôt ↳ récemment	maintenant en ce moment pour le moment de nos jours	tout de suite ↳ bientôt / dans peu de temps ↳ tard ↳ plus tard ↳ après

Je nach Adverb wird die passende Zeit ausgelöst: **Avant,** on utilisait des ardoises *(Schiefertafel)*. **De nos jours,** on apprend avec des ordinateurs. **Plus tard,** on ira dans une classe virtuelle.

Adverbien für die Handlungskette beim Erzählen

S. 112 rédiger

Diese Adverbien werden auch **Konnektoren** genannt.

Anfang
premièrement,
en premier lieu,
(tout) d'abord,

Weitererzählen
deuxièmement,
en second lieu,
puis,
après,
ensuite,
plus tard,

Schluss
finalement,
en dernier lieu,
enfin,

Bei Handlungsketten in der Vergangenheit wird das ***Passé composé*** *benutzt:*
D'abord, l'auteur a présenté le sujet. **Ensuite,** il a donné des arguments pour. **Puis,** il a avancé des arguments contre. **Finalement,** il a fait une synthèse.

Adverbien für die Unterbrechung einer Handlung

S. 110 rédiger

Bei einer Erzählung im *Imparfait* (Rahmen der Handlung) wird nach folgenden **Konnektoren** das ***Passé composé*** verwendet.

Imparfait — *Passé composé* — *Imparfait*

alors,… soudain,…
tout à coup,… aussitôt,…
à ce moment-là,…
… soudainement…

L'orateur faisait sa présentation. | **Soudain**, il a changé de sujet. | Personne ne comprenait plus rien.

Häufigkeit

In der Regel kommen die Adverbien der Häufigkeit **nach dem Verb**:

0 %		20 %	50 %	100 %
jamais *(nie)*	rarement *(selten)*	de temps en temps *(ab und zu)* quelquefois *(hin und wieder)* parfois *(manchmal)*	fréquemment *(häufig)* souvent *(oft)* la plupart du temps *(meistens)*	toujours *(immer)*

Beispiel einer Analyse der jetzigen Situation der Ein-Eltern-Familie

De nos jours, il y a **toujours** plus de familles monoparentales parce que les parents vivent séparément.
Parfois / Quelquefois, les parents n'ont même **jamais** vécu ensemble.
Certaines mères ne voient alors leurs enfants que **de temps en temps**.
Certains enfants ne voient leur père que **rarement** ou **jamais**.
Les mères de famille monoparentale sont **souvent** dans une situation moins favorable sur le marché du travail.
Quand elles ont un emploi, elles travaillent **fréquemment** à temps partiel.
Elles ont des ressources plus faibles et résident **la plupart du temps** en milieu urbain.

Regelmäßigkeit

Die Regelmäßigkeit wird oft mit ***le + jour de la semaine*** ausgedrückt.

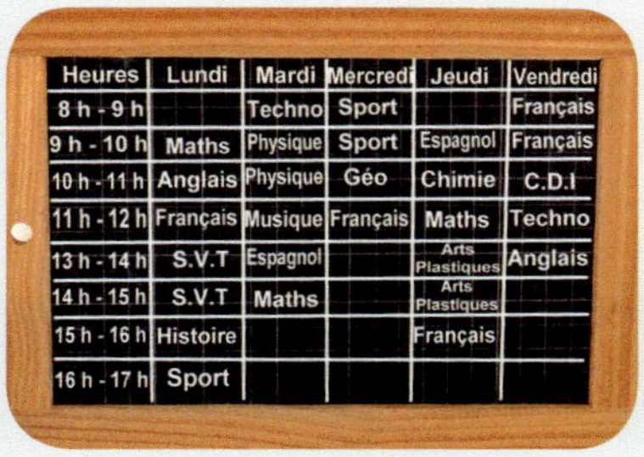

Heures	Lundi	Mardi	Mercredi	Jeudi	Vendredi
8 h - 9 h		Techno	Sport		Français
9 h - 10 h	Maths	Physique	Sport	Espagnol	Français
10 h - 11 h	Anglais	Physique	Géo	Chimie	C.D.I
11 h - 12 h	Français	Musique	Français	Maths	Techno
13 h - 14 h	S.V.T	Espagnol		Arts Plastiques	Anglais
14 h - 15 h	S.V.T	Maths		Arts Plastiques	
15 h - 16 h	Histoire			Français	
16 h - 17 h	Sport				

Beispiel einer Beschreibung des Stundenplans

J'ai cours **le matin** et **l'après-midi**. *(morgens und nachmittags)*
Le mercredi, je finis à 12 h. *(mittwochs)*
Tous les lundis, je commence à 9 heures. *(jeden Montag)*
Par jour, j'ai une heure de pause de 12 h à 13 h. *(jeden Tag)*
Par semaine, j'ai 28 heures de cours. *(jede Woche)*
Régulièrement, je n'ai pas cours **le samedi**. *(regelmäßig; samstags)*

Wiederholung

à / de nouveau (erneut), ***à plusieurs reprises*** (mehrmals), ***encore*** (noch einmal), ***plusieurs fois*** (mehrmals)

Dans le clip vidéo de *Paris sera toujours Paris*, Zaz passe **à plusieurs reprises / plusieurs fois** devant les monuments célèbres de Paris.

Ma candidature a déjà été rejetée une fois, puis-je postuler **à / de nouveau** dans la même entreprise ? Puis-je **encore** envoyer une nouvelle lettre de motivation ?

16.4 Präpositionen und präpositionale Ausdrücke der Zeit

Genauer Zeitpunkt

Der **genaue Zeitpunkt** wird mit folgenden Präpositionen und präpositionalen Ausdrücken bezeichnet:

- ***à*** + Uhrzeit, Tageszeit, Fest, Epoche
  - **à** trois heures
  - (du matin / de l'après-midi)
  - **à** midi / minuit
  - le 21 juin **au** matin / soir
  - **à** Noël
  - **au** XXIe siècle

- ***en*** + Monat, Jahreszahlen, Jahreszeit
  - **en** janvier / février / mars etc.
  - aber: **au mois de** janvier / février / mars
  - **en** 2017
  - **en** hiver / été / automne
  - aber: **au** printemps

- ***le*** + Datum

En France, les enfants reçoivent leurs cadeaux **le** 25 décembre.

Weitere Ausdrücke mit ***à***:

À plus ! *(bis dann)*

À cette époque(-là), *(damals)* / **À l'époque,** *(damals)* / **À ce moment(-là),** *(dann)* } le peintre vivait des moments difficiles.

À la fin de la chanson, on entend…

Au début du mois de septembre, c'est la rentrée scolaire en France.

Weitere Ausdrücke mit ***en***:

En début d'année, vous ferez une présentation.

En fin de trimestre, vous aurez un examen oral.

En fin d'après-midi, nous ferons un débat.

Ungefährer Zeitpunkt

Der **ungefähre Zeitpunkt** in der **Gegenwart** oder **Zukunft** wird mit ***vers*** und ***autour de, d', du, de la, des*** bezeichnet:

- ***vers / autour de*** + Uhrzeit, Datum, Fest, Monat, Epoche…
  - **vers / autour de** 8 heures
  - **vers le / autour du** 1er mai
  - **vers la / autour de la** Toussaint
  - **vers / autour d'**octobre
  - **vers le / autour du** XIXe siècle

Autour des / **Vers les** } années 60, l'auteur a écrit plusieurs romans.

Anfangszeitpunkt

Der **Anfangszeitpunkt** in der **Gegenwart** oder **Zukunft** wird mit ***dès*** oder ***à partir de, d', du, de la, des*** bezeichnet:

➠ ***à partir de*** + Uhrzeit, Datum, Tag, Fest, Monat, Epoche…

à partir de 8 heures
à partir du 1er mai
à partir de demain
à partir de Pâques
à partir d'octobre
à partir du XIXe siècle

➠ ***dès*** + Uhrzeit, Datum, Tag, Fest, Monat, Epoche… im Sinne von „ohne zu warten, sofort"

dès 8 heures
dès le 1er mai
dès demain
dès la Toussaint
dès octobre
dès le XIXe siècle

À partir de ce moment-là, le protagoniste du film deviendra plus sympathique.
Dès le début de la chanson, la musique crée une ambiance mystérieuse.

Vergangener Zeitpunkt

Il y a bezeichnet einen **vergangenen Zeitpunkt oder Zeitraum** und steht nur in Verbindung mit **Verben in der Vergangenheit**:

➠ ***il y a*** + Zeitpunkt, Zeitraum

il y a une heure
il y a quelques minutes / plusieurs mois
il y a une éternité

Il y a peu de temps, je vous ai écrit un mail pour…
Achtung: *vor einer Stunde* = il y a une heure ~~(avant une heure)~~

Zukünftiger Zeitpunkt

Dans bezeichnet einen **zukünftigen Zeitpunkt** und steht nur in Verbindung mit **Verben im *Futur***:

➠ ***dans*** + Zeitraum

dans trois heures / deux jours
dans quelques minutes / plusieurs mois
dans une éternité

Dans les années à venir, le climat se réchauffera de plus en plus.

Zeitpunkt vor einem Geschehen

avant bezeichnet einen **Zeitpunkt vor** einem Ereignis sowie eine zeitliche **Reihenfolge**:

- ***avant*** + Uhrzeit, Datum, Tag, Fest, Monat, Epoche… und begrenzter Zeitraum

avant 8 heures

avant le 1er mai
avant demain
avant la Toussaint
avant octobre
avant le XIXe siècle
avant les vacances

Avant la présentation des différentes parties, je vais faire une courte introduction.

Zeitpunkt nach einem Geschehen

après bezeichnet einen **Zeitpunkt nach** einem Ereignis sowie eine zeitliche **Reihenfolge**:

- ***après*** + Uhrzeit, Datum, Tag, Fest, Monat, Epoche… und begrenzter Zeitraum

après 8 heures

après le 1er mai
après demain
après la Toussaint
après octobre
après le XIXe siècle
après les vacances

Après une courte introduction, je présenterai les différentes parties….

Zeitraum

Der **Zeitraum** wird mit folgenden Präpositionen und präpositionalen Ausdrücken bezeichnet:

- ***pendant / durant*** + (un)begrenzter Zeitraum

pendant les vacances
durant des heures
pendant quelques minutes
durant plusieurs mois

- ***en*** + begrenzter Zeitraum / Dauer (= innerhalb von…)

Il a été malade trois fois **en** un an.

- ***dans*** + Tageszeitraum

dans la matinée / l'après-midi
dans la journée / la nuit

- ***au cours de / dans le courant de / lors de*** + begrenzter Zeitraum

Au cours de notre séjour au Canada, …
Dans le courant de la Révolution française,
Lors d'une conversation avec sa mère, la protagoniste…

- ***pour*** + befristeter Zeitraum für bestimmte Zwecke festgesetzt

Elle s'est cassé la jambe. Elle doit arrêter de faire du sport **pour** dix mois.

- ***pendant*** + Tag und Nacht

pendant le jour / la journée
pendant la nuit

Anfang und Ende eines Zeitraumes

Der **Zeitraum zwischen zwei Zeitpunkten** wird mit folgenden Präpositionen und präpositionalen Ausdrücken bezeichnet:

entre… et… / de… (jusqu')à… + Uhrzeiten, Feste, Monaten, Jahren
= ununterbrochener Zeitraum

travailler **entre** 9 heures **et** 17 heures
de 9 heures **à** 17 heures

prendre ses congés **entre** Noël **et** le Jour de l'an
de Noël **au** Jour de l'an
être en vacances **entre** juillet **et** septembre
de juillet **à** septembre
être parti au Canada **entre** 2010 **et** 2012
de 2010 **à** 2012

Aber: travailler **du** matin **(jusqu')au** soir

depuis + (un)begrenzter Zeitraum
Anfangszeitpunkt eines Zeitraumes der Vergangenheit

être en vacances **depuis** lundi

apprendre le français **depuis** 5 ans

d'ici (à) + Endpunkt einer Frist
nur nach Verben im *Présent* oder *Futur*

finir le travail **d'ici** lundi / **d'ici** le 31 du mois

réviser la grammaire **d'ici** la fin de la semaine
rendre les devoirs **d'ici** trois jours
apprendre la leçon **d'ici** demain

S. 54 Analyser

Beispiel einer Analyse von Statistiken

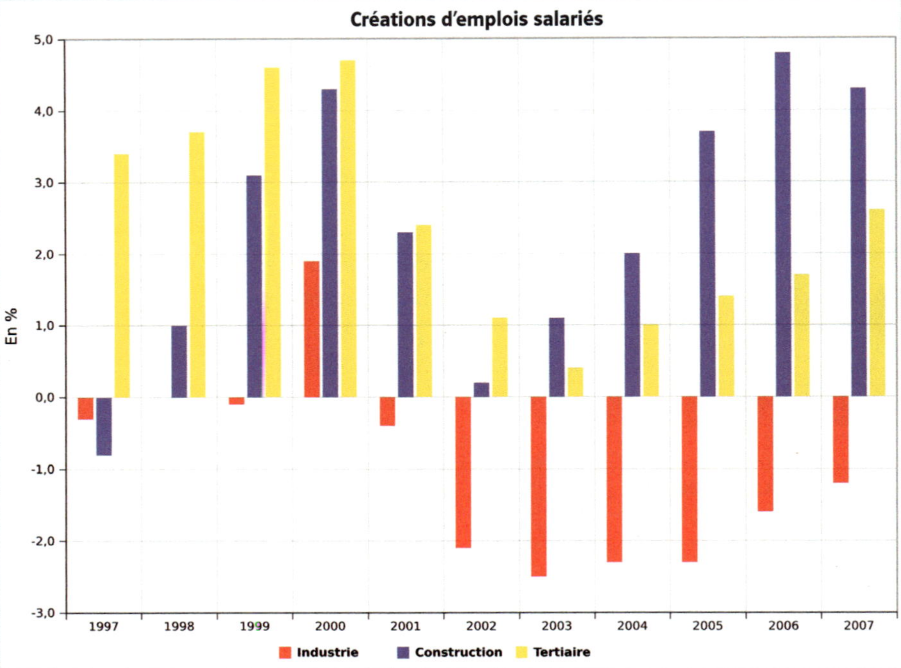

Entre 1997 **et** 2005, **en / pendant** 10 ans, la population active occupée a augmenté.
Depuis 1997 **jusqu'en** 2005, la population active occupée a augmenté.
De 1997 **à** 2001, on observe la majorité de cette croissance de l'emploi.
Au cours de / Dans le courant de / Durant cette période, l'emploi a augmenté.
D'ici / Pour 2020, on prévoit une stabilisation.
En début de siècle, il n'y a presque pas eu de changement.

17

RÄUMLICHE BEZIEHUNGEN

Räumliche Beziehungen

Herkunft bei geografischen Angaben
S. 250

venir de Bordeaux/de France

venir d'Alger/d'Australie

venir du Havre/du Sénégal

venir de L'Argentière-la-Bessée/de l'Iran

venir de La Havane/de La Réunion

venir des Sables-d'Olonne/des États-Unis/des Antilles

Adverbien des Ortes
S. 246

au centre
en haut ↔ en bas
à gauche ↔ à droite
au premier plan ↔ à l'arrière plan
devant ↔ derrière
dessus ↔ dessous
en face
autour
de l'autre côté
ici ↔ là-bas
partout ↔ nulle part

Präpositionen des Ortes
S. 248

à côté de ↔ en face de
à gauche de ↔ à droite de
à l'extérieur de ↔ à l'intérieur de
au centre/milieu de
au bord de
au-delà de
au-dessous de ↔ au-dessus de
autour de
de ce côté de
en dehors de/hors de ↔ en dedans de
en direction de
près de ↔ loin de

chez
contre
dans
devant ↔ derrière
entre/parmi
jusque
par
par-dessus
sur ↔ sous
vers

Richtung und Ort bei geografischen Angaben
S. 249

être/aller à Bordeaux/à Alger/à Monaco/à Ibiza

être/aller à L'Argentière-la-Bessée

être/aller au Havre/au Sénégal

être/aller à La Havane/à La Réunion

être/aller aux Sables-d'Olonne/aux États-Unis/aux Antilles

être/aller en France/en Corse/en Bavière/en Iran

être/aller dans le Midi/dans les Alpes

17.1 Die räumlichen Beziehungen mit Adverbien des Ortes

Die Positionsangaben

S. 20 présenter

Beispiel einer Bildbeschreibung mit Adverbien des Ortes

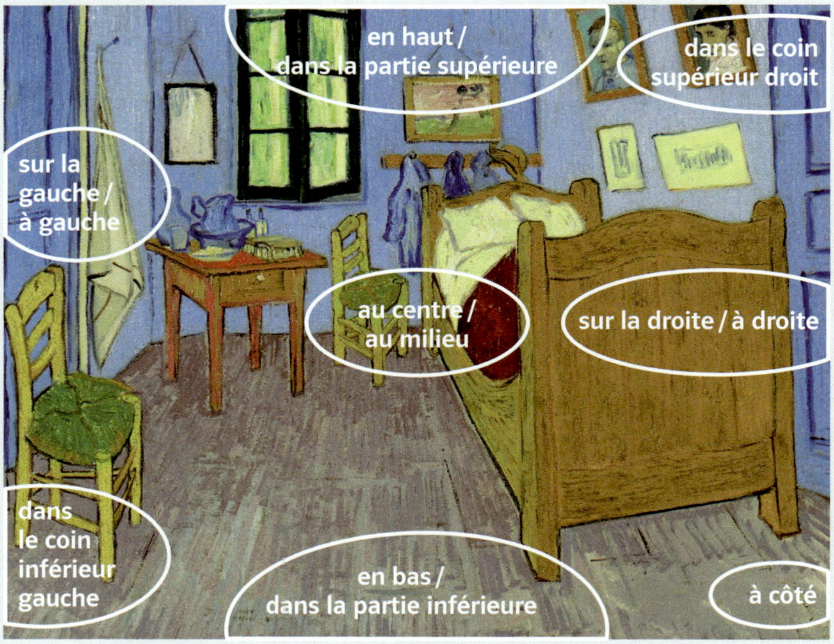

On voit ce qui se passe **à l'intérieur**, mais pas ce qui se passe **à l'extérieur / dehors / au loin / au delà.**

Devant, on voit une chaise **de profil.** *(von der Seite)*

Dessous / Au-dessous, il y a le parquet.

Derrière, il y a une table.

Dessus / Au-dessus, on voit des pots bleus. **Dedans,** il y a peut-être de l'eau pour se laver.

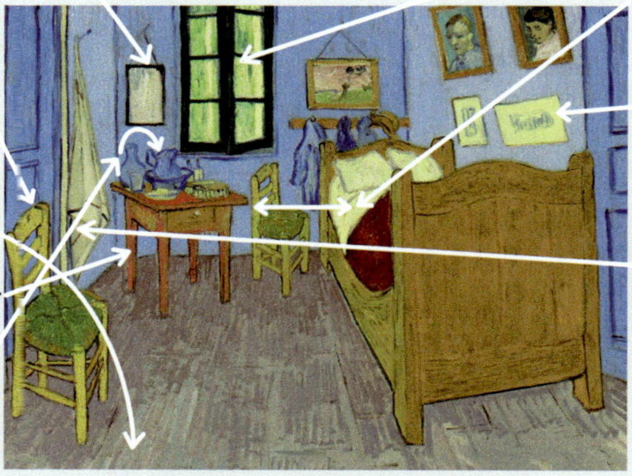

En face, on voit un lit.

Autour, il y a des tableaux accrochés au mur.

De l'autre côté, on voit un tablier pendu.

Weitere Adverbien des Ortes

ici ⟷ *là-bas*

ici = *hier*, ***là-bas*** = *dort*

Ici, il y a beaucoup de pollution.

Là-bas, il n'y a pas de pollution.

partout ⟷ *nulle part*

partout = *überall*, ***nulle part*** = *nirgendswo*

Les déchets sont **partout.**

On ne voit des déchets **nulle part** sur la plage.

17.2 Die räumlichen Beziehungen mit Präpositionen des Ortes

Präpositionen des Ortes mit *de*

S. 19 présenter une photo

Beispiel einer Bildbeschreibung mit Präpositionen des Ortes mit *de*

Au centre / milieu de la photo, nous voyons la Seine qui coule **autour de** l'île, **en direction de** Notre-Dame en passant **au-dessous d'**un pont. **Au-dessus de** celui-ci, nous voyons des voitures et des motos.

Près de nous, nous apercevons une route, **au bord de / à côté de / à gauche de** la Seine. **De ce côté de** la photo, **loin de** nous, il y a des bâtiments **en face de** Notre-Dame.

Nous voyons ce qui se passe **à l'extérieur de / hors de / en dehors de** Notre-Dame, mais pas ce qui se passe **à l'intérieur de / en dedans de** celle-ci.

Au-delà de Notre-Dame, nous apercevons le reste de la ville.

Präpositionen des Ortes ohne *de*

Beispiel einer Bildbeschreibung mit Präpositionen des Ortes ohne *de*

L'Europe insouciante

Dans la poubelle, **parmi** les détritus, il y a une statue. Le couvercle est posé **contre** la poubelle. **Derrière** la statue, on voit son ombre. La statue ne regarde pas **vers** l'Europe.
Entre la statue et l'homme, il y a une porte. L'homme regarde **par-dessus** la statue.
Devant la porte, un paillasson est posé par-terre.
Sur la porte, **sous** la cloche, on voit le panneau de l'Europe.
L'homme est parti de **chez** lui pour aller **jusqu'**en Europe. Il veut y entrer **par** la grande porte.

17.3 Richtung und Ort bei geografischen Angaben

être à/en, aller à/en

Die Präpositionen ***à*** und ***en*** werden wie folgt benutzt:

- ***être/aller à*** = Namen **ohne Artikel**
  Je **suis à** Stuttgart et je **vais à** Tahiti.

- ***être/aller au*** = Namen im **Maskulinum mit Artikel**
  Je **suis au** Havre et je **vais au** Québec.
  Le Havre – le Québec

- ***être/aller à la*** = **Städte** und **kleine Inseln** im **Femininum mit Artikel**
  Je **suis à La** Rochelle et
  je **vais à La** Martinique.
  La Rochelle – La Martinique

- ***être/aller à l'*** = **Städte mit Artikel mit Vokal**
  Je **suis à L'**Isle-sur-la-Sorgue et
  je **vais à L'**Hospitalet.
  L'Isle-sur-la-Sorgue – L'Hospitalet

- ***être/aller aux*** = Namen im **Plural**
  Je **suis aux** Sables-d'Olonne et
  je **vais aux** Pays-Bas.
  Les Sables-d'Olonne – les Pays-Bas

- ***être/aller en*** = Namen im **Femininum**
  der Artikel wird nicht übernommen

- ***être/aller en*** = Namen im **Maskulinum mit Vokal**
  der Artikel wird nicht übernommen
  Je **suis en** Australie et je **vais en** Iran.
  l'Australie – l'Iran

J'habite et je vais
à, à l', au, à la, aux / en

- bei Städtenamen
  - **à** Bordeaux / Alger ohne Artikel
  - **au** Havre Maskulinum
  - **à La** Havane Femininum
  - **à L'**Étang / **à L'**Argentière-la-Bessée Vokal
  - **aux** Sables-d'Olonne Plural
- bei Ländern und Kontinenten
  - **à** Monaco ohne Artikel
  - **au** Sénégal Maskulinum
  - **en** Iran / Iraq Maskulinum mit Vokal
  - **en** Amérique / France Femininum
  - **aux** États-Unis / Philippines Plural
- bei Inseln
  - **à** Cuba / Ibiza ohne Artikel
  - **au** Groenland Maskulinum
  - **en** Irlande / Corse Femininum
  - **à La** Réunion / Martinique / Guadeloupe kleine Inseln
  - **aux** Antilles / Baléares / Caraïbes Plural

S. 200
y

Bei **Regionen, Departements, Landschaften** und **Bundesländern** im **Maskulinum** und **Plural** wird ***dans*** benutzt: **dans** le Midi / Bade-Wurtemberg Maskulinum, **dans** les Alpes / Vosges Plural.
Beim **Femininum** steht nach wie vor ***en***: **en** Aquitaine / Bavière Femininum
Der Pronominalersatz für **Orts-** und **Richtungsangaben** ist ***y*** und ***où***.

17.4 Herkunft bei geografischen Angaben

venir de

Um die **Herkunft** auszudrücken werden ***de, d', de l', du, de la*** und ***des*** verwendet:

- ***venir de*** = Herkunft **ohne Artikel**
  Je **viens de** Stuttgart / **de** Monaco.
  venir de = **Länder im Femininum**
  der Artikel wird nicht übernommen
  Je **viens de** France / **de** Suisse.

- ***venir d'*** = Herkunft **ohne Artikel mit Vokal**
  Je **viens d'**Alger / **d'**Ibiza.
  venir d' = **Länder im Femininum mit Vokal**
  der Artikel wird nicht übernommen
  Je **viens d'**Australie.

- ***venir du*** = Herkunft im **Maskulinum mit Artikel**
  Je **viens du** Havre / **du** Québec.
  Le Havre le Québec

- ***venir de l'*** = Herkunft im **Maskulinum mit Vokal**
  Je **viens de l'**Iran.
  venir de l' = **Städte mit Artikel mit Vokal**
  Je **viens de L'**Argentière-la-Bessée.

- ***venir de la*** = **Städte** und **kleine Inseln** im **Femininum mit Artikel**
  Je **viens de La** Rochelle / **de La** Martinique.
  La Rochelle La Martinique

- ***venir des*** = Herkunft im **Plural**
  Je **viens des** Sables-d'Olonne / **des** Pays-Bas.
  Les Sables-d'Olonne – les Pays-Bas

Je viens
de, d', du, de la, de l', des

bei Städtenamen
de Bordeaux / **d'**Alger ohne Artikel
du Havre Maskulinum
de La Havane Femininum
de L'Étang / **de L'**Argentière-la-Bessée Vokal

bei Ländern und Kontinenten
de Monaco ohne Artikel
du Sénégal Maskulinum
de l'Iran / Iraq Maskulinum mit Vokal
d'Amérique / **de** France Femininum
des États-Unis / Philippines Plural

bei Inseln
de Cuba / **d'**Ibiza ohne Artikel
du Groenland Maskulinum
d'Irlande / **de** Corse Femininum
de La Réunion / Martinique / Guadeloupe kleine Inseln
des Antilles / Baléares / Caraïbes Plural

bei Regionen, Departements, Landschaften und Bundesländern
du Midi / Bade-Wurtemberg Maskulinum
de l'Alabama Maskulinum mit Vokal
d'Aquitaine / **de** Bavière Femininum
de la Sarre, **de la** Moselle kleinere Gebiete
des Alpes / Vosges Plural

S. 201 *en*

Der Pronominalersatz für **Herkunftsangaben** ist ***en*** und ***d'où***.

REGISTER